비전을
상실한
경제학

The Crisis of Vision in Modern Economic Thought
by Robert L. Heilbroner and William S. Milberg
Copyright ⓒ 1995 by Cambridge University Press
All rights reserved.

Korean translation edition ⓒ 2007 by Philmac Publishing Co.
Published by arrangement with Cambridge University Press, Cambridge, U.K.
through Bestun Korea Agency, Seoul, Korea.
All rights reserved.

이 책의 한국어판 저작권은 베스툰 코리아 에이전시를 통해
저작권자와 독점계약을 맺은 필맥출판사가 소유합니다.
저작권법에 의해 한국 내에서 보호를 받는 저작물이므로
어떠한 형태로든 무단 전제와 무단 복제를 금합니다.

비전을
상실한
경제학

The Crisis of Vision in Modern Economic Thought

로버트 하일브로너 · 윌리엄 밀버그 지음 | 박만섭 옮김

필맥

차례

01 무엇이 문제인가 __9

02 고전적 상황
  현대 경제사상의 현황 __21
  고전적 상황의 의미 __24
  고전적 상황과 경제사상사 __29
  경제사상사와 비전의 변화 __39

03 케인즈주의적 합의
  한계주의 접근법의 두 가지 원류 __45
  한계주의 고전적 상황과 케인즈주의 고전적 상황 __48
  케인즈의 분석 __53
  케인즈의 비전 __59
  케인즈의 수용 __65
  케인즈주의 고전적 상황의 붕괴 __71

04 거대한 와해
케인즈주의 쇠퇴의 역사적 배경 ___75

케인즈주의와 인플레이션 ___80

케인즈주의와 스태그플레이션 ___86

케인즈주의와 화폐 ___91

케인즈주의와 미시적 기초 ___98

05 내부로의 방향전환
거시경제학의 새로운 방향들 - 성공인가 실패인가? ___103

통화주의의 부상과 실패 ___105

합리적 기대 ___111

새고전파 경제학과 실물경기변동 이론 ___120

개인과 사회 ___124

새케인즈파 경제학 ___130

현대 경제학의 비전, 그 혼돈과 실패 ___135

06 사회의 본질

다른 대안적 비전들과 그 실패 ___143

분석기술, 정치 분위기, 그리고 경제학 ___148

과학으로서의 경제학 ___151

자본주의의 세 가지 특징 ___155

자본주의와 경제학 ___160

이론과 역사 ___165

07 비전의 위기

새로운 고전적 상황을 위한 시대적 배경 ___171

새로운 고전적 상황의 비전 ___176

새로운 고전적 상황에서의 분석 ___180

경제학 방향의 재설정 ___182

역자 후기 ___186

인명 색인 ___202

01 | 무엇이 문제인가

이 책을 쓴 우리의 의도는 두 가지다. 첫째는 논쟁은 불러일으킬지 모르나 반대는 가져오지 않을 것으로, 최근의 거시경제학 발전을 현대 경제사상사의 맥락에 위치시키는 것이다. 이것은 겉보기에 해가 없는 교육상의 연습으로 비칠 수도 있겠지만, 실은 마음의 평정을 깰 문제를 숨기고 있다. 그게 어떤 문제인지를 우리가 자주 같이 가르쳐온 대학원 1학년 경제사상사 과목의 맥락에서 설명하도록 하자.

이 과목은 두 학기 동안 진행된다. 첫 학기에는 주로 중농학파(Physiocrats), 스미스(Adam Smith), 리카도(David Ricardo), 마르크스(Karl Marx), 그리고 밀(John Stuart Mill)로 이어지는 극적인 발전을 다룬다. 강의의 이 부분은 언제나 학생들의 관심을 사로잡는다. 상상력 풍부한 논리 속에서 펼쳐지는 그 모험의 매력에 저항할 수 있는 사람이 과연 누가 있겠는가? 이 모험에서는 시장이라는 제도의 제약 아래 자본추구 활동이 이루어지는 동시에 그 활동이 사회적, 정치적인 고려들과 상호작용한다. 이런 과정을 통해 자본주의의 다양한 궤적이 만들어졌고, 위대한 경제학자들은 그 궤적을 예견했다.

두 번째 학기의 강의는 제번스(Stanley Jevons), 에지워스(Ysidro Edgeworth), 그리고 발라스(Léon Walras)[1]의 경제학에서 시작한다. 이 과정에서 학생들은 처음에는 이전의 경제학과 단절된다는 느낌을 갖는다. 왜냐하면 한계주의(marginalism)의 상대적으로 좁은 관심사가 고전학파 사상의 상대적으로 광범위한 목표를 대체하기 때문이다. 그러나 곧 학생들은 계속 진행되는 경제사상사에서 새롭게 나타난 한 '장(chapter)'의 근저에 깔려있는 연속성을 인식한다. 이 새로운 장은 분석 스타일에서 더욱 정교해지지만, 그 전의 장에 비해서는 사회적, 정치적 내용이 덜 명시적으로 나타난다. 그러나 이 새로운 장은 우리가 경제사상사라고 부르는 메타서술(meta-narrative)에 그것을 정당하게 포함시킬 수 있게 하는 두 가지 속성을 갖고 있다. 그중 첫 번째 속성은 '현실' 세계와의 관련성에 대한 관심이 뚜렷하다는 것이다.

놀라운 것은 문제의 새로운 장이 처음에는 이런 속성을 결여하고 있는 것처럼 보인다는 점이다. 물론 제번스가 석탄 문제에 대한 글을 썼고, 에지워스가 다양한 계급들과 두 성(性) 사이의 민감성 차이를 수용하는 데 필요한 소득분배에 관해 서술했던 것도 사실이다. 그러나 이러한 글들은 그들의 주요 관심, 다시 말

---

[1] [역주] Walras는 보통 영어식으로 '왈라스'로, 그리고 국립국어연구원의 《외래어 표기 용례집(인명)》에 따라 '발라'로 표기되고 있으나 정확한 프랑스어식 발음은 '발라스'다. 특히 마지막 s가 프랑스어의 보통 경우와 달리 발음됨에 유의하라. 또 곧 언급될 Keynes는 《용례집》에서 '케인스'로 표기하고 있으나, 이 책에서는 원발음인 /keinz/에 충실한 '케인즈'로 표기한다. 《용례집》은 이처럼 끝발음이 /z/인 고유명사를 '스'로 표기하고 있고 이 책은 Keynes의 경우만 제외하고 그 용례를 따를 것이다. 유독 Keynes에 대하여 '케인즈'라는 표기를 고집하는 이유에 대해서는 《케인즈의 경제학》(박만섭 엮음, 다산출판사, 2002)을 참조하라.

해 효용에 대한 극도로 추상적인 관심에 비하면 주변적인 것에 지나지 않았다. 그런가 하면 우리 시대 한계주의 운동의 거두인 발라스는 평생 농업사회주의에 관심을 갖고 있었음에도 불구하고, 일반균형 분석을 정치적 삶에 실천적으로 적용하는 문제에 대해서는 상당히 무관심했다. 아니, 오히려 그런 문제를 혐오했다고 말하는 게 나을 것이다.[2]

이런 점은, 지배적인 사고는 사람들이 실제로 살아가는 경제적 경험과 관련이 있어야 한다는 우리의 법칙에 대한 예외로 보일 수 있다. 그러나 이것은 실은 그런 우리의 법칙을 확인시켜주는 또 다른 증거다. 제번스와 에지워스는 경제학에 한계적 분석을 도입하는 데 결정적인 역할을 했다. 그러나 한계적 분석에 관한 그들의 서술이 밀의 경제학이 행사하던 중력의 중심 역할을 사실상 대신할 수 있게 된 것은, 19세기 말 무렵 마셜(Alfred Marshall)의 강력한 교과서가 한계적 분석에 대한 보편적인 설명으로 인정되면서부터다. 좀더 확실한 증거는 발라스의 경우에서 찾을 수 있다. 현실세계와 극도로 유리된 발라스의 접근법은 이 책의 뒤에 올 장들에서 관심의 중심 초점이 될 한계주의 이후의 시대, 마셜 이후의 시대, 그리고 케인즈(John Maynard Keynes) 이후의 시대에 주도적 담론이 되었는데, 그 전에는 발라스라는 이름과 한계주의를 동일시하는 일은 그리 흔하지 않았다.

새로운 장의 첫 번째 속성과 똑같이 중요한 두 번째 속성은, 그 기간의 경제사상에는 뚜렷이 식별할 수 있는 어떤 중심 초점이 존재하고 있었다는 것이다.

---

2 예를 들어 《뉴 팔그레이브 경제학 사전(The New Palgrave: A Dictionary of Economics)》(New York: Macmillan, 1987)에 수록된 발라스, 제번스, 그리고 에지워스에 대한 전기(傳記)적인 설명을 보라.

그 중심 초점은 저자들이 사용하는 분석적 틀이나 그들이 도달한 결론에 있었다기보다는, 그들의 연구에 출발점이 되는 '비전(vision)'에 있었다. 비전은 많은 경우 명확한 구조를 갖추지 않은 어떤 구성물이다. 때때로, 그렇다고 필연적이지는 않지만, 비전은 한 특출한 종합적 저술 속에 통합되어 나타난다. 우리가 하는 강의의 첫 번째 학기에서 이러한 통합은 1848년부터 1870년까지 경제학 논의를 지배한 고전학파 사상을 절충적으로 다룬 존 스튜어트 밀의 《정치경제학 원리(Principles of Political Economy)》에서 달성된다. 2학기에 다뤄지는 한계주의 시대에 이와 비슷한 기능을 담당하는 저술은 1890년부터 1920년대까지 경제학계를 지배한 알프레드 마셜의 《경제학 원리(Principles of Economics)》다.

뒤이어 2학기에는 경제학에서 프랑스 혁명에 해당하는 케인즈주의 경제학(Keynesian economics)을 다룬다. 이때 논의의 초점은 바뀌지만, 두 개의 식별할 수 있는 속성은 여전히 존재한다. 즉 케인즈주의 경제학은 본질적으로 그 분석적 내용을 현실 세계에 적용하는 데 관심이 있고, 잠시 혼란의 시기를 거친 뒤에 합의의 중심이 나타난다. 케인즈주의 경제학과 관련하여 밀이나 마셜의 책과 같은 역할을 한 것은 새뮤얼슨의 《경제학(Economics)》이라 할 수 있다. 그 뒤로 '케인즈주의 경제학'은 이전 시대에 '한계주의'와 '고전학파 정치경제학'이 그랬던 것처럼, 당대의 경제적 담론을 지배하고 그 담론에 일관성을 부여하게 되었다. 그렇다고 해서 케인즈주의 이외의 다른 경제학파들이 전체적인 이야기에서 배제된다고 주장하려는 것은 아니다. 배제할 수 없는 다른 경제학파의 예로는 마르크스주의 경제학이나 제도주의 경제학을 꼽을 수 있다. 우리는 단지 우리가 하는 이야기의 각 장이 어떻게 식별되든 간에 그 장은 모두 현실 세계에의 적용성과 초점의 중심성이라는 두 가지 속성을 드러낸다는 점을 지적하고자 한다.

이 점이 바로 이 책에서 다룰 문제의 무대를 설정해 준다. 논의의 시발점이 되는 문제는 케인즈주의의 시대에 뒤이은 시기, 즉 어림잡아 지난 사반세기에는 왜 그런 별개의 '장'이 존재하지 않았는가이다. 따라서 거대한 경제학의 역사 속에서 현대 경제학의 위치를 찾아낸다는 우리의 조촐한 의도는 예상보다 훨씬 더 이론(異論)의 여지가 있는 것으로 드러난다. 그리고 그것은 곧 더 큰 두 번째 목적으로 우리를 이끈다. 이 두 번째 목적이 논쟁적인 성격을 가진다는 것은 금방 분명해진다. 우리의 두 번째 목적은 미국에서 진행되고 있는 경제학의 이론화 방향에 대한 비판이다. 우리가 개진하려고 하는 비판의 요점은 이 책의 제목에 이미 함축돼 있으며, 우리가 케인즈주의의 시기까지 경제학이 갖고 있었다고 한 속성 중 첫 번째, 즉 '현실'과 이론 사이의 연관성에 대한 가시적이고 연속적인 관심에서 명확하게 드러난다. 이와 대조적으로 현대 경제학은 바로 이런 연관성 문제에 대해 놀랍도록 무관심하다는 특징을 보인다. 현대의 '고급 이론화 작업(high theorizing)'은 그 정점에 이르면 오직 중세의 스콜라주의에만 비견할 수 있을 정도로 비현실적이 되어 버린다. 그러므로 이 책의 두 번째 목적은 분명하다. 그것은 바로 그런 비현실적인 태도를 변화시키는 촉매로 작용하고자 하는 것이다.

우리의 비판이 향해갈 '아르키메데스의 점'[3]은 이미 위에서 언급되었다. 그것은 경제학적 분석 그 자체에서 비전이 수행하는 극도로 중요한 기능이다. 이것

---

3 [역주] 자신이 서 있을 지구 밖의 한 지점과 충분히 긴 지렛대를 준다면 지구를 들어 올릴 수 있다고 했던 고대 그리스의 과학자 아르키메데스의 말에서 유래한 용어로, 여기서 자신이 서 있을 지구 밖의 한 지점, 즉 '아르키메데스의 점'은 사물을 객관적으로 바라볼 수 있는 위치 또는 부동의 중심을 의미한다.

은 앞으로 논의가 진행되어 감에 따라 우리가 집중적으로 탐구해야 할 문제이긴 하지만, 전초적인 언급이 이 자리에서 필요한 듯싶다. 우리가 분석이라고 말할 때 그것은 초기 조건으로부터 결과를 연역하는 과정, 추론의 고리를 주의 깊게 살피는 과정, 지적(知的) 의견교환을 선동의 말들로 대체하도록 하는 상존하는 유혹을 물리치는 과정을 의미한다. 반면에 비전은 모든 사회사상에 주입되어 있는 정치적 희망과 두려움, 사회적 고정관념, 그리고 가치판단을 의미한다. 이런 것들은 모두 명확한 구조를 갖고 있지 않다. 비전은 원래는 정결한 영역에 몰래 끼어들 듯이 사회사상에 주입되는 것이 아니라, 심리적인 필요, 아니 어쩌면 실존적인 필요에 의해 사회사상 속에 스며들어 있다. 비전과 분석이 합쳐져서 우리가 알고 있다고 믿는 모든 것의 기초가 형성된다. 우리의 집단적 삶의 조건들을 이해하고 가능하다면 그것들을 변화시키려는 노력이 펼쳐지는, 제한되어 있지만 극도로 중요한 지식의 영역에서 특히 그렇다. 이 지식의 영역이 바로 경제학적 탐구가 그 힘을 쏟아 부을 영역이며, 따라서 우리의 비판이 겨눠야 할 영역이기도 하다.

    우리 논의의 핵심 주장은 '비전' 이야말로 모든 사회적 탐구의 단계를 설정하고 그 배역들을 결정한다는 것이다. 정치학 또는 사회학이라 부르는 탐구의 오솔길들에 대해서는 이런 말을 할 필요가 없을 것이다. 왜냐하면 정치학과 사회학에서는 비전의 요소들, 즉 개인의 도덕 가치와 사회의 지각틀이 뒤에 올 모든 논의들의 피할 수 없는 출발점이기 때문이다. 사실 비전은 정치적, 사회적 논쟁 속에서 이루어지는 지적 경쟁의 중요한 대상 영역이다. 이는 일관성과 논리를 비롯한 분석의 속성들이 정치학적 또는 사회학적 탐구를 지탱하는 데 불필요해서가 아니다. 그 이유는 정치학과 사회학, 그리고 그것들의 근저에 있는 모든 형태의 심리학이 행위의 법칙적인 규칙성을 갖고 있지 않기 때문이다. 반면 행위의 법칙적인 규칙성은 바로 사회적 분석의 영역으로서 경제학을 다른 학문과 구분 짓고, 경제학에 유일하게 사회 '과학'의 성격을 부여한다. 결과적으로 정치학적, 사회학적, 그리고 심리학적 탐구에서는 추론의 고리가 경제학에서 수행하는 역할에 비해 상대적으로 작은 역할을 하는 데 그친다. 이런 차이로 인해 경제학이 인접한 다른 탐구들에 비해 더 우선적이거나 심도가 깊다고 말하는 것은 결코 아니다. 그러나 그 덕분에 경제학은 인접한 탐구들에게 부러움이나 절망의 대상이 되는 인과적 연쇄성을 발전시킬 수 있는 능력을 부여받고 있다. 이리하여 분석은 경제학에서 '왕관의 보석' 같은 역할을 한다. 우리는 이것에 반대하지 않는다. 문제는 분석이 점차 왕관 그 자체가 되었다는 것, 그래서 보석을 세팅(setting)하고 있는 하급의 재료가 그 보석의 그늘 속에 묻히게 되었다는 것이다. 이것에 대해서는 우리는 단연코 반대한다. 세팅 없는 왕관은 있을 수 없기 때문이다.

하지만 이 책의 우선목적은 경제학을 떠받치고 있는 다양한 비전들의 기원이나 형태를 탐구하는 것이 아니다. 이 책의 목적은 그것보다 훨씬 더 논쟁적이고 정치적이다. 경제학계, 특히 미국의 경제학계는 경제학적 탐구가 자부심을 갖고 자신의 것임을 주장하는 직무들을 정의할 때 거기에 불가피하게 비전이 개재된다는 사실을 도외시하고 있다. 우리의 목적은 경제학계의 이런 태도가 초래한 참담한 결과라고 여겨지는 것을 발가벗겨 드러내 보이는 것이다. 경제학이 수행하는 과제는 작게 보면 여럿이지만 크게 보면 단일하다. 단일한 것으로 이해되는 경제학의 과제는 행위의 법칙적 규칙성을 보여주는, 각 사회구성체 내의 중심적인 힘들을 이해하는 일과 연관된다. 몇몇 예외가 있긴 하지만 경제학에서 다뤄지는 사회구성체는 늘 자본주의 사회구성체였다. 자본주의 사회에서 커다란 역할을 하는 정신적 에너지는 다른 모든 인간사회에서도 분명 어느 정도 발견할 수 있다. 그러나 자본주의 사회가 아닌 다른 사회들에서는 그 에너지가 다르게 평가되고 경험되며, 그 에너지의 방향도 달리 결정될 것이다. 그렇다면 경제학 자체가 진정한 보편성을 띤다고 주장할 수 없다. 왜냐하면 우리가 자본주의를 '바라보고' '이해하는' 비전은 우리가 부족적이거나 제국적, 봉건적, 또는 공동체적 사회의 구성원으로서 그 각각의 사회를 바라보고 이해할 비전이 아니며, 결코 그런 것이 될 수도 없기 때문이다. 역사적 특수성이 주된 관심사가 아닌 경우, 자본주의의 동학과 형태에 대한 그 어떤 분석도 피상적인 것 이상이 되기를 기대할 수 없을 것이다.

그러나 〈아메리칸 이코노믹 리뷰(American Economic Review)〉를 비롯한 경제학계의 권위 있는 학술지들 가운데 그 어느 것에서도, 경제학이 속성 분석의 대상으로 삼고 있다고 하는 '체제'의 특수한 자본주의적 성격에 대한 언급이 거의 없다는 사실은 매우 놀랄 만한 일이다. 만일 중세의 생활을 다루는 학술지가 '봉건주의'라는 단어를 전혀 포함하고 있지 않다면, 우리는 여기서 역사적 특수성에 대한 고려가 누락되었음을 즉시 알 수 있을 것이다. 그런데 현대 경제학은 탐구대상의 식별에 중심적인 역할을 하는 '자본주의'라는 단어의 누락을 당연한 것으로 받아들이거나 전혀 알아채지 못한다. 그리고 무엇보다도, 그 단어의 누락 자체가 대다수 주류경제학적 탐구의 근저에 있는 비전의 한 중요한 구성요소라는 사실을 알지 못한다. 이제 명확해졌겠지만, 우리가 걱정하는 것은 현대 경제학에 비전이 존재하지 않는다는 것이 아니다. 그 어떤 사회적 분석도 '비전'이라는 기초 없이는 존재할 수 없다. 우리는 경제학적 분석이 사회와 분리되어 실행될 수 있는 종류의 연구라는, 널리 퍼져 있는 신념을 우려하고 있고, 그 신념을 변화시키는 데 우리의 노력이 촉매가 되기를 바란다.

역사적 특수성의 누락은 두 가지 결과를 낳는다. 첫째 결과는 주류경제학이 지니고 있는 놀랄 만한 오만함과 단순함이다. 그 오만함과 단순함은, 노동자들이 지난 20년 동안 실질임금의 하락을 경험해왔고, 어린이의 40퍼센트가 '절대적'인 빈곤 속에서 살고 있으며, 의료와 휴가, 그리고 연금 혜택이 전례 없이 줄어들고 있는 한 국가의 문제에 주류경제학이 어떻게 접근하고 있는가에서 볼 수 있다.[4] 지난 20년은 사회가 파괴되는 기간이었고, 그 기간 동안 1946년에 입법된 완전고용의 약속은 도시의 재건 같은 적극적인 고용창출 프로그램에 의해서가 아니라 '완전' 고용을 더 높은 실업률 수준으로 다시 정의하는 방식으로 '준수' 되었다.[5] 최근 경제학계에 나타난 새고전파 이론(New Classical theory)은 경기변동 자체가 경제주체들의 최적 결정에 의해 발생한다고 주장한다. 이 이론과 경쟁하는 다른 이론들도 시스템의 자율적인 동학을 저지하거나 촉진하기 위한 그 어떤 정책행위도 취하지 말 것을 늘상 권고하고 있다.

---

[4] 존 이트웰(John Eatwell) 편, 《1990년대의 실업(Unemployment in the 1990s)》(Armonk, NY: M. E. Sharpe, 1995)을 보라.
[5] [역주] 최근의 주류경제학에서 균형 실업률 개념으로 사용하는 '인플레이션 비가속 실업률(NAIRU, Non-Accelerating Inflation Rate of Unemployment)'은 인플레이션율이 일정하게 유지되는 상태에서 관찰되는 실업률이다. 이 실업률은 과거의 실제 실업률이 높았다면 그만큼 높게 결정되는 경향이 있다. 이 실업률은 '균형' 실업률이므로 이 실업률 수준에서 관찰되는 실업은 모두 자발적 실업(voluntary unemployment)으로 이해된다.

사회에 대한 이러한 놀라운 무관심의 기원 중 많은 부분은 현대 경제학이 그 분석을 시작하는 출발점에서 찾을 수 있다. 그 출발점은 '개체(또는 개인)'의 내부에 위치한 힘들이 경제학의 개념적 핵심을 구성한다는 가정이다. 그리고 그 개념적 핵심은 그 자체 이상으로 더 해체될 수 없으며, 경제학의 과학다운 성질들이 근거하는 기초로 다루어질 수 있다고 가정된다. 최근 나온 대학원 미시경제학 교과서는 "대부분의 경제학자들이 비경제학적인 문제로 분류하는 것은 바로 한계주의 패러다임 내에서 분석할 수 없는 문제들"[6]이라고 진술하고 있다.

이러한 진술, 그리고 이러한 진술을 토대로 하는 미시경제학적 구조는 단순한 분석도구 이상의 것이다. 그것은 현대 경제학의 비전의 일부분이며, 기능적 역할이라는 면에서 볼 때 매우 중요한 부분이다. 더 나아가 그것은 비전에서 프로크루스테스(Procrustes)도 부러워할 만한 개념이 작동하는 부분이다. 우리는 나중에 현대 경제학의 비전을 구성하는 요소들을 좀더 주의 깊게 살펴볼 것이다. 여기서는 단지 그 비전이 캉디드(Candide)의 관점과 팡글로스 박사(Dr. Pangloss)의 관점이 결합된 것이라고 말해 두는 것만으로도 우리가 뜻하는 바를 어느 정도 전달할 수 있을 것이다. 그 비전은, 마르크스가 만약 알았다면 "어떤 이상향(never-never-land)에 그런 유령 같은 존재가 살고 있을까?"라고 물었을, 그런 인조물이다.[7]

따라서 한편으로는 경제학의 최근 발전들을 경제사상사의 맥락 속에 위치시키고, 다른 한편으로는 경제학 전체가 현재 처해 있는 상황을 평가한다는 우리

---

[6] 유진 실버버그(Eugene Silberberg), 《경제학의 구조: 수학적 분석(The Structure of Economics: A Mathematical Analysis)》(2nd ed. New York: McGraw Hill, 1990)의 2쪽.

의 이중적인 목표는 상호보완적이며 상호의존적이다. 경제사상사는 경제학이라는 학문의 여러 분야들 가운데 유일하게, 경제학이 이룬 성과를 개별적으로가 아니라 그 총체성 속에서 판단할 수 있게 해준다. 아니, 오히려 그렇게 하도록 요구한다. 또한 경제학 분야에서 유일하게 경제사상사는 사회구성체의 내부에 분할되어 있는 각 부분뿐 아니라 그 구성체 전체의 전반적인 궤도에도 초점을 맞춘다. 이러한 경제사상사의 관점에서 우리가 평가하는 현대 경제사상의 지배적인 비전은 과거의 웅대한 시나리오의 근저에 있는 비전들에 견주면 왜소해진다. 비전들의 이런 스펙트럼을 검토해볼 때 눈에 띄는 점은 현대의 경제이론이 그 연계 범위와 깊이에서 빈약하다는 것이다. 모든 경제적 행위가 불가분하게 사회적인 기원을 갖는다는 사실을 인정한다면, 우리는 분명 현대 경제학이 인식하는 바와는 반대로 거시적 기초가 미시적 행위에 선행하는 게 틀림없다는 관점을 갖게 될 것이다.

우리의 마지막 주장이자 가장 논쟁적인 주장은 다음과 같은 우리의 믿음이다. 즉 경제적 행위의 사회적 배경을 공개적으로 인정하지 않는 한, 경제학은 인

---

7 [역주] 프로크루스테스는 그리스 신화에 나오는 도적으로, 그 이름의 의미는 '늘이는 사람(the stretcher)'이다. 그는 지나가는 여행객을 자기 집으로 끌어들여 숙식을 제공하면서, 침대의 길이보다 키가 작은 사람의 몸은 강제로 늘이고 침대보다 키가 큰 사람의 몸은 잘라내어 침대의 길이에 사람의 몸을 맞추었다. 영웅 테세우스는 그의 마지막 모험에서 프로크루스테스를 그 자신의 침대에 맞춰 목과 발을 잘라 죽인다. 캉디드는 계몽주의 철학자 볼테르(Voltaire)의 희곡 《캉디드 혹은 낙관주의(Candide, ou l'optimisme)》에 나오는 주인공으로 "이 세상은 가능한 세상 중에서 최선이고, 이 세상에서는 모든 것이 항상 최선이다"라는 말을 절대적으로 믿는다. 이 희곡은 철학자 라이프니츠(Gottfried Leibniz)의 철학을 비판하기 위한 것이었는데, 소설 안에서 라이프니츠는 캉디드의 스승인 팡글로스로 상징되고, 팡글로스는 캉디드에게 위의 말을 가르친 장본인이다. '이상향'으로 번역한 'never-never-land'는 잘 알려진 배리(J. M. Barrie)의 연극 《피터팬(Peter Pan)》에 나오는 섬의 이름이다. 이 섬에서는 어린이들이 나이를 먹지 않고 항상 어린이로 남아 있다. Never Never Land는 연극 각본의 초벌 원고에서 사용된 표현이고 실제 발간된 각본에서는 Never Land로, 그리고 각본을 바탕으로 한 소설에서는 Neverland로 표현되었다.

간의 미래를 전망하는 데 도움을 주는 해설자로서의 유용한 역할을 수행할 수 없다. 예전에 침울한 과학(the dismal science)⁸이었던 경제학은 이제 인간의 삶과 무관한 현학이 되려고 한다. 바로 이것이 문제다.

이 책에서 우리는 영미권 경제사상에만 집중한다. 오스트리아, 스칸디나비아, 프랑스, 독일(마르크스주의), 일본, 이탈리아, 그 외 여러 곳에서 전개된 비전과 분석의 여러 형태들은 제외된다. 이것은 두 가지 이유에서다. 우선 우리는 주로 미국과 영국의 독자들을 대상으로 한다. 영미권 독자들의 관심이 우리 두 저자의 관심과 마찬가지로 우리가 함께 부닥친 어려운 문제들을 어떻게 해결할 것인가에 있기 때문이다. 그리고 두 번째 이유는, 경제사상사 중에서 현대 경제학 부분은 다른 나라들에서는 결코 미국과 영국에서만큼 강력하지 않지만 그럼에도 불구하고 전 세계에 영향을 준다는 것이다. 따라서 새로운 '영미식' 고전적 상황을 구성할 수 있다면 그것이 다른 곳에서 건설적인 반향을 불러일으키리라는 것이 우리의 믿음이다.

---

8 [역주] '침울한 과학(the dismal science)'은 영국 빅토리아 여왕 시대의 역사가 칼라일(Thomas Carlyle)이 경제학을 비판적으로 지칭하기 위해 사용한 표현이다. 그는 1849년에 발표한 《흑인문제에 대한 논의 (Occasional Discourse on the Nigger Question)》에서 이 표현을 처음 사용한 것으로 알려졌다. 이 소책자에서 그는 서인도제도의 노동시장을 규제하기 위한 방법으로 노예제도를 다시 도입할 것을 주장했다. 그의 주장에 따르면 노예제도는 경제학자들이 사용하는 수요-공급 분석에서 나타나는 시장의 힘보다 더 우월하다. 노예해방을 통한 노동시장의 자유화와 그에 따른 시장 메커니즘의 작동이 노예들의 삶을 더욱 비참하게 만들었다는 것이다.

02 | 고전적 상황

현대 경제사상의 현황

우리의 연구는 현대 경제사상의 전개에 초점을 맞춘다. 케인즈주의는 2차대전 이후에 다른 경제사상이 결코 그 아성을 넘볼 수 없을 법한 헤게모니를 행사했다. 우리가 말하는 현대 경제사상은 그런 케인즈주의가 쇠락한 뒤에 경제이론에 발생한 변화를 가리킨다. 케인즈주의가 쇠락한 뒤 경제학계는 내부적으로 경제사상사에서 유례를 찾을 수 없는 긴장과 논쟁의 기간을 경험했다. 1880년대 초에 발생한 유명한 '방법론 논쟁'은 10년도 안 된 1890년에 이르러서 사실상 종식되었다.[9] 이와 달리 현대 경제사상의 불안정한 상태는 지금까지 사반세기 이상 계속되고 있다. 한때 누구도 감히 도전하지 못할 만큼 확고하게 중심을 장악하고 있었던 케인즈주의는 백가쟁명 상태의 여러 학파들에 자리를 내주었다. 그 모든 학파를 망라하고자 하는 것은 아니지만 그런 학파의 대표적인 예로 통화주의

(Monetarism), 합리적 기대 이론(Rational expectations), 포스트케인지언(Post Keynesian), 새고전파(New Classical), 신제도학파(New Institutional), 그리고 새케인즈파(New Keynesian)의 경제학들을 들 수 있다. 우리는 뒤에 올 장들에서 이들 새로운 학파 중 어떤 것은 상세히, 어떤 것은 상대적으로 상세하지 않게 다룰 것이다. 물론 방금 거명한 학파들 외의 다른 학파들에 대해서도 약간 눈길을 돌릴 것이다.

경제학계 내부의 이 친족싸움은 아직 그 끝이 보이지 않는다. 이런 현상은 그 자체로 놀랄 만한 사건일 뿐만 아니라, 단순한 학문적 관심사 수준을 넘는 지적 수수께끼를 발생시키는 배경이기도 하다. 경제학에 부여되는 지위는 경제학이 실제로 이룬 성과를 훨씬 상회할지 모른다. 그러나 정치적, 사회적 정책과 가장 밀접하게 관련된 사회적 탐구를 하는 학문 분야가 견고한 기초를 갖고 있지 못하다면, 즉 학계의 내부와 외부에서 공히 정도의 차이는 있겠지만 보편적 합의를 이끌어낼 핵심 신념들의 집합으로서의 기초를 갖고 있지 못하다면, 경제학의 그런 지위를 불안하게 할 이유가 분명히 존재한다고 말할 수 있다.

우리는 이러한 놀랄 만한 내부 분열이 왜 발생했는지를 명확하게 밝히고자

---

9 [역주] 방법론 논쟁(Methodenstreit)은 오스트리아 학파와 독일 역사학파 간에 전개되었던 경제학의 방법과 인식론에 대한 논쟁이다. 오스트리아 학파에서는 멩거(Carl Menger), 뵘바베르크(Eugen von Böhm-Bawerk), 비저(Friedrich von Wieser), 미제스(Ludwig von Mises) 등이, 독일 역사학파에서는 슈몰러(Gustav von Schmoller), 브렌타노(Lujo Brentano), 베버(Max Weber), 좀바르트(Werner Sombart) 등이 이 논쟁에 참여했다. 역사학파에 따르면 사회적 법칙은 역사적 사료와 통계를 통해서만 도출될 수 있으며, 순수하게 논리적 연역만을 통해 도출된 이론은 사회에 대한 참된 이해를 제공하지 못한다. 반면에 오스트리아 학파는 경제학은 철학적 논리의 분야이며 몇몇 제일 원리로부터 경제적 규칙을 발견해낼 수 있고, 이렇게 구성된 경제이론은 모든 사회에 두루 적용되는 보편성을 지닌다고 주장했다. 정치적으로 오스트리아 학파는 고전적 자유주의를, 역사학파는 후생국가주의를 대변했다.

한다. 그렇다고 우리가 새로운 이론적 접근법을 통해 고르디우스의 매듭을 풀 수 있기를 기대한다고 말하려는 것은 아니다. 실은 독자들도 이미 알고 있겠지만 방법이나 기법에서의 새로운 발전을 통해 그 매듭을 풀 수 없다는 것이 우리 주장의 일부다. 오히려 우리는 현대 경제사상이 오랜 기간에 걸쳐 도저히 해결할 수 없어 보이는 막다른 골목에 처해 있는 이유를 밝히고, 그런 상황을 타개하는 데 있어서는 비전 이후의 이론이 아니라 이론 이전의 비전이 관건이라는 점을 증명하고자 한다. 이러한 우리의 접근법은 조지프 슘페터(Joseph Schumpeter)라는 이름을 떠올리게 할 것이다. 사실 이 책에서 우리는 슘페터의 대담한 관점을 길잡이로 삼는다.

마지막으로 우리가 갖고 있는 좀더 야심 찬 희망을 고백하고자 한다. 우리는 과거에 케인즈주의가 가졌던 헤게모니가 왜 와해되었는가에 대한 타당한 설명을 하는 데 그치게 되기를 바라지 않는다. 여기서 더 나아가 경제학 이론이 케인즈주의처럼 이론의 통합성과 발전적 추진력을 갖춘 시대를 다시 만나기 위해, 아니 재창출하기 위해 나아가야 할 방향을 제시할 수 있기를 희망한다. 우리가 이런 야심을 갖고 있다는 것은 우리의 노력이 슘페터적인 성격을 지니고 있음을 뜻한다. 왜냐하면 우리의 이런 야심 또한 특정한 비전이 실행된 결과이기 때문이다. 비전은 슘페터의 표현을 빌리면 '분석 이전의 인지행위(preanalytic act of cognition)'이고, 그 비전에 의해 지탱되는 분석구조의 형식과 틀을 확립시킨다. 우리의 비전이 어떤 것인가에 대해서는 그 대답을 뒤로 미루게 해달라고 독자들에게 부탁하고자 한다. 그 대답은 예전의 케인즈주의적 중심을 와해시킨 것이 무엇인지를 고찰한 뒤에야 비로소 가능하기 때문이다. 따라서 처음에는 앞으로 다률 우리의 비전을 상세히 논의하지 않기로 하고, 그 대신 비전만큼이나 중요한 개념, 즉 성공한 비전이라면 모두 발생시키는 이론적 중심이라는 개념을 살펴보기로 하자.

고전적 상황의 의미

조지프 슘페터는 대작 《경제분석의 역사(History of Economic Analysis)》에서 고전적 상황(classical situation)이라는 용어를 만들어냈다. 이 용어는 "장기간의 투쟁과 논쟁을 거쳐 실질적으로 합의가 형성되어 있는 상황, 즉 이미 나타난 새롭고 독창적인 작업이 견고화된 상황"을 지칭한다.[10] 이 개념은 슘페터의 책에서 이후 좀더 자세히 설명된다. 슘페터는 《국부론》이 그런 상황의 첫 번째 시기의 중심 저술이었다고 봐야 할 것인가를 물은 뒤 이렇게 쓰고 있다.

"모든 고전적 상황은 그런 상황에 이르게 한 연구, 진정으로 독창적인 연구를 요약하고 견고하게 하며 그 단독으로는 이해할 수 없다. 18세기 후반의 고전적 상황은, 서로 충분히 다르기 때문에 분리하여 고려할 수 있는 두 가지 연구가 병합된 결과다. 한편으로는 수세기 동안 철학자들의 연구를 통해 서서히 생겨난 사실적 지식과 개념적 도구가 축적되어 있었다. 다른 한편으로 이와는 반(半)독립적으로, 현실적인

---

10 조지프 슘페터, 《경제분석의 역사(History of Economic Analysis)》(New York: Oxford University Press, 1954) 51쪽 각주 1. 인용된 구절은 엘리자베스 부디 슘페터(Elizabeth Boody Schumpeter)가 쓴 것이다. 그녀는 각주로 이 구절을 추가했다. 이는 그녀의 남편이 《경제분석의 역사》 제1부에서 이 개념을 설명해야 할 부분을 완성하지 못했기 때문이다.

문제를 다루는 사람들이 당대의 정치적 이슈들을 논의하는 과정에서 축적해 놓은 사실과 개념들이 있었다."[11]

이 매우 일반적인 기술에 슘페터는 각주를 달아 놓는다. "시대 구분과 마찬가지로 이러한 유형 설정은 설명을 위한 도구다. 이러한 도구는 분명히 증명할 수 있는 사실에 근거한 것이긴 하나 심각하게 받아들여져서는 안 된다. 그렇지 않을 경우 독자들의 이해를 돕기 위한 도구가 오히려 잘못된 이해의 원인이 될 것이다. 이런 점을 염두에 두어야만 시대나 유형이 유용할 것이다."[12] 이어 그는 고전적 상황이라는 개념을 사용하여 진정으로 독창적인 연구를 요약하고 견고하게 한 세 개의 시기를 식별해낸다. 우리가 방금 살펴본 바와 같이 슘페터는 그 첫 번째 시기가 18세기 후반에 속한다고 기술한다. 하지만 이런 언급 외에 그 첫 번째 시기의 고전적 상황이 어떤 내용으로 이루어져 있었는지에 대해서는 명확히 밝히지 않고 있다. 고전적 상황의 두 번째 시기는 두말할 여지없이 존 스튜어트 밀의 저술이라는 옷을 입고 나타난다. 이어 세 번째 시기는 "어림잡아 1900년 즈음에 등장" 했고 제번스, 멩거, 발라스, 그리고 나중에는 마셜의 저술을 그 중심으로 하고 있다.[13]

고전적 상황은 이 책의 내용을 하나로 연결해주는 핵심 개념이 될 것이다. 그러므로 슘페터가 이 용어로 전달하고자 한 의미를 좀더 조심스레 살펴볼 필요

---

11 위의 책, 52쪽.
12 위의 책, 같은 쪽.
13 위의 책, 380쪽, 953쪽.

가 있다. 우선 분명한 것은 '고전적 상황'은 경제사상사에 존재하는 한 '순간', 어쩌면 약간은 길게 지속할 수도 있는 한 순간을 가리킨다는 점이다. 하지만 슘페터는 그런 순간이 그 자체로 가치를 지닌다고 평가하지 않았다. 그런 순간을 다룬 그의 논의는 오히려 그런 순간의 창시자와 해설자 모두를 추켜세우는 동시에 같은 정도로 내리친다는 특징을 갖고 있다. 그런 순간의 첫 번째에 해당하는 스미스와 리카도에 대해 슘페터는 다음과 같이 묘사한다. 스미스는 "체계정립적인 대학교수"였지만 "바로 그가 지녔던 한계 덕분에 성공했던" 경우이고, 리카도는 "결코 반박할 수 없으며 내용상의 의미를 제쳐놓고 본다면 그 어떤 것도 결여하지 않은 뛰어난 이론"의 저자라는 것이다. 슘페터는 어떤 저술이 고전학파 정치경제학을 마무리한 설명이었는지에 대해서 언급하지 않지만, 다만 지나가는 말처럼 이렇게 부연한다. "우리는 아직도 스미스 이전의 업적을 과소평가하고 '고전학파'를 과대평가하고 있다."[14]

똑같이 부정적인 평가가 존 스튜어트 밀에 대해서도 이루어진다. 밀은 슘페터가 두 번째 고전적 상황으로 여긴 순간의 대표적인 인물이다. 밀은 "이미 확립된 진리라는 유리한 고지에서 말하는 태도를 취함으로써, 그리고 그 확립된 진리가 지속할 것이라는 순진한 믿음을 드러냄으로써" 자신의 위상을 "강조"하는 것으로 묘사된다. 그 결과 "전반적으로 학문의 쇠락기는 아니더라도 학문의 성숙기로 받아들여지는 정체의 시기, '아는 사람들'은 이미 실질적인 합의를 이루고 있는 상태, '대작은 이미 만들어졌으니' 몇몇 작은 문제들을 제외하고는 오직 세

---

[14] 위의 책, 185, 380쪽.

련화와 현실에의 적용만 남아있다고 많은 사람들이 생각하는 상태"가 된다.[15] 슘페터는 자기가 말하고자 하는 요지를 강조하기 위해 다음과 같이 일침을 가한다. 즉 그는 밀의 학설에서 보이는 자기만족에 대해 서술하면서 "모든 경제학자들은, 아니면 적어도 대부분의 경제학자들은 자신들의 작업 결과에 만족하고 있었고, 이는 1930년대에 자기만족을 드러내는 경제학자들이 있었던 것과 마찬가지였다"고 쓰고 있다.[16] 이 구절은 이미 오래전에 지배력을 상실한 밀의 학설은 물론이고 당시에 새롭게 부상하던 케인즈주의 학설을 겨냥한 것이 분명하다.

이렇게 볼 때 슘페터가 말하는 고전적 상황은 그 자체로서 분석상의 성취가 절정을 이룬 상황이 아니다. 슘페터는 그것을 기껏해야 '평정(平靜)'과 '종점(終點)'의 순간으로 봤고, 밀의 경우에서처럼 잠재적으로는 죽어가는 순간으로 기술하고 있다. 슘페터는 경제사상이 전개되는 과정을 서술할 때 진화론적인 용어를 조심스럽게 피하고 있다. 그러나 고전적 상황을 경제사상이 전개되는 과정에서 나타나는 '한 순간의 균형'으로 묘사하더라도 슘페터의 개념을 크게 거스르는 것은 아닐 것이다. 이런 '한 순간의 균형'은 진화적인 것이든 아니든, 경제사상 전개의 추동력이 정지 상태 또는 견고화의 지점에 도달하는 시점이다. 이 시점은 그 당시의 경제학 학설을 연구대상으로 하는 그런 종류의 문제들, 그리고 가장 수용할 만하다고 생각되는 종류의 대답들에서 광범위한 합의가 이루어져 있다는 특징을 갖는다.

고전적 상황이라는 개념 자체에는 분석적 내용이 전혀 들어있지 않다. 때문

---

[15] 위의 책, 같은 쪽.
[16] 위의 책, 754쪽.

에 지식의 진보를 시기구분하거나 분석하는 다른 방식들과 고전적 상황을 바로 비교하기는 어렵다. 그런 다른 방식의 예로는 포퍼(Popper) 식의 '추측과 반박', 쿤(Kuhn) 식의 '패러다임', 그리고 라카토슈(Lakatos) 식으로 '진취적인 과학연구프로그램으로 퇴보적인 과학연구프로그램을 대체' 한 것이 있다.[17] 순차적으로 나타나는 지식의 정지점(停止點)들을 명확하게 하려는 이런 접근법들과 달리, 고전적 상황이라는 개념은 그 정지점들의 발생과 소멸에 대한 이론으로 귀착하지 않는다. 이 개념에서는 각각의 고전적 상황을 무대 중심에 올리는 데 결정적으로 작용한 논의들과, 그 후 각각의 고전적 상황을 강제로 무대에서 사라지게 한 논의들이 제시되지 않는다. 사실 슘페터의 연구에서 생겨난 이 개념을 자세히 들여다보면 볼수록, 우리 생각에 아직 생성과정 중에 있는 것으로 보이는 이 개념이 분석적 개념이 아니라는 게 더욱더 분명해진다. 그렇다면 왜 우리는 1960~1970

---

[17] 이들의 개념과 방식에 대한 개관은 마크 블라우흐(Mark Blaug)의 《경제학 방법론(*The Methodology of Economics*)》(Cambridge University Press, 1980)을 보라. [역주] 칼 포퍼(Karl Popper), 《과학적 발견의 논리 (*The Logic of Scientific Discovery*)》(1959)의 독일어 원판은 《탐구의 논리(*Logik der Forschung*)》라는 제목으로 1934년에 출간되었고, 국내 번역서로는 《과학적 발견의 논리》라는 제목의 박우석 번역(고려원, 1994)이 있다. 토머스 쿤(Thomas Kuhn), 《과학혁명의 구조(*The Structure of Scientific Revolutions*)》(1962)의 국내 번역서는 여러 출판사에서 출간되었는데, 가장 최근의 것은 김명자 번역(개정번역판, 까치, 1999)이다. 임레 라카토슈(Imre Lakatos) 편집, 《비판과 지식의 성장(*Criticism and the Growth of Knowledge*)》(1970)은 《현대 과학철학논쟁: 비판과 과학적 지식의 성장》(조승옥, 김동식 공역, 민음사, 1987)으로 번역되어 있다. 또 라카토슈의 논문들과 그의 방법론에 대한 논평을 편집한 《과학적 연구프로그램의 방법론(*The Methodology of Scientific Research Programmes*)》(1979, 신중섭 번역, 아카넷, 2002)을 보라. 이들은 모두 과학철학자의 입장에서 지식의 성장 문제를 다루고 있다. 인문사회과학의 입장에서는 미셸 푸코가 《말과 사물: 인문학의 고고학(*Les mots et les choses. Une archéologie des sciences humaines*)》(1966)에서 에피스테메(épistème)라는 개념을, 리처드 로티(Richard Rorty)는 《철학 그리고 자연의 거울(*Philosophy and the Mirror of Nature*)》(1979)에서 정상담론(normal discourse)이라는 개념을 제시했다. 푸코의 책 영어번역판은 《사물의 질서(*The Order of Things*)》로 출판되었다. 이 책의 국내 번역서로는 《사물의 질서: 인문과학의 고고학》(이광래 번역, 민음사, 1987)이 있다. 로티의 책은 박지수 번역(까치글방, 1998)이 있다.

년대 이후 경제사상의 추세를 설명하기 위한 이 책, 다시 말해 분석 작업이 경제학 자체를 식별하는 이름표로 여겨지게 된 시기를 다루는 이 책에서 고전적 상황이라는 개념을 이용하려고 하는 것일까?

고전적 상황과 경제사상사

우리가 고전적 상황이라는 개념을 이용하는 데는 세 가지 이유가 있다. 첫 번째 이유는 슘페터의 이 개념이 다른 학문도 아닌 바로 경제학 자체와 관련된 시기구분의 문제를 논의하고자 한 유일한 시도라는 것이다. 사실 포퍼, 쿤, 그리고 라카토슈의 방법론적 시각이 경제사상의 단계적 발전을 명확히 설명하려는 시도에서 자주 사용됐다(이들 가운데 쿤과 라카토슈의 방법론은 슘페터의 저술에 비해 훨씬 뒤에 나타났다). 그러나 이런 노력은 자연과학과 관련해 설계된 방법론적 고려들을 사회과학의 서술에 적용할 수 있는가라는 문제에 어쩔 수 없이 부닥치게 된다.

이 문제는 연구대상으로서의 자연적 현상과 사회적 현상 사이에 유사성이 존재하는가 혹은 존재하지 않는가라고 질문할 수밖에 없게 만든다. 슘페터는 자연적 현상과 사회적 현상 사이에 큰 차이가 존재한다는 점을 잘 알고 있었다. 그가 사회적 탐구에서 결코 배제할 수 없는 것이라고 생각했던 '이데올로기'라는 이슈와 관련해서는 특히 그러했다. 현재 우리가 살고 있는 시대에는 사회과학뿐만 아니라 자연과학의 탐구에도 분석 이전의 전제가 존재한다는 주장을 흔히 볼 수 있다.[18] 그렇다 하더라도 이데올로기에 대한 슘페터의 강조를 이해하면, '비전'이라는 결정적인 용어를 그가 사용하는 의미대로, 그리고 또한 우리가 사용하는 의미대로 좀더 명확히 할 수 있을 것이다. 비전은 사회적 탐구에서 결정적으로 중요하다. 왜냐하면 우리가 사회적 실재를 파악하는 데 사용하는 수많은 '인지 이전(precognitive)'의 전제들 가운데 가장 두드러진 것은 인간사회에서 발견되는 권력과 특권의 배열이 옳은가 틀린가, 또 그것이 필연적인가 가변적인가에 관련된 것들이기 때문이다. 이런 정치적, 도덕적 요소들은 계급과 재산, 심지어는 권력 그 자체와 같은 개념들의 성격을 규정할 뿐 아니라 사실상 그것들을 형성한다. 이 개념들은 어떠한 사회적 질서를 분석하더라도 그 분석으로부터 분리할 수 없는 반드시 필요한 것이지만, 자연의 작동에서는 이 개념들과 유사한 것을 전혀 찾아볼 수 없다.

이제 명확해졌겠지만, 고전적 상황이라는 개념이 중요한 이유는 그것이 어떤 객관적 진리나 더 훌륭한 정확성을 갖고 있거나 그 개념을 통해 사용되는 구성물들이 유용하기 때문이라서가 아니다. 오히려 고전적 상황은 '과학적' 근거로는 방어하기가 매우 힘든 이유들로 인해 보편적 동의와 같은 것을 확보한다는 점에서 중요성을 갖는다. 그런 이유들 중에는 관찰자가 바라보는 세계가 사회적으로 방어될 수 있느냐와 관련된 이유들, 즉 그 세계를 이해하는 데서도 결정적인 역할을 하지만 그 세계에 대한 합의를 이끌어낼 수 있는 방식으로 그 세계를 설명하는 데서도 결정적인 역할을 하는, 그런 고려들이 포함된다. 우리의 관점을

---

18 폴 파이어아벤트(Paul Feyerabend), 《방법에의 도전(*Against Method: Outline of an Anarchistic Theory of Knowledge*)》(London: New Left Books, Humanities Press, 1975). [역주] 이 책의 국내 번역본으로는 《방법에의 도전: 새로운 과학관과 인식론적 아나키즘》(정병훈 역, 한겨레, 1991)이 있다.

최대한 강하게 표현해보면, 경제사상사에서 슘페터가 이야기하는 '순간'들이 중요한 이유는 사회질서가 정의롭고 무리없는가에 대한 판단에 근거한 합의의 기초를 그 순간들이 갖추고 있기 때문이다. 이런 기초 없이 분석은 한 치도 앞으로 나아갈 수 없다.

우리가 고전적 상황이라는 개념을 채택한 두 번째 이유를 말하다 보면, 우리의 노력이 최우선적으로 갖고 있는 목적이 다시 한 번 전면에 부각된다. 그 목적은 바로 슘페터의 시대에 발흥한 하나의 특정한 고전적 상황, 즉 케인즈주의 경제학에 대한 합의가 어떻게 붕괴되었는가를 기술하는 것이다. 우리가 하고자 하는 일은 이 격동의 시기를 특징지은 이론상의 불만이 어떻게 전개되었는가를 다시 이야기하는 것이 아니라, 그러한 불만의 근거가 어떤 것이었는지를 파악하는 것이다. 이때 고전적 상황이라는 개념이 지닌 또 하나의 중요한 요소가 친절한 길잡이 노릇을 해준다. 그것은 고전적 상황의 중심이라는 지위를 계승하기 위한 투쟁에 통일성을 부여하는 어떤 중심 문제가 그런 투쟁의 배후에 존재한다는 가정이다. 케인즈주의 이후에 새로운 정지점이 나타나지 않고 있다는 사실은 수많은 경쟁이론들 가운데 어느 하나가 일반적으로 인정받아 헤게모니의 위치에 올라서는 것을 가로막는 그 무엇이 존재한다는 것을 의미한다. 한 학문의 핵심이 시간이 갈수록 점점 더 일반적 합의의 모습을 띠기는커녕 그 반대가 되어간다는 것은 분명 생소한 종류의 진보다.

그러나 완강하게 우리의 진입을 거부하는 문제 속으로 들어가는 입구를 그 문제의 합리적 해결을 가로막는다고 여겨지는 바로 그 요소에서 발견할 수 있다고 믿을 만한 이유가 있다. 여기서 우리는 또다시 슘페터의 솔직한 인정, 즉 경제학적인 사안에서는 과학적 탐구와 이데올로기가 비록 완전히 분리된다 하더라도 그 둘을 갈라놓는 선은 매우 가늘다는 솔직한 인정으로 되돌아가게 된다. 슘페터의 말을 자세히 살펴볼 필요가 있다.

"분석적 작업은 사물에 대한 우리의 비전이 제공하는 재료에서 시작한다. 그리고 비전은 거의 그 정의상 이데올로기적이다. 비전은 사물에 대해 우리가 보는 그대로 내리는 정의를 반영한다. 사물을 다른 관점이 아닌 하나의 주어진 특정한 관점에서 보기를 원하게 하는 동기가 있다면, 그 동기가 어떤 것이건 그것이 있는 곳에서는 우리가 사물을 보는 방식과 우리가 그것을 보기를 원하는 방식이 거의 구별되지 않는다."[19]

이미 우리가 말한 바 있지만, "사물에 대해 우리가 보는 그대로 내리는 정의" 가운데 가장 두드러지는 것은 우리가 살아가고 있는 세계의 사회적 위계질서와 신념체계를 확립시키는 기본적 제도들이다. 슘페터의 이데올로기 개념은 비록 정밀성을 결여하고 있을지는 몰라도 사회정치적 합리화라는 민감한 문제를 강조한다는 점에서 가치가 있다. 이런 문제에 대한 강조야말로 고전적 상황이 일단 발생한 후 공격을 받고 있을 때 그것을 방어하는 움직임을 조명해준다. 우리의 이러한 관점은 예상치 못한 지점에서 애덤 스미스로부터 지원병력을 얻는다. 〈천문학의 역사(History of Astronomy)〉라는 논문에서 스미스는 애초에 무슨 동

---

[19] 위의 책, 42쪽.

기가 있었기에 사람들은 이론화 작업을 하려고 하는가라는 질문을 던진다. 그러고 나서 그가 내놓은 대답은 놀라우리만치 우리와 동시대적이다. 즉 그 동기는 '철학'(우리의 현재 입장에서는 이를 '과학적 방법론'으로 이해하자)의 목적은 "서로 부딪치고 불협화음을 내고 있는 외형들의 혼돈에 질서를 도입하는 것, 상상의 소동을 가라앉히는 것, 그리고 상상이 우주의 커다란 반전들을 개관할 때 그 상상을 평정과 안정의 기조 속으로, 즉 자기 자신에 대해 가장 적절하고 본성에 가장 적합한 기조 속으로 복귀시키는 것"이다.[20]

스미스가 말하고 있는 바는, 이론화 작업은 미지의 것 앞에서 우리가 갖게 되는 인지적 불안(상상의 소동)을 수용할 수 있는 수준(평정과 안정)으로 환원시킨다는 것이다. 고전적 상황은 서로 부딪치면서 불협화음을 내는 사회적 관찰들의 혼돈을 감소시킴으로써 정치적 상상의 평정과 안정을 회복시키는 상황이다. 이런 상황은 심리적 안정의 순간을 묘사한다. 그것의 지배력은 분석적 혹은 경험적 고려를 통해 면밀히 검증받지만, 그 헤게모니적인 주장들은 가치가 주입된 고려들에 상당히 기초하고 있다.

이러한 고려들 중에서 단연 돋보이는 것은 기업과 정부 각각에 부여되는 역할, 특히 이 둘 사이에 구분선을 긋기가 어려운 사회적 상황 속에서 그것들에 부여되는 역할일 것이다. 케인즈의 분석을 그 이전의 모든 고전적 상황으로부터 분리시키는 비전상의 가정이 하나 있다면, 그것은 사회체계 자체의 운동력을 결정

---

[20] 애덤 스미스, 〈천문학의 역사(History of Astronomy)〉, 45~46쪽. 이 논문은 와이트먼(W. P. D. Wightman)이 편집한 《철학적 주제에 대한 논문집(및 기타 소논문)(Essays on Philosophical Subjects (and Miscellaneous Pieces))》에 수록되어 있고, 이 책은 《애덤 스미스 전집, 글래스고판(The Glasgow Edition of the Works and Correspondence of Adam Smith)》(Oxford, Clarendon Press)의 일부다.

하는 데 있어서 과감하게 정부에 결정적인 역할을 부여했다는 점이다. 이것은 케인즈 이후의, 그리고 그에 반대하는 이론가들에게 마치 목구멍의 가시 같은 주장으로 남아있다. 케인즈의 이론에 대한 이런 거부의 배후에 분석적 추론이 결여되어 있지 않다는 점은 분명하다. 그러나 슘페터가 이데올로기적인 것으로 불렀을 법한 분석 이전의 지향을 우리가 거기서 느낀다고 해서 독자들이 놀라지는 않을 것이다. 분석 이전의 지향은 정부의 지위를 상승시킨 케인즈의 입장이 적합성과 효율성을 갖고 있느냐에 대한 가치판단이다. 다시 말하지만, 우리가 이런 관찰을 통해 어느 편이 더 훌륭한 분석적 논의를 제공하느냐에 대한 판단을 내릴 수 있는 것은 아니다. 그러나 경제학은 케인즈주의 이론이 그 이데올로기적 호소력을 상실했을 때 퇴거된 고전적 상황을 대체할 만한 새로운 고전적 상황에 이르지 못하고 있고, 바로 이런 사실은 그러한 관찰을 통해 명확히 확인할 수 있다.

슘페터의 고전적 상황이라는 개념을 유용한 것처럼 보이게 하는 세 번째 이유가 남아있다. 이 이유는 탐구의 한 방식으로서 경제사상사가 지닌 성격과 관련된다. 새로운 연구방향의 효시가 된 저서 《경제동학의 안정화(*Stabilizing Dynamics*)》에서 로이 와인트로브(Roy Weintraub)는 경제적 지식이 어떻게 사회적으로 구성되는지를 보이고, 경제사상의 역사는 이런 구성작업의 경로를 추적하는 것이어야 한다고 지적했다.[21] 와인트로브의 주장에 따르면 사상의 '역사'는 그런 구성작업이 없었다면 존재하지 않았을 일관성의 느낌을 사상의 진화과정에 부여해주는 서술이다.

와인트로브는 일반균형 모형의 안정성을 예로 든다. 그는 전문 학술지에 발표된 한 서베이 논문이 이 문제에 대한 표준적인 관점을 구성하는 데 어떠한 역할을 했는지에 초점을 맞춘다. 즉 그는 1963년에 발표된 네기시(Negishi)의 논문을 면밀히 분석한 뒤 다음과 같은 결론을 내린다.

"네기시가 제공하는 역사는 지금 우리가 구성하고 있는 역사와는 다를 것이다. 이 점에는 논의의 여지가 없다. 그러나 다른 한편으로 이 점은 경제학의 역사가 구성되는 것임을 증명해준다. 논문이 너무 큰 '성공'을 거두었기 때문에 논문에서 다루어진 내용이 그 자체로 하나의 분야가 되어버릴 수도 있다. 따라서 현재의 시간에 있는 사람들로서는 그 논문이 작성된 시기에 달리 가능했던 개념화의 내용을 알 도리가 없어질 수 있다. 왜냐하면 우리는 그 논문의 렌즈를 통하여 보기 때문이다. 논문이 실제로 역사를 구성하는 것이다."[22]

와인트로브의 이런 구성주의적 접근방법은 케인즈 이후 시기의 거시경제학에도 동일하게 적용할 수 있다. 어쩌면 당연할지도 모르지만, 경제사상사가들은 거시경제학이 어떻게 진화되어 왔는가에 대해 서로 다른 두 개의 이야기를 해왔다.

---

21 로이 와인트로브(E. Roy Weintraub), 《경제동학의 안정화: 경제지식 만들기(*Stabilizing Dynamics: Constructing Economic Knowledge*)》(Cambridge University Press, 1991). [역주] 이 책의 영어 제목은 이중적인 의미를 갖고 있다. 우선 이 책의 내용은 일반균형이론에서 균형의 안정성 문제가 어떻게 정의되고 또 어떻게 그 정의에 따라 연구되었는가를 다루고 있다. 따라서 제목은 '안정성'이라는 주제를 중심으로 한 일반균형이론의 동학을 지칭하고 있다는 의미에서 '안정성에 관한 동학'으로 이해될 수 있다. 그러나 이 책의 가장 중요한 주제는 하일브로너와 밀버그가 지금 이야기하고 있는 주제, 즉 그러한 논의가 어떻게 하여 그 분야의 대다수 경제학자들에 의해 인정되어 '안정화' 되어 갔는가다. 이런 의미에서 이 책의 제목은 '동학의 안정화 과정'을 의미하는 것으로 이해될 수 있다. 책의 부제가 이 점을 명확히 해주고 있다.
22 로이 와인트로브 (E. Roy Weintraub), 〈동학 개관(*Surveying Dynamics*)〉(*Journal of Post Keynesian Economics*, 제 13권, 4호, 1991 여름), 526쪽.

'합리적 재구성(rational reconstruction)'의 관점에 선 이들에 따르면, 거시경제학은 연속된 일련의 분석상 진보를 통해 발전됐고, 각각의 진보는 그 직전의 지배적인 견해에 내재된 약점이나 결함을 해결했다. 이렇게 하여 케인즈주의의 뒤를 통화주의가 이었고, 통화주의는 다시 합리적 기대 혁명에 자리를 내주었다. 그리고 합리적 기대 혁명은 새고전파와 새케인즈파의 출현을 통해 한걸음 더 앞으로 나아갔다.[23] 사상의 역사에 대한 이런 이야기의 중심에는 '진보가 이뤄진다'는 암묵적인 가정이 자리하고 있다. 즉 경제사상은 아무리 느리더라도 진리를 향해 나아가고, 사상의 역사는 여러 세대의 경제학자들이 이전 이론들의 오류를 발견하고 교정하는 작업의 역사라는 것이다.

현대 거시경제학 역사에 대한 두 번째 서술은 이와는 상당히 다른 접근방식을 취한다. 이 관점에 따르면, 케인즈 이후의 거시경제학은 신고전파 경제사상을 소득결정, 실업, 인플레이션, 그리고 성장의 문제에 대한 지배적인 접근법으로 재확립하려는 잘못된 노력의 연속이었다. 따라서 케인즈주의자와 통화주의자, 또는 그 후계자인 합리적 기대가설 이론가들 사이에는 커다란 차이가 없다. 이들은 모두 케인즈 저술의 초석을 이루는 비(非)신고전파적 개념들을 거부한다는 점에서 서로 연결돼 있다.[24]

와인트로브는 분명 이 두 가지 서술을 모두 비판할 것이다. 두 경우 모두 모

---

[23] 예를 들어 그레고리 맨큐(Gregory Mankiw), 〈거시경제학의 최근 발전: 기억을 새롭게 하기 위한 속성과정(Recent Developments in Macroeconomics: A Very Quick Refresher Course)〉(*Journal of Money, Credit and Banking*, 제20권, 3호, 1998년 8월), 436~439쪽을 보라. 또는 스탠리 피셔(Stanley Fischer), 〈거시경제학의 최근 발전(Recent Developments in Macroeconomics)〉(*Economic Journal*, 제98권, 5호, 1988년 6월), 294~339쪽을 보라.

든 발전의 측정기준이 되는 어떤 객관적 진리가 존재함을 명시적으로 혹은 암묵적으로 단언하고 있기 때문이다. 그에 따르면 경제사상사는 경제사상의 객관적이거나 방법론적인 타당성에 초점을 맞추기보다 그 경제사상이 어떻게 만들어졌는가에 초점을 맞추어야 하고, 이렇게 함으로써 가능한 여러 가지 사상사들의 다양성을 보여주어야 한다. 그러나 로저 백하우스(Roger Backhouse)는 이런 관점에 반대하면서 경제사상에 대한 평가에 있어서 좀더 확정적인 접근방식을 취해야 한다고 주장한다. 그는 이렇게 말한다. "사실들에 문제가 있을 수는 있다. 그러나 모든 것을 단순히 허구(fiction)로 다룬다면, 그것은 경제사상사 연구자들이 직시해야 할 주요 과제들 가운데 하나, 즉 경제현상의 연구에서 여러 가지 다른 접근법들의 장단점에 대한 결론을 이끌어내는 일을 포기하는 것이다."[25]

여기서 '고전적 상황'이라는 개념이 유용한 기능을 수행한다. 반박할 수는 없지만 마음을 불편하게 하는 상대주의와, 마음을 평안하게는 하지만 비판받을 수 있는 실증주의 사이에는 몸을 마비시킬 정도로 커다란 견해차이가 있는데, '고전적 상황'이라는 개념은 이런 견해차이 속에서 무시되고 있는 문제를 물어볼 수 있게 해준다. 그 문제는 왜 서로 다른 시점에 서로 다른 형태의 특정한 이론

---

[24] 예를 들어, 시드니 와인트로브(Sydney Weintraub), 〈힉스 류의 케인즈주의: 지배와 쇠망(Hicksian Keynesianism: Dominance and Decline)〉을 보라. 이 논문은 시드니 와인트로브가 편집한 《현대경제사상(Modern Economic Thought)》(Philadelphia: University of Pennsylvania Press, 1977)에 수록되어 있다. 또 맬콤 소여(Malcolm Sawyer), 《의문 속의 거시경제학: 케인즈주의와 통화주의 주류경제학과 칼레츠키적 대안(Macro-economics in Question: Keynesian and Monetarist Orthodoxies and the Kaleckian Alternative)》(Armonk, NY: M. E. Sharpe, 1982)을 보라.

[25] 로저 백하우스(Roger Backhouse), 〈경제사상사를 어떻게 접근해야 할 것인가? 사실인가 허구인가, 아니면 도덕적 이야기인가?(How Should We Approach the History of Economic Thought, Fact, Fiction or Moral Tale?)〉(Journal of the History of Economic Thought, 144호, 1992년 봄, 33쪽). 이 학술지의 1992년 가을호에 게재된 로이 와인트로브와 로저 백하우스의 논쟁도 아울러 읽어보라.

이 중심을 구축하고 안정화 기능을 하게 되느냐 하는 것이다. 이 질문에 대한 대답을 하려면 우리가 지금까지 제시해온 견해를 다시 반복해야 한다. 그 견해란, 각 고전적 상황의 근저에 있는 비전이 경제학계를 넘어서는 공동체의 희망을 반영하거나 확인시켜주는 역할, 혹은 그 공동체가 갖는 두려움을 완화시켜주는 역할을 한다는 것이다. 따라서 우리는 '고전적 상황'의 개념을 이론 평가의 시금석으로 채택함으로써, 그 개념이 없었다면 '무엇이든 괜찮다(anything goes)'는 파이어아벤트 식 원리에 백기를 들었을 것들에 대해 일종의 객관적 분석을 적용해 볼 수 있다.[26]

특히 고전적 상황의 형성이라는 맥락에서 비전에 초점을 맞추면, 어느 특정한 이론이 득세하여 그 목적을 달성하느냐 여부를 판가름할 기준에 대해 거의 필연적으로 평가를 내릴 수 있다. 앞으로 우리가 보이고자 하는 것은, 케인즈적인 고전적 상황이 무너진 이후 미국 경제학자들은 경제학을 그런 질서확립적인 해결의 방향으로 이끄는 데 실패했다는 점이다. 이것만으로도 하나의 평가가 됨은 물론이다. 그러나 궁극적으로 우리는 한걸음 더 나아가, 새로운 고전적 상황을 확보하지 못한 실패는 1970년대 초의 교차로에서 경제사상이 선택한 방향이 비전의 측면에서 잘못된 데서 기인했다는 주장을 펼칠 것이다. 이 잘못된 방향 선택의 성격을 우리가 어떻게 파악하고 있는지에 대해서 독자들은 이미 명백하게 파악했을 것이다. 뒤에 이어질 여러 장들의 초점은 바로 그 잘못된 방향 선택의 성격에 맞춰져 있다.

---

[26] 폴 파이어아벤트, 위의 책, 27~28쪽을 보라.

경제사상사와 비전의 변화

다루어야 할 문제가 하나 더 남아있다. 이미 논의한 대로 고전적 상황은 경제사상사의 합의적 순간을 묘사하는 데 편리한 도구다. 하지만 고전적 상황은 그 자체로나 슘페터가 묘사한 대로나 그런 합의적 순간이 생겨났다가 무너지는 동학에 대해서는 아무런 조명도 해주지 못한다. 그러나 그 동학이 두 가지 종류라고 믿을 만한 근거가 있다. 첫 번째 종류는 사회경제적 질서를 기술하는 이론에 대한 분석적 연구와 관련된 '내부적' 문제다. 최초의 고전적 상황의 역사는 그것이 18세기 후반과 19세기 초반의 영국 경제를 일반적으로 어떻게 이해하고 있었는가에서 발생하는 분석적 문제들에 의해 분명히 영향을 받는다. 그러한 분석적 문제들 가운데 가장 중요한 것은 고전학파의 기준틀이 스미스의 이론에서 리카도의 이론으로 전환되면서 '가치'라는 개념에 존재해야 했던 내적 일관성이다. 이 문제는 스미스의 '고전적' 경제학이 리카도의 경제학으로 대체되는 데 궁극적으로 결정적인 역할을 한다. 다른 그런 문제들, 예를 들어 임금기금 개념을 만족스럽지 못한 형태로 오랫동안 사용하면서 그것을 버리지 못하고 미련을 가졌던 점 때문에 밀의 '고전적 상황'은 그 지속성에 있어 영향을 받았다. 마셜의 분석양식이 누리던 권위가 쇠퇴하고 케인즈 이론틀의 권위가 상승하는 데도 이와 유사한 종류의 분석상의 문제가 중요한 역할을 했다는 사실도 뒤에서 분명해질 것이다.

따라서 분석의 내적 문제는 우리의 연구에서 중요한 위치를 차지한다. 그러나 그렇다고 해서 그것이 결정적인 역할을 하지는 않는다. 그 이유는 경제사상의 진화에 있어 전략적 변수로서 비전이 수행하는 역할을 강조하고자 하는 우리의 의도적인 노력 때문이다. 그러나 아직도 질문이 하나 남아있다. 비전이 변화하는 이유는 무엇인가? 스미스적인 세계에서 리카도적인 세계로, 혹은 밀적인 세계에서 마셜적인 세계로 변화한 것을 어떻게 설명할 수 있을까? 이 질문에 적절하다 싶은 대답이 딱 하나 있다. 그것은 경제적 세계에 대한 '관점'과 경제적 세계의 '작동' 사이에는 불협화음이 발생할 수밖에 없다는 것이다. 스미스 이후의 시대에 언덕을 따라 위로 올라가야만 했던 곡물 경작지들, 밀의 시대에 발생했던 사회개혁 운동들, 19세기 말엽에 점차적으로 생겨난 노동자 계급의 품위 있는 생활의 기준들, 이 모든 것들이 당대 세대들이 가졌던 분석 이전의 인지적 의식 (preanalytic cognitive awareness)을 변화시켰고, 그럼으로써 경제를 다시 이해하려는 동기가 확립되는 데 강력한 영향력을 발휘했던 게 틀림없다. 여기서 우리는 영향력을 "발휘했던 게 틀림없다"고 말했다. 그 이유는 위와 같이 광범위한 단언에 대해 그 어떤 도전도 받지 않을 정도로 완벽한 증명을 할 수는 없기 때문이다. 그러나 경제학적 개념화의 연쇄적인 변화와 관련된 모든 인과관계를 회피하려고 하는 것이 아니라면, 우리는 어떤 설명의 틀을 확립시킬 필요성에 봉착하며, 그런 틀의 후보자로 유일하게 가능한 것은 '물질적, 정치적' 삶에서 지각된 경험이 보여주는 변화인 것 같다.[27] 대공황과 케인즈 경제학의 발흥 사이에 그런 관계가 있었다는 것을 그 누가 부인할 수 있겠는가? 로버트 마고(Robert Margo)가 썼듯이 "대공황은 현대 거시경제학의 탄생과 거의 동의어다."[28]

---

[27] '지각(perception)'의 문제를 보통 이상으로 강조하는 견해로는 고전학파 정치경제학의 발생을 분석한 키스 트라이브(Keith Tribe)의 《토지, 노동, 그리고 경제학적 담론(Land, Labour and Economic Discourse)》 (London, Routledge & Kegan Paul, 1976)을 보라.

마지막으로, 경제사상의 발전경로를 밝혀주는 결정적인 틀, 즉 메타역사(meta-history)가 있을까? 우리는 고전적 상황들이 이어진 과정이 본질적으로 두 개의 부분으로 분리된다고 본다. 그중 첫 번째는 리카도와 존 스튜어트 밀로 대변되는 '고전학파' 종류의 시나리오들을 포함하는 부분이고, 두 번째는 마셜과 케인즈가 가장 돋보이는 예인 고전학파 이후의 설명에 의해 대표되는 부분이다. 그러나 뒤에서 다시 보게 되겠지만, 모든 '고전학파'의 저술과 모든 '고전학파 이후'의 저술이 그 각각의 시대를 식별하게 해주는 요소들을 보이는 한, 특정한 예들은 중요하지 않다.

이 두 개의 부분을 구분하게 해주는 특징은 무엇일까? 그것을 가장 압축적으로 표현하면 정치경제학(Political Economy)과 경제학(Economics) 사이의 대조일 것이다. 정치경제학은 사회질서가 노동자, 지주, 자본가라는 세 종류의 계급, 서로 구분되지만 본질적으로는 서로 연결된 세 종류의 계급으로 구성되어 있다는 비전과 그에 대응하여 각 계급의 미래 전망에 초점을 맞추는 분석에 의해 정체성이 확립된다. 이와 매우 대조적으로 두 번째 시기를 특징짓는 것은, 개인과 기업이라는 서로 분리된 행위자들이 상호작용하는 궤적으로 경제를 이해하는 비전과 이 비전으로부터 발생하는 분석, 즉 개별적이건 집단적이건 행위자들의 소득을 결정하는 힘들에 초점을 맞추는 분석이다. 여기서 소득의 분배를 계급과 관련된 것으로 명시적으로 이해하는 경우가 없지는 않지만 만일 있다 하더라도 아주 미미한 정도만 있을 뿐이다.

---

[28] 로버트 마고(Robert Margo), 〈1930년대 고용과 실업(Employment and Unemployment in the 1930s)〉《Journal of Economic Perspectives, 제7권, 2호, 1993 봄》, 41쪽.

이런 설명이 표면적으로 그럴듯해 보이는 수준 이상으로 설득력을 가지려면 정치경제학에서 경제학으로 이행하는 변화의 근저에 있는 이유가 무엇인지를 제시할 수 있어야 한다. 우리는 두 가지 설명을 제시한다. 먼저 첫 번째 시대를 특징짓던 귀족주의적 정치관이 두 번째 시대에 점점 더 강력해지고 있던 민주주의적 관점에 의해 대체되었기에 그런 변화가 발생했다는 설명이다. 첫 번째 시대의 귀족주의적 관점은 명확히 구분된 계급이야말로 모든 안정적인 사회질서의 자연적이고 필연적인 조건이라는 견해를 구체화한 것이다. 반면 이 관점에 뒤이어 나타난 민주주의적 관점은 사회계급이 모든 사회질서에서 없어서는 안 될 극도로 중요한 조건이라는 점을 무시하거나, 더 나아가 그런 사회계급이 존재한다는 것 자체를 부정한다. 따라서 우리가 보건대, 정치경제학과 경제학은 진화해가는 자본주의 체제를 두 개의 서로 다른 역사적 시대의 관점에서 해석한 것이라고 이해하는 것이 최선일 것이다.

비전의 변화에 기여하는 두 번째 요소는 이런 변화와는 상당히 독립적이다. 두 번째 요소는 19세기 후반에 자연과학의 위상, 특히 물리학의 위상이 가파르게 상승했다는 사실이다. 경제학은 그것을 구성하는 행동의 '법칙들'이 이미 추상적이고 수학적인 방향으로 기울어진 학문이었다. 필립 미로스키(Philip Mirowski)는 자연과학의 추상적이고 수학적인 성격이 어떻게 경제학의 사회적 탐구의 모델이 되었는가를 보여주고 있다.[29]

앞으로 여러 장에 걸쳐 케인즈주의의 쇠퇴 이후 반세기 동안 고전적 상황이

---

29 필립 미로스키, 《기계적 작용에 거슬러서(*Against Mechanism*)》(Totowa, NJ: Roman and Littlefield, 1988), 제1장, 〈물리학과 '한계혁명'(Physics and the 'Marginalist Revolution')〉.

다시 발생하지 못했다는 사실을 설명하는 과정에서 위와 같은 '메타역사'는 사용되지 않을 것이다. 그러나 경제학 대 정치경제학이라는 주제는 이 책의 후반부에 다시 나타날 것이다. 지금으로서는 경제사상사의 두 부분 사이에 결정적인 불연속 지점이 있음을 확인하는 것으로 만족할 것이다. '메타역사'의 중요성은 우리가 이 책의 결론 부분에서 가까운 미래에 새로운 고전적 상황이 발생할 가능성을 검토할 때 다시 그 모습을 드러낼 것이다.

따라서 경제학적 비전의 진화에 관한 우리 연구의 관심은 '고전적 상황'이라는 멋진 단어로 묘사된 원형적(原形的) 경제사상의 변화를 사회경제적 혹은 사회정치적 '현실'의 변화가 의식적 혹은 무의식적으로 반영된 것으로 서술하는 데 있다. 이런 노력의 배후에는 우리의 상상의 소동을 가라앉혀야 할 필요성이 자리하고 있다. 스미스의 시대만큼이나 우리 시대에도 이런 필요성이 뚜렷하게 존재한다. 아울러 상상의 소동을 가라앉히는 것은, 경제적 현실에 대한 개념화가 필요하다고 느끼는 사람들에게도 그 개념화를 실용적 정책의 기초로 사용하고자 하는 사람들에게 만큼이나 강력히 요구된다. 이것이 바로 우리의 경제사상 연구의 뒤에 자리 잡고 있는 거대한 드라마다. 경제학이 보여준 계몽(啓蒙)과 현혹(眩惑)이라는 흥미로운 기록을 좀더 잘 이해할 수 있게 하는 방식으로 정치학과 경제학을 연결시킬 것이라는 우리의 희망이 담긴 드라마.

03 | 케인즈주의적 합의

한계주의 접근법의 두 가지 원류

이제 케인즈주의 고전적 상황을 살펴보도록 하자. 그 이유는 케인즈주의 고전적 상황이 우리 연구의 자연스러운 출발점이 될 뿐 아니라 우리가 그 전개과정을 설명하려고 하는 불안정한 균형의 연쇄적 발생에 대한 단서를 케인즈주의 고전적 상황 안에서 발견할 수 있기 때문이다. 모든 고전적 상황들이 그렇듯 케인즈주의 고전적 상황도 그 이전의 저술들로부터 발생했다. 우리는 그 저술들에 주의를 기울일 것이다. 여기서 케인즈주의 고전적 상황 이전의 저술들이란 1870년대부터 《고용, 이자, 화폐에 관한 일반이론(The General Theory of Employment, Interest and Money)》이 돌풍처럼 등장한 1936년까지 경제학의 핵심 개념을 구성했던 한계주의 접근법에 근거한 저술들을 말한다.

그런데 케인즈주의 고전적 상황 이전의 저술들을 들여다보는 순간 우리는 나중에 한계주의의 후계자들을 괴롭히게 될 난점들이 무엇인가를 밝혀주는 문제점 하나를 발견한다. 한계주의 그 자체는 의사결정의 이론이다. 여기서는 비용과 편익이 정확히 측정되고 어떠한 순편익도 포기되지 않는다. 사실 한계주의는 경제학 이론에 대한 두 가지 접근방식이 합쳐진 결과이며, 그 두 가지 접근법은 밀의 경제학에 대한 반감을 공유했지만 '한계주의' 라는 비전의 의미에 대해서는 첨예한 해석의 차이를 숨기고 있었다. 두 가지 접근방식 중 하나는 레옹 발라스의 저술에서 중심적인 위치를 차지하는 것으로, 시장들 사이의 상호연관성을 강조했고, 경제학적 분석의 핵심 개념으로 일반균형의 비전을 내세우는 것으로 귀결됐다. 두 번째 접근방식은 마셜 이론틀의 중심으로, 외양상 많은 차이에도 불구하고 모든 경쟁적 시장에서 공통으로 발견되는 가격형성 과정에 관심을 두었다. 가격형성 과정이 여러 시장들에서 동일하게 나타남을 보이는 것은 쉬운 일이었고, 이 과정은 결국 가위 모양으로 그려지는 공급과 수요 교차의 메커니즘으로 정식화되어 마셜적 한계주의의 핵심 개념이 되었다.

    이 두 개의 초점으로부터 한계주의라는 새로운 고전적 상황이 갖게 될 서로 매우 다른 두 개의 비전이 생겨났다. 발라스적 개념은 시장의 체계적 통합에 그 초점을 맞추었고, 특정 시장에서 발견되는 '현실세계' 적인 속성들, 말하자면 수요곡선과 공급곡선의 형태, 시간의 기능적 효과, 하향하는 장기 공급곡선에 의해 야기되는 문제들, 예컨대 그것이 독점에 대해 갖는 의미 등에 대한 관심을 포용하기보다는 그런 관심으로부터 몸을 움츠렸다. 이와 대조적으로 마셜적 한계주의는 바로 그런 이슈들에 초점을 맞추었고, 시장에서 나타나는 결과들은 수요와 공급이 직면하는 제도적, 역사적 제약들에 의해 야기되기 때문에 서로 다르다는 점을 강조했다. 그 결과 일반균형의 개념은 발라스가 쓴 《경제학 원리》에서는 각 주에서 두 번, 부록에서 한 번 지나가는 식으로 언급되지만, 마셜이 쓴 대작 《경제학 원리》에서는 전혀 찾아볼 수 없다.

그러다 우리 시대에 이르러서야 일반균형이 한계주의적 경제분석 방식을 지배하기에 이르렀다. 하지만 한계주의적 비전이 합의된 관점으로 떠올랐던 시기에는 대중은 물론 학계도 마셜의 접근방식을 인정했다. 그때는 한계주의의 수용에 걸림돌이 될 그 어떤 개념적 긴장도 존재하지 않았다. 이데올로기적 성격을 지닌 개념적 긴장이 없었음은 더 말할 나위도 없다. 이 고전적 상황은 가치의 원천과 임금기금 같은 분석상의 문제들, 그리고 자본주의적 발전의 '사회주의적' 방향에 대한 조심스러운 승인 같은 정치적인 문제들에 관해 밀적인 견해를 거부한다는 점에서 잘 정의되어 있는 것처럼 보였다. 관대하고 흡수력이 강한 마셜의 접근방식은 분석의 면에서도 이데올로기의 면에서도 도전받지 않는 듯했을 뿐 아니라 도전 자체가 불가능해 보였다. 일반균형에 대한 관심의 부재가 다소 주목을 받는 경우가 더러 있기는 했지만 그것이 우려로까지 이어지지는 않았다. 그럼에도 불구하고, 지금에 와서 돌이켜보면 한계주의의 승리가 겉보기처럼 완벽하지는 않았음을 알 수 있다. 서로 독립된 다수의 시장이 그 전체를 아우르는 조정의 메커니즘 없이 작동하는 경제상(像)에 대해, 전반적 균형의 조건을 가장 중요한 분석적 특징으로 보는 경제상이 대안의 비전으로 늘 존재하고 있었다.

이처럼 노동시장이나 화폐자본시장처럼 중요한 시장을 '마셜적'으로 다루는 작업과 모든 시장에 걸친 총공급 및 총수요 사이의 일치(균형)를 '발라스적'으로 다루는 작업 사이에 존재하던 내적 긴장은 《일반이론》에서 거의 즉각적으로 표면으로 부상하게 된다. 이 내적 긴장은 한계주의가 그 자신의 가장 특출한 면모처럼 보였던 이론적 통합을 성취하는 데 사실은 실패했음을 보여주는 것이었다.

한계주의 고전적 상황과 케인즈주의 고전적 상황

이번에는 마셜적 관점에 뒤이어 나타난 고전적 상황을 살펴보자. 여기서는 《경제학 원리》에서 《일반이론》으로의 개념상 도약이 어떤 본질을 갖고 있는가를 상기하기 위해 마셜에서부터 논의를 시작하는 것이 좋겠다. 마셜은 대작 《경제학 원리》의 4장에서 **소득**(Income)이라는 용어의 의미를 논한다(마셜은 중요한 개념과 용어를 쓸 때 대문자로 시작하는 규칙을 갖고 있었는데, 우리의 논의에서도 이런 그의 규칙을 그대로 따르겠다).[30] 마셜에 의하면 **소득**은 화폐화 이전 시대에는 가구가 '벌어들이는 물건들(comings-in)'을 가리키는 말이었으나 현대 사회에서는 실물이 제외된 수입(revenues)으로 그 의미가 바뀌었다. 그는 **소득**을 **자본**(Capital)과 구분하고, 순소득과 조소득의 차이에 주목한다. 또 그는 **소득**의 몇몇 범주들(이윤, 지대, 준지대)과 **자본**의 형태들(순환, 고정, 기타)에 대해 간략하게 언급한다. 그러고는 점차 나아가 제6소절에서 소절 전체에 걸쳐 **사회소득**(Social Income)을 논함으로써 **사회소득**의 개념이 갖는 중요성을 강조한다.

이 6소절은 다음과 같은 말로 시작한다. "사회소득은 사회 내 개인들의 소득

---

30 [역주] 이 번역본에서는 마셜이 대문자로 시작한 단어의 번역어를 고딕체로 표현한다.

을 합계함으로써 추정할 수 있을 것이다." 그런 다음 마셜은 좀더 광범한 맥락에서 나타나는 여러 개념들을 명료화시킨다. 그는 노동소득(earned income)과 이전소득(transfers)을 구분하고, 소득 같은 화폐적 플로(flow)가 "부(富)라는 스톡(stock)의 화폐적 가치 이상으로 한 국가의 번영을 재는 척도가 되기에" 훌륭한 능력을 갖고 있다고 주장한다.[31] 그는 감가상각을 산정해 넣어야 할 필요가 있음을 상기시킨 뒤 전형적인 마셜적 경고, 즉 과도하게 경직적인 정의는 피하라는 경고로 이 부분을 마무리한다.

이러한 논의 후 **사회소득**의 개념은 '국민소득의 분배'에 관한 부분인 제6분책에 이를 때까지 모습을 감춘다. 그러나 그 개념이 다시 나타나도 그것은 "기금이 아닌 흐름"이라고 지나가는 듯한 언급만 있을 뿐이고,[32] 713쪽의 각주에는 "몇 년 전 영국에 거주한 약 4900만 명의 연간 소득은 20억 파운드 이상이 되는 것 같았다"라는 말이 나오지만 곧 논의가 바뀌어 일인당 소득의 크기와 노동계급의 여러 범주들 사이의 소득분배가 다뤄진다. 이런 언급을 제외하고는 사회소득 혹은 국민소득의 개념은 거의 주목되지 않을 뿐더러 어떤 논의에서도 사용되지 않는다.

왜 마셜은 그 기능상의 특징을 분명히 인정했던 사회소득이라는 개념을 적극적으로 사용하지 않았을까? 이런 의문에 대한 해답은 **생산, 노동, 필수품**이라는 개념들을 다루고 있는 제2장에 들어있다. 이 장은 먼저 생산을 다룬다. "(한 사람

---

[31] 앨프레드 마셜(Alfred Marshall), 《경제학 원리(*Principles of Economics*)》(제8판, Philadelphia: Porcupine Press, 1982), 80쪽. 제8판은 1920년에 출판되었고, 제1판(London: Macmillan Press)은 1890년에 출판되었다.
[32] 《경제학 원리》의 색인에 나오는 '**국민소득**' 항목 중 '성장에 영향을 주는 것들'의 내용 가운데서도 실질적으로 관심을 끌 만한 것이 거의 없다.

이) 물질적인 것들을 생산한다고 할 때 그가 진정으로 생산하는 것은 효용뿐이다." 그런 다음 소비를 다룬다. 소비는 "음(마이너스)의 생산으로 간주할 수 있을" 것이라는 말이 나온다.[33] 그런데 여기서 우리는 결정적인 진술을 하나 발견하게 된다. 마셜은 이렇게 쓰고 있다.

> "어느 정도 부각되어 오긴 했지만 애매하고 또 어쩌면 실용적 중요성이 그리 크지 않을 다른 구분은 (…) 식량, 의류 등과 같은 (…) **소비자재**(consumer's goods)와 다른 한편으로 (…) 쟁기와 베틀 및 원면과 같은 (…) **생산자재**(producer's goods) 사이의 구분이다."[34]

여기서 다시 한 번 중요한 문제가 무시되고 있다. 마셜은 소비재(consumption goods)와 투자재(investment goods)의 구분이 그 각각에 대한 수요자들의 행위와 관련하여 갖는 전략적 중요성을 인정하는 걸 거부하고 있거나, 아니면 그런 중요성을 보지 못하고 있다. 이 구분이야말로 국민소득 개념의 중요성을 즉각적으로 조명하고 확대시켜줄 수 있었을 것이다. 그 이유는 마셜의 책 본문에서 명시적으로 주어지지 않는다. 소비재와 투자재의 구분 문제의 중요성 자체가 인정되고 있지 않기 때문이다. 그리고 그 중요성이 인정되지 않은 이유는, 우리가 이미 강조한 바 있듯이 마셜의 경제학이 근본적으로 가격의 문제를 탐구하는 데 주안점을 두고 있고, 가격의 문제에 있어서 공급의 힘과 수요의 힘이 동일한 역할을 하면

---

[33] 마셜, 《경제학 원리》, 제8판, 63~64쪽.
[34] 위의 책, 64쪽.

서 자본재와 소비재를 동일한 방식으로 설명할 길을 터놓은 데 있다.

마셜적인 비전에서 볼 때 경제학은 개별 가격의 형성을 설명하는 문제에 대한 분석적 접근방식이다. 따라서 이 비전은 나중에 케인즈의 탐구에서 주요 대상으로 떠오를 문제, 즉 국민소득의 규모를 결정하는 힘들을 설명하는 문제를 경제학과 무관한 것으로 만들었다. 이를 다른 방식으로 표현해보자. 마셜적인 관점에서 볼 때 효용극대화를 위한 교환행위야말로 물질적 개선은 물론 도덕적 개선도 함께 가져오는 것이고, 경제활동은 바로 이런 교환행위의 궤적이다. 경제를 추동하는 힘과 경제에 진보를 가져오는 힘들은 바로 그러한 관점이 자리 잡고 있는 사회질서의 작동 중 일부로서 영향력을 행사한다.[35] 이런 도덕적 힘들을 통해 경제적 삶은 자연스럽게 상향운동의 경향을 갖게 된다. 단 예외가 있다면, 그것은 경제적 삶이 정상적인 확대의 상태를 이루는 데 필요조건인 '자신감(confidence)'이 가끔 불일치(mismatch)나 불운에 의해 한시적으로 마비되는 때다.[36] 이것은 케인즈의 탐구에서 말하는 소득결정의 개념과 많이 다를 뿐 아니라 더 나아가 그것과는 전혀 관련이 없는 것이다. 케인즈의 탐구에서는 투자수요가 소비에 승수효과를 유발하고 경제 전체의 산출량은 수요의 수준에 의해 결정되기 때문이다.

케인즈주의 경제학은 마셜적인 경제학에서 발생한 것이 아니라 마셜 이후의 경제학에서 발생했다. 1차대전 이후에 경제는 점차 더 형편없는 성과를 올리는 데 그치고 있었고, 이런 상황이 불안감을 점점 확대시켰다. 그 가시적인 징후

---

35 위의 책, 1쪽, 194쪽, 689쪽.
36 위의 책, 711쪽.

로 경제학의 관심방향은 가격결정에서 멀어져 마셜의 교과서에서 전혀 찾아볼 수 없는 문제인 경기순환으로 되돌아갔다. 이제 경기순환은 유럽과 미국 경제학자들의 중심 연구과제가 됐다. 그런 경제학자로 스칸디나비아에는 뮈르달(Gunnar Myrdal)과 올린(Bertil Ohlin), 독일에는 쥐글라(Clément Juglar)[37]와 슈피토프(Arthur Spiethoff), 미국에는 미첼(Wesley Mitchell)과 핸슨(Alvin Hansen), 소련에는 투간바라노프스키(Mikhail Tugan-Baranowsky)와 콘트라티에프(Nikolai Kontratieff), 영국에는 로버트슨(Dennis Robertson)과 케인즈가 있었다.[38]

경기순환에 대한 연구가 경제학적 탐구의 주된 대상으로 떠오르긴 했지만, 새로운 고전적 상황의 출현을 제시할 만큼 경제학의 방향을 크게 재조정하지는 않았다. 경기순환은 파괴적인 영향력을 가지고 있기는 하지만 근본적으로는 일시적이고 무해하기까지 한 것으로 인지되었기 때문이다. 호황이 본질적으로 비합리적인 기대에 근거하고 있을 수 있다는 것, 대규모 실업이 '비자발적'인 동시에 저축과 투자의 균형과 양립할 수 있다는 것, 그리고 유동성 함정[39]으로 인해 이자율이 화폐자본시장을 청산하지 못할 수도 있다는 것과 같은 생각들은, 경제체계가 마셜적인 자기교정이라는 안전장치에 의해 보호된다는 관점에서는 전적으로 낯선 것이었다. 이를 달리 표현하면, 경기순환이론의 중요성이 커지긴 했지만 경기순환이 정상적인 상태로부터의 장기적인 이탈(long-lasting departures)로서가 아니라 정기적인 일탈(regular deviations)로서 이해되는 한, 경기순환이론의

---

[37] [역주] 쥐글라는 프랑스에서 활동한 프랑스의 의사이자 통계학자다.
[38] 조지프 슘페터, 《경기순환이론(Business Cycles)》(New York: McGraw-Hill, 1964), 123~127쪽. ([역주] 원서에는 1123~1127쪽으로 되어있으나 이는 오타임). 《경기순환이론》이 1930년대에 전반적으로 재집필되긴 했지만, 이 책이 처음 발간된 연도는 1913년이었음에 주목하라.

중요성 자체가 한계주의에 치명적인 도전이 되지 못한다는 것이다. 경기순환 자체는 중요한 것으로 인정됐지만, 순전히 외부적인 힘에만 기인한다고 여겨졌기 때문에 경제학 이론의 범위 바깥에 놓였다. 한계수입과 한계비용이 주어졌을 때 이루어질 경제활동의 규모가 바로 경제의 정상적인 상태라고 생각됐다. 이런 생각은 한계수입이 한계비용보다 높음에도 불구하고 노동이나 자본이 의도적인 유휴상태에 놓일 가능성 그 자체를, 어쩌면 '자신감'의 위기가 일어나는 단기간만 제외하고는 원천적으로 배제하는 것이었다.

케인즈의 분석

그렇다면 우리의 다음 과제는 이 모든 이단적인 제안들을 전면에 나서서 개진한 이론, 즉 케인즈의 《고용, 이자 및 화폐에 관한 일반이론》(이후 《일반이론》으로 표기함)의 출현으로 생겨난 개념적 도전의 파장을 측정해보는 일이다. 이 이론의 내용은 이미 너무 잘 알려져 있어서 여기서 굳이 설명할 필요가 없다. 대신 우리

---

39 [역주] 유동성함정(liquidity trap)은 통화량을 증가시켜도 이자율이 더 이상 낮아지지 않는 상태, 즉 이자율 하한선이 존재하는 상태를 말한다. 이 이자율 하한선 이하에서는 화폐를 보유함으로써 얻는 유동성이 채권으로부터 얻는 이자율보다 높게 평가되기 때문에, 통화량 증가분이 모두 화폐수요로 흡수된다. 따라서 유동성 함정에 상응하는 이자율 하한선에서 화폐수요 곡선은 수평선으로 표현된다. 하일브로너와 밀버그는 4장에서 '유동성 문턱(liquidity threshold)'이라는 용어를 나름대로 만들어 사용한다. '유동성 함정'이라는 용어는 1936년 로버트슨(Dennis Robertson, 케인즈와 함께 케임브리지 대학에서 활동했고 케인즈의 이론에 대해 당시 '고전파' 경제학의 입장에서 많은 날카로운 비판을 가했다)이 최초로 사용했다. 물론 유동성 함정의 개념 자체는 1936년 케인즈가 《일반이론》(207~208쪽)에서 처음 언급했고, 힉스는 그의 유명한 1937년 논문(4장 참조)에서 이자율의 하한선이 존재하는 경우야말로(이 논문에서 힉스는 유동성 함정이라는 용어를 사용하지 않았다) 케인즈 경제학을 '고전파' 경제학과 구별 짓는 가장 중요한 특징이라고 강조했다. '유동성 함정'이라는 용어가 널리 쓰이게 된 것은 1950~1960년대의 경제학 교과서들을 통해서였다.

는 고전적 상황의 형성과 대체에 관한 좀더 광범위한 탐구에 유용한 정보를 제공해줄 일반적 관점에서 케인즈의 저술을 살펴보고자 한다. 이런 노력은 우리의 주장에 발맞추어 분석상의 차이보다는 이데올로기상의 차이의 문제와 더 깊은 관련성을 가질 것이다. 물론 우리는 '이데올로기' 라는 용어를 항상 그 광범위한 가치평가의 의미에서 사용하겠다. 앞으로 보게 되겠지만, 이런 우리의 접근방식은 경제학적 분석이 변화하고 그 변화가 중요하다는 점을 결코 부인하지 않는다. 그러나 이 접근방식은 슘페터가 '분석 이전' 의 고려라고 부른 것들이야말로 그런 변화의 사전 근거라는 점을 밝혀줄 것이다.

케인즈의 분석과 마셜적 분석을 의심할 여지없이 갈라놓는 가장 중요한 지점에서부터 이야기를 시작하자. 그 지점은 경제학의 본질적 과제로 다루어졌던 가격결정이 이전에는 존재하지 않던 총수요 수준의 결정이라는 과제로 대체된 지점이다. 그렇다고 해서 가격결정의 문제가 케인즈의 분석에서 완전히 사라졌다는 뜻은 아니다. 단지 그것이 부차적인 중요성의 자리로 좌천됐다는 뜻일 뿐이다. 달리 말하자면 《일반이론》은 만족스러운 가격결정 메커니즘이 존재한다는 가정을 소득결정을 위한 필요조건으로 이미 인정하고 있다. 그런 메커니즘이 존재하지 않는다면 분석에 필요한 수준의 경제질서도 존재하지 않을 것이다. 케인즈의 분석은 질서를 부여하는 그런 과정의 기초로서 마셜적인 가격분석을 아무런 이의 없이 받아들인다.[40]

케인즈의 분석이 소득결정을 중심에 놓음으로써 마셜적인 세계에서는 존재

---

[40] 한스 젠슨(Hans E. Jensen)의 〈마셜주의자로서의 케인즈(J. M. Keynes as a Marshallian)〉《Journal of Economic Issues》, 제18권, 1호, 1983년 3월), 67~94쪽을 보라.

하지 않았던 분석상의 여러 문제들이 발생한다. 그중 첫 번째 문제는 이전에는 인식되지 않던 종류의 것, 즉 '유효수요'의 수준이 어떻게 결정되느냐는 것이다. 이전에는 한계효용과 한계비용이 함께 개별 시장에서 가격을 결정했고, 한계효용과 한계비용의 상호작용을 분석하는 것이 연구의 초점이었다. 그러나 이제 새로이 나타난 문제는 국가의 총생산과 총고용을 결정하는 총저축과 총투자 플로의 상호작용으로 초점을 옮길 것을 요구한다.

논의의 이 지점이야말로 분석상의 문제를 개념상의 문제와 분리하고, 분석상의 문제와 관련된 활동이 아무리 극적이라 하더라도 전체적인 배경을 확립하는 것은 개념상의 문제라는 우리의 주장을 개진하기에 알맞은 지점이다. 이상하게 들릴지 모르지만, 개념적 관점에서 볼 때 처음에는 효용함수와 소비성향 사이에 큰 차이가 없는 것처럼 보인다. 효용함수와 소비성향 모두 내향적 추론과 인과적 경험주의에 기초하고 있다. 마셜은 한계효용 체감의 법칙이 "인간 본성의 익숙하고 근본적인 성향"이라고 하지만, 그것에 대한 실질적인 논의는 더 이상 전개하지 않는다. 케인즈 역시 소비성향에 대해 "인간 본성에 관한 우리의 선험적 지식과 상세한 경험적 사실들 모두에 근거하여 우리가 자신만만하게 의존할 수 있는" 행동패턴이라고 기술하지만, 이런 단언을 뒷받침할 만한 논의를 더 이상 제공하지 않는다.[41]

그러나 이 개념적인 변화는 매우 중요한 결과를 가져온다. 이로 인해 미시적 극대화라는 한계주의 분석의 근본적 기초가 폐기되기 때문이다. 미시적 극대화

---

[41] 마셜, 《경제학 원리》, 93쪽. 케인즈, 《고용, 이자 및 화폐에 관한 일반이론》, 96쪽.

야말로 한계주의를 그것 이전에 존재하던 고전적 상황으로부터 가장 명확히 분리시키는 특징이다. 그런데 케인즈주의 이론은 미시적 극대화가 있었던 자리에 경제활동의 동기적인 기초와 객관적 결과 모두를 근본적으로 변경시키는 행위 개념을 대신 들여앉힌다.

    이 새로운 관점은 두 가지 특별한 점에서 동기에 대한 이해를 변화시킨다. 첫 번째는 개인 중심의 행위 개념에서 집단 중심의 행위 개념으로의 이동이다. 좀더 상세히 말하면, 심리세계에 자리 잡고 있는 자극-반응의 패턴으로부터 경제적 행위가 도출된다는 개념을 대신해 이제는 경제적 행위는 법칙에 근거해 설명할 수 없는 사회적 규준을 확립시켜 주는 것이라는 개념이 자리 잡았다. 이 변화는 중요한 결과를 가져온다. 즉 경제적 행위에 대한 기능적 기초닦기 작업은 기능적 기초와 같은 과학적 근거가 반드시 존재하지는 않는 일련의 임의적인 일반화 작업으로 대체된다. 이것이 무엇을 뜻하는지 감을 잡으려면 다음과 같은 비교를 해보라. 마셜의 전형적인 의사결정자는 감소하는 자신의 한계효용을 증가하는 자신의 한계비효용에 맞추는 균형잡기를 하면서 검은딸기를 따는 소년이다. 이에 비해 케인즈의 소비자는 '예방, 예견, 계산, 개선, 근시안적 판단, 관대, 오류, 과시, 사치' 등의 동기에 근거해 저축을 결정한다. 또 케인즈의 증권거래자는 미인대회에서 최고 미인으로 뽑힐 것이라고 생각되는 후보자의 사진을 고를 때와 유사하게 투자결정을 한다.[42] 경제에 추동력이 되는 것은 시장의 '규모', 즉 상품에 대한 총수요이지 상품의 희소성이 아니다. 그리고 총수요는 (이상적으로

---

[42] 마셜, 《경제학 원리》, 331쪽. 케인즈, 《고용, 이자 및 화폐에 관한 일반이론》, 108, 156쪽.

묘사된) 개인적 수요에 비해 이론적으로 정확히 표현되지 않는다.

따라서 경제적 행위는 분석의 관점에서 볼 때 덜 확정적인 것이 되며, 이에 따라 경제학적 설명은 그 '과학 같은' 외양이 벗겨진다. 그러나 재미있는 점은 효용극대화에서 성향으로 분석 방향이 전환함에 따라 경험적 탐구의 가능성이 확대된다는 것이다. 즉 적어도 몇몇 행위의 결과들, 예를 들어 소비 대 소득의 한계 비율이나 이자율과 투자지출 사이의 관계와 같은 것들을 직접 측정할 수 있게 되고, 이런 측정의 가능성이 이전의 효용극대화가 지닌 동어반복적 성격을 대체한다. 그리고 경제학을 다른 형태의 사회적 탐구와 구분 짓는 기초로 존중되어오던 경제행위와 '자연법칙' 사이의 유추는 더 이상 유지될 수 없게 된다. 왜냐하면 규준에 따라 행동하는 군중의 의사가 자본주의적이라고 특별히 지칭되는 사회질서의 중심에 놓이게 되기 때문이다.[43]

이와 동시에 효용극대화에서 멀어져 상대적으로 덜 명확한 동기들로 분석이 이동함으로써 행위에 대한 마셜적인 관점의 분석에서는 전혀 찾아볼 수 없던 또 다른 요소가 도입된다. 불확실성(uncertainty)이 바로 그것이다. 마셜에게는 위험(risk)이라는 개념이 있었다. 위험은 상품의 거래와 생산 모두에 있어서 회계적으로 파악할 수 있는 유해한 결과의 가능성이다. 따라서 사람들은 위험에 대비하는 데 필요한 적당한 보험을 발견할 수 있다. 예외가 있다면 그것은 오직 자연이나 사회에 일어나는 커다란 재앙일 것이다.[44] 이와 달리 케인즈에게는 불확실

---

[43] 윌리엄 밀버그(William Milberg), 〈경제사상에서 자연질서와 포스트모더니즘(Natural Order and Postmodernism in Economic Thought)〉(*Social Research*, 제60권, 2호, 1993 여름), 255~277쪽.
[44] 마셜, 《경제학 원리》, 398~400쪽, 600쪽.

성의 여지가 있다는 것이 경제학의 탐구 대상인 사회적 과정에서 제외할 수 없는 측면이며, 따라서 그 이론적 명료화에서도 결코 간과할 수 없는 측면이다. 로버트 스키델스키(Robert Skidelsky)는 이렇게 쓰고 있다. "케인즈가 보기에 중심 없이 분산된 시장경제에서 대부분의 잘못된 것들은, 그리고 옳은 것들도, 사람들이 미래에 대한 무지 속에서 결정을 내린다는 중요한 사실에 기인한다. 이런 무지는 미래를 고려하는 모든 행위의 동기에 관여하며, 궁극적으로 그 동기에 희망과 악몽의 옷을 입힌다."[45] 또 불확실성의 확대와 동전의 이면과 같은 것이지만, 기대의 역할이 그동안에는 상상할 수도 없던 정도로 중요해졌다. 스키델스키를 다시 인용하자. "경제학은 희소성이라는 조건하에서의 선택이라는 논리로부터 구축되었고, 아직도 대부분의 경제학이 그렇다. 케인즈의 비전은 (…) 선택의 논리와 관련은 있지만, 희소성이라는 조건하에서가 아니라 불확실성이라는 조건하에서의 관련이다."[46]

    마지막으로, 불확실한 미래를 인정함에 따라 경제학적 탐구가 질서정연한 미적분이라는 관점은 더욱더 와해됐을 뿐 아니라, 바로 이런 사실에 힘입어 체제 외부로부터의 '개입'이 경제정책에 필요불가결한 요소가 되는 길이 열리게 됐다. 이런 측면은 광범위하고 중요한 분석적, 개념적 문제들을 새로이 만들어냈다. 이전에는 시장실패의 문제가 대부분 외부성과 공공재 같은 것에 국한되어 있었다(우리 시대에 이런 문제들은 커다란 중요성을 갖지만 마셜의 시대에는 그렇

---

[45] 로버트 스키델스키, 《존 메이너드 케인즈, 제2권: 구원자로서의 경제학자, 1920~1937(*John Maynard Keynes, Volume II: The Economist as Saviour, 1920~1937*)》(New York: Penguin Press, 1992), 539쪽.
[46] 위의 책, 같은 쪽.

게 중요하지 않았다). 케인즈가 등장한 이후에는 '시장실패'라는 용어가 외부성이나 가격경직성의 의미가 아니라 불충분한 유효수요라는 의미로 사용되었고, 당시의 가장 중요한 문제였던 실업의 제일 원인으로 여겨졌다. 이렇게 하여 케인즈 경제학은 경제활동의 적극적 창출자 역할을 하는 정부를 분석에 도입할 기초를 마련했다. 이것은 한계주의의 관점에서는 전혀 그 정당성을 부여할 수 없었던 정부 기능의 확대로 이어졌다. 이 같은 관점의 변화는 경제정책의 범위를 폭넓게 확대하고 그 방향을 급진적으로 재조정하는 일을 정당화시켰다. 이런 변화를 분석이 자동적으로 방향을 재설정한 것으로 이해해서는 안 된다. 오히려 그 변화는 우리가 방금 보았던 사회정치적 고려들의 맥락 속에서 이해해야 한다.

케인즈의 비전

다음에는 분석이 효용에서 성향으로 이동함과 더불어 시작되었지만 그런 다음에 다른 방향으로, 즉 경제적 동기의 성격을 향해서가 아니라 경제행위의 결과를 향해 움직여간 이데올로기적 충격을 보기로 하자.

논의를 시작하기 전에 다음과 같은 사실, 즉 형식적인 면에서 볼 때 케인즈와 마셜의 분석틀이 상정하는 과제는 거의 차이가 없다는 것을 상기해 두자. 가격결정과 마찬가지로 소득결정도 주요 변수들 간의 함수적 관계에 의해 표현되는 행위의 '법칙'을 적용함으로써 설명된다. 달리 말하면, 성향에 근거한 총수요곡선과 기대에 영향 받는 총공급 곡선의 상호작용에 의해 유효수요가 결정된다는 것은, 효용에 근거한 수요곡선과 공급곡선의 상호작용에 의해 상품가격이 결정된다는 것과 분석적으로 볼 때 다르지 않다. 케인즈적 접근방식이 마셜적 분석에는 알려져 있지 않던 많은 문제들을 제기하고는 있지만, 이 두 분석작업의 기술과 수법은 동일하다. 마셜적 분석에 익숙한 경제학자라면 《일반이론》에 나타나는 함수적 관계를 배우고 나면 쉽게 훌륭한 케인즈적 분석가가 될 수 있다. 이와 달리 아퀴나스(Thomas Aquinas)의 '정의로운' 가격이나 중농학파의 '불모의' 직업과 같은 개념에 익숙한 학자라면 마셜이나 케인즈의 함수적 관계를 처음 만났을 때 그들의 분석기법을 좀처럼 쉽게 익힐 수 없을 것이다.

우리는 이미 경제행위에 대한 탐구 방향이 성향 접근법으로 이동함에 따라 경제행위를 이해하는 데 차이가 발생한다는 사실을 확인하고, 그 차이 중 몇 가지에 주목했다. 여기에서는 그것과 마찬가지로 아주 중요한 다른 결과를 논의하기로 한다. 그 결과란 경제학적 탐구의 분야 자체가 서로 교차하지만 개념적으로 구분되는 두 개의 실체로 분리된다는 사실이다. 이런 분리가 발생하는 이유는 케인즈의 경제학이 개별 시장에서의 가격결정과 국가 전체에서의 소득결정을 동시에 포용하는 단일한 이론틀을 제공하기가 그리 쉽지 않기 때문이다. 마셜의 렌즈를 아무리 넓게 열어도 총생산의 크기를 결정하는 문제는 초점을 벗어나 있고, 케인즈의 렌즈 초점을 아무리 좁게 하더라도 개별 시장에서의 가격결정은 결코 또렷하게 보이지 않는다.

이 골 깊은 분리는 마셜적 경제학과 케인즈적 경제학 사이에 존재하는 근본적인 개념상의 차이를 새로운 분석 맥락에서 보여준다. 이 새로운 분석 맥락에서 그 차이는 경제 전체에 대해 '총량적(aggregate)'으로 접근하는 방법과 '합계적(summative)'으로 접근하는 방법 사이의 차이로 그려진다. 합계적 관점은 마셜에게서는 함축적으로, 발라스에게서는 명시적으로 나타나는 것으로, 우선 개별 시장 각각에서 생산량이 각 행위자의 효용극대화 동기에 의해 결정되며, 그런 다음에 경제 전체의 총생산량이 개별 시장의 생산량을 모두 합해 구해진다. 따라서 전체 생산량의 크기가 그것을 구성하는 각 요소에 적용되는 것과 동일한 극대화 원칙을 반영하리라는 점에는 의심의 여지가 없다.

    이는 결국 성향에 기초한 플로 변수에 의해 국민소득을 도출하는 과정과 방금 위에서 언급한 합계 과정 사이에 그 어떤 차이도 용인하지 않는 접근법으로 귀결된다. 특히 합계적 관점에 따르면, 노동과 자본이라는 자원 모두가 비자발적인 유휴상태에 있음에도 불구하고 생산수준이 균형상태에 머물러 있을 가능성이 존재하지 않으며, 그런 현상에 관한 설명은 더더욱 제공되지 않는다. 마셜적 관점에서 볼 때 그런 결합, 즉 비자발적 실업(유휴상태)과 균형의 공존은 용어 자체에서부터 모순이다. 유휴상태의 노동과 자본은 한계수입이 한계비용보다 높은 한 '반드시' 사용되기 때문이다. 시장은 승수작용, 기대의 영향, '비합리적' 유동성 선호 같은, 생산을 결정하는 요소들을 그 자체로, 그리고 그 스스로 내보이지 않는다. 시장의 이런 점을 인지할 방법이 마셜적 틀에는 전혀 없다는 사실을 알아차릴 때 비로소 마셜적 관점과 케인즈적 관점의 차이를 이해할 수 있다. 이 차이는 자본형성에 관한 마르크스적 견해와 뵘바베르크적 견해의 차이와 다르지 않다. 마르크스의 관점에 따르면, 자본형성은 소비재를 생산하는 '부문'과 분리된 다른 '부문'에서 발생하는 것으로 인지된다. 그러나 뵘바베르크의 관점에서는 자본형성이 모든 종류의 생산에서 '중간재'로서 모습을 드러낸다. 이런 서로 다른 시각으로부터 서로 다른 분석상의 문제들이 제기된다. 마르크스의 '부문'

이라는 시각에서는 과잉생산과 불일치의 문제가, 오스트리아학파의 '중간재'라는 시각에서는 우회와 생산성 효과의 문제가 제기되는 것이다.

우리는 이와 매우 유사한 방식으로 케인즈적인 관점에서 합계적 접근방식을 바라볼 수 있다. 케인즈적 관점에서 볼 때, 개별 시장을 각각 독립적으로 고려한 뒤 합계를 하면 개별 시장에서는 발생하지 않지만 전체 시장체계에서는 발생하는 상호작용이 간과될 수도 있다. 하지만 합계적 방식에서는 그럴 가능성이 존재하지 않는다. 시장 외부에서 발생하는 기대의 변화나 경제 전체의 자원가동률 변화는 경제의 지형에 영향을 끼친다. 하지만 마셜적인 합계적 분석이건 발라스적인 합계적 분석이건 합계적 분석으로는 그것을 발견해낼 수 없다. 왜냐하면 지속적인 시간을 담지 않은 어떤 '순간'에서 시작되는 합계적 분석은 정의상 시간에 종속되는 현상인 기대의 변화와 같은 행위의 변화를 이해할 방법을 갖고 있지 않기 때문이다. 또한 합계적 분석에는 전반적인 가동률 조건이 다를 때 개별 시장이나 체계 전체 차원에서 발생하는 서로 다른 경제적 지형을 고려할 어떤 방법도 존재하지 않기 때문이다. 여기에서 요점은 시장 사이의, 그리고 개별 시장과 전체 체계 사이의 관계에 대한 관점이 서로 다르다는 점뿐 아니라 균형 자체의 개념에 대한 관점도 서로 다르다는 점에 있다. 케인즈적 관점에서는 체계 전반적인 균형이 유휴 생산시설의 존재, 그리고 더욱 중요한 실업의 존재와 완벽하게 양립할 수 있다. 이런 새로운 틀에서는 한계주의 사고에서 자원의 배분과정을 정의하는 특징이었던 희소성이 미미한 역할로 좌천된다.[47]

---

[47] 니나 샤피로(Nina Shapiro), 〈케인즈와 균형경제학(Keynes and Equilibrium Economics)〉 (*Australian Economic Papers*, 제17권, 31호, 1978년 12월), 207~223쪽을 보라.

합계적 관점은 공급곡선과 수요곡선이 교차하는 데 중요한 영향을 가하는 힘들을 전부 보지는 못한다. 바로 이 지점이 케인즈적인 총량적 분석이 진입하는 지점이다. 과소고용 균형, 유동성 함정, 승수 등과 같은 케인즈적인 문제들은 마셜적 혹은 발라스적 세계에서 '간과' 된 것이 아니다. 그런 케인즈적 문제들은 마셜적 혹은 발라스적 세계에는 아예 존재하지 않는 것들이다. 왜냐하면 그것들을 파악할 분석 이전의 기초가 아직 형성되어 있지 않기 때문이다. 시장행위는 주어진 것으로서, 종속변수가 아닌 것으로서 존재한다.

이와 대조적으로 케인즈적인 관점이 경제에 접근하는 진입각도는 바로 합계적 관점이 보지 못하는 현상들을 그 누적된 영향, 즉 개별 시장 너머로 파급되는 영향과 함께 강조하는 각도다. 따라서 총량적 접근방식은 사전적으로 관찰할 수 없는 요소들을 강조함으로써 개별 상품의 가격 형성 과정을 보이지 않게 한다. 이것은 합계적 시각에서 유효수요나 실질임금의 결정이 보이지 않게 되는 것과 동일하다. 다시 말하자면, 이런 식으로 분석 이전의 시점(視點)은 분석적 탐구의 대상이 될 여러 문제들을 전면에 부각시키는 배경의 틀을 확립한다. 물론 '집단' 적인 행동에 대한 일반화된 명제는 어느 경제학에나 존재한다. "일 년에 300파운드를 받는 점원보다 일 년에 100파운드를 받는 점원이 비가 더 많이 와도 가게에 일하러 나갈 것"[48]이라는 마셜의 말도 바로 그런 일반화를 행하고 있다. 그러나 이런 일반화는 저축과 같은 개인의 행위를 순전히 그 개인의 효용계산 결과로 묘사할 수는 없으며 오히려 그 저축자의 소득과 그의 소비성향에 영향을 미치

---

48 마셜, 《경제학 원리》, 95쪽.

는, 개인에 우선하는 사회적 결정을 반영해야 한다고 상정하는 것과 동일하지는 않다.

　케인즈적 분석과 마셜적 분석 사이에 존재하는 분석상 괴리의 예가 아직 더 남아있다. 일반적으로 화폐의 역할, 구체적으로는 유동성 선호의 역할, 그리고 화폐의 내생성 및 노동시장의 작동(이들 분석에서는 화폐임금의 결정에 대한 체계적인 분석이 결여되어 있다) 등을 포함한 여러 문제들이 그것이다. 이런 문제들은 분석을 수행하는 문헌들에서 폭넓게 탐구되어왔다. 거기에 우리가 더 첨가할 사항은 없다.[49] 우리의 관심은 선험적 개념들이 어떻게 그런 분석적 탐구에 선행하는가에 있다. 케인즈에게 화폐적인 고려는 세계가 '예측불가능'하다는 개념에서 이루어진다. 이는 마셜이나 빅셀의 경제학에서는 그 대응물을 찾아볼 수 없는 방식이다. 노동시장에 대한 케인즈의 견해, 혹은 같은 맥락에서 정부의 역할 자체에 대한 케인즈의 견해에도 이와 동일한 말을 각 경우에 따라 적당히 수정해서 할 수 있다. 우리는 이미 그러한 분석틀들의 근저에 있는 서로 대비되는 비전들, 즉 케인즈의 세계를 그 이전의 세계와 분리시키는 역사적 단절을 반영하는 비전들에 주목한 바 있다.[50]

---

49 이에 대한 개관으로는 앨런 코딩턴(Alan Coddington)의 《케인즈 경제학: 제일 원리의 탐구(*Keynesian Economics: The Search for First Principles*)》(London: George Allen & Unwin, 1983)를 보라.
50 케인즈는 자신의 분석이 역사 의존적이라는 걸 잘 알고 있었다. 이에 대한 뛰어난 서술로 제임스 크로티(James Crotty), 〈자본주의 경제의 발전단계에 관한 케인즈의 견해: 케인즈 방법론의 제도적 기초(Keynes on the Stages of Development of the Capitalist Economy: The Institutional Foundation of Keynes's Methodology)〉(*Journal of Economic Issues*, 제24권, 3호, 1990년 9월), 761~780쪽을 보라.

케인즈의 수용

그러므로 케인즈주의 고전적 상황의 발흥이라는 커다란 주제의 새로운 측면으로 우리의 논의를 돌리자. 이제부터 우리의 과제는 이 새로운 개념들이 어떻게 사람들의 입맛에 맞게 만들어질 수 있었는가, 좀더 정확히 말해서 어떻게 사람들이 충분히 소화시킬 수 있게 만들어질 수 있었는가, 그래서 어떻게 그것이 대체하려고 했던 틀 대신 채택될 수 있었는가를 살펴보는 것이다. 그렇게 되기 위해서, 즉 새로운 이론적 합의점이 되기 위해서 케인즈의 저술은 두 가지의 주요한 수정을 거쳐야 했다.

1936년에 발간된 《일반이론》은 거의 발간 직후부터 이전의 입장과 일치하지 않는 요소들이 제거되기 시작했다. 그중 하나는 경제에는 불확실성이 불가피하게 존재한다는 생각이 오랫동안 전통으로 정립되어 있던 법칙적 경제분석에 가한 위협이었다. 불확실성은 손실예방책(hedging)을 통해 어느 정도 중립화시킬 수 있는 확률적 문제가 아니라, 케인즈 자신이 말했듯이 그에 대한 해답을 "우리는 그냥 모를 뿐"[51]인 일련의 문제들이다. 이 소화시킬 수 없는 요소의 수정은 위험(risk)에 대한 케인즈의 생각을 직접 공격함으로써 이루어진 것은 아니다. 수정은 오히려 불확실성에 대한 강조가 《일반이론》에서 원래 차지했던 압도적인 중요성을 점차로 상실해가도록 하는 방식으로 이루어졌다. 불확실성의 문제는 마

---

51 영국왕립경제학회를 대신하여 도널드 모그리지(Donald Moggridge)가 편집한 《존 메이너드 케인즈 전집 (The Collected Works of John Maynard Keynes)》(London: Macmillan, Cambridge University Press, 1982)의 제14권, 115쪽.

설의 책에 나오는 비정상적인 공급곡선과 수요곡선이 그랬던 것처럼 '특수한 경우'로 간주되어 조용히 한쪽으로 치워졌다.

《일반이론》의 원래 내용을 수정하는 일은 케인즈 체계의 또 다른 근본적 난점, 즉 이전의 마셜적 세계와 새로운 케인즈적 세계 사이에 분석상의 연관이 없다는 난점을 없애버리는 것을 통해 더욱 가속화되었다. 《일반이론》이 출간된 지 얼마 되지 않아 케인즈 모형을 당시 지배적이던 경제묘사 안으로 구겨 넣는 분석이 나타난다. 이 혼합은 힉스(J. R. Hicks)의 유명한 논문 〈케인즈 씨와 '고전파' (Mr. Keynes and the 'Classics')〉에서 제시되었다. 이 논문은 케인즈의 이론을 2 시장 균형모형으로 해석하면서 투자와 저축의 총량, 그리고 이자율과 화폐량이라는 주요 변수들을 수용했지만, 불확실성과 물가수준의 결정, 화폐의 내생성과 화폐임금의 역할 같은 골칫거리 문제들에 대해서는 언급하지 않았다. 케인즈의 모형을 마셜의 것과 완전히 유사한 것으로 제시하는, 곧 유명해질 IS/LM 도표는 이 두 모형 사이의 연관을 더욱 강화시켰다.[52][53]

여기서 쿤(Kuhn)의 '패러다임' 개념에서 간과되어온 측면이 도움을 준다.

---

[52] 힉스, 〈케인즈 씨와 고전파(Mr Keynes and the 'Classics': A Suggested Interpretation)〉(*Econometrica*, 제5권, 1937년 4월), 147~159쪽. 힉스의 논문 제목에 나오는 '고전파'라는 용어는 케인즈가 케임브리지 대학의 교수 피구(A. C. Pigou)와 같이 마셜적 전통에 서 있는 자신의 적들을 묘사하기 위해 사용한 것이다. 그러나 케인즈가 이 용어를 사용하면서 의도했던 바는 실현되지 않았다.

[53] [역주] IS/LM 도표는 세로축에 이자율, 가로축에 소득을 표현하는 좌표평면에서 'IS곡선'과 'LM곡선'이 서로 교차하는 모습으로 나타난다. 'IS곡선'은 '투자(I) = 저축(S)'이라는, 생산물 시장의 균형조건으로부터 도출된다. 투자가 이자율과 역관계를 갖고 저축이 소득과 정관계를 가지므로, 이 균형조건으로부터 이자율과 소득의 역관계를 도출할 수 있다. 반면 화폐시장에서의 균형 조건은 '화폐수요(L) = 화폐공급(M)'인데 이 조건을 반영하는 것이 'LM곡선'이다. 화폐수요(즉 유동성 선호)는 이자율의 역함수이면서 소득의 정함수이고, 화폐공급은 외생적으로 주어진다고 상정된다. 그러면 화폐시장의 균형조건으로부터 이자율과 소득의 정관계를 도출할 수 있다. 우하향하는 'IS곡선'과 우상향하는 'LM곡선'이 만나는 점에서 경제 전체의 균형이자율과 균형소득이 결정된다.

조지 아르기루스(George Argyrous)에 의하면, 쿤의 패러다임 개념은 단순히 일반적 세계관이 아니다. 그것은 정확한 모형을 통해 예시된다. "예시라는 중요한 요소가 없다면 이론적 접근은 과학공동체 구성원의 관심을 끌 수 없을 것"이라고 그는 쓰고 있다.[54] 지금 뒤돌아 보건대 마셜의 비전과 케인즈의 비전을 통합할 수 있게 한 예시가 무엇이었는지는 쉽게 찾아낼 수 있다. 그것은 두 비전 모두 두 개의 곡선이 교차하는 그림으로 표현되었다는 사실이다. 이 표현을 통해, 두 체계간에 근본적인 유사점이 존재한다는 시사가 강력하게 이루어졌다. 마셜에게는 이 그림이 가격을 결정하는 공급과 수요라는 두 힘을 표현하는 것이었다. 케인즈에게는 그렇게 편리하면서도 강력한 표현이 처음에는 존재하지 않았다. 케인즈에게도 '공급과 수요'의 도표는 있었지만, 그 도표의 목적은 투자에 대한 '고전파'의 분석이 부적절함을 밝히는 것이었지 자기 자신의 분석에 대한 명백한 정당성을 확립하는 것이 아니었다. 그리고 케인즈가 유효수요의 원리를 요약하기 위해 사용한 새로운 개념인 총수요-총공급 함수는 그림을 이용해 명료하게 표현되지 않았다.[55] 따라서 힉스의 IS/LM 도표는 케인즈의 개념에 탁월한 명쾌성을 부여하는 일필(一筆)이었다. 그러나 안타깝게도 그것은 케인즈의 분석이 새롭게, 그리고 비판적으로 이루고자 한 중요한 공헌인 불확실성의 원리를 희생시켰다. 우리는 바로 여기에서, 결국에 발생하게 되는 케인즈주의 경제학의 와해를 예고하는 전조를 볼 수 있다. 나중에 힉스는 자신에게 노벨 경제학상을 안겨준

---

54 조지 아르기루스, 〈쿤의 패러다임과 신고전파 경제학(Kuhn's Paradigms and Neoclassical Economics)〉(*Economics and Philosophy*, 제8권, 1992년), 244쪽.
55 공급-수요 그림은 《일반이론》의 180쪽에 있고, 총공급-총수요 함수는 25쪽에 상세히 기술되기는 했지만 그림으로 표현되지는 않았다.

IS/LM 공식에 대해 스스로 우려를 표명했고, 처음에 힉스의 관점을 인정했던 케인즈도 나중에는 힉스가 불확실성과 화폐수요를 다룬 방식을 문제 삼았다.[56] 한계주의적 관점과 케인즈적 관점은 1948년 폴 새뮤얼슨(Paul Samuelson)이 쓴 교과서 《경제학(Economics)》이 출간된 것을 계기로 한걸음 더 가까워졌다.[57] 이 교과서는 곧 선풍을 일으켰고, 지금까지도 '케인즈주의' 경제학의 가장 대표적인 교과서로 남아있다. 이 교과서에는 케인즈주의의 분석적 핵심에 대한 또 다른 간단한 마셜적 도표, 즉 소득 또는 비용을 나타내는 45도 직선이 총지출 곡선과 교차하여 균형 국민소득 수준을 결정하는 그림이 포함되어 있다. 이보다 어쩌면 더 중요한 사실일지 모르지만, 이 교과서는 마셜의 경제학을 '미시' 부분에, 케인즈의 경제학을 '거시' 부분에 놓음으로써 마셜적 관점과 케인즈적 관점 사이에 존재하던 심연을 극복했다. 둘 중 어느 한 부분도 다른 부분의 문제를 논의하지 않는다. 그리고 추측컨대 이 두 가지 접근방식은 하나의 교과서라는 꾸러미로 묶임으로써 서로 화합했다.

---

[56] 힉스에게 보낸 편지를 보면 케인즈는 처음에는 힉스의 모형을 거부하지 않았다. 모그리지가 편집한 《존 메이너드 케인즈 전집》, 제14권, 79~81쪽을 보라. 힉스의 해석에 대해 케인즈가 나중에 표출한 불만에 대해서는 스키델스키의 《존 메이너드 케인즈, 제2권: 구원자로서의 경제학자, 1920~1937》의 539, 614~616쪽과 도널드 모그리지(Donald Moggridge), 《메이너드 케인즈(Maynard Keynes)》(제1판, Toronto: University of Toronto Press, 1976)의 부록을 보라. 힉스 자신의 우려는 앤서니 탱 외(Anthony Tang, et al.)가 편집한 《경제학에서 진화, 후생, 그리고 시간: 니콜라스 제오르제스쿠 로에젠 기념논문집(Evolution, Welfare and Time in Economics: Essays in Honour of Nicholas Georgescu-Roegen)》(Lexington, MA: Lexington Books, 1976)에 수록된 힉스, 〈경제학에서 시간에 관련된 몇몇 문제들(Some Questions of Time in Economics)〉, 140~141쪽을 보라. 또 힉스, 〈IS-LM: 설명(IS-LM: An Explanation)〉(Journal of Post Keynesian Economics, 제3권, 2호, 1980~1981년 겨울), 139~154쪽을 보라.
[57] 이 책은 이제 제12판이 출간되었다. [역주: 2004년에 제18판이 출간되었다.]

이처럼 거시적 체계와 미시적 체계를 분리하면서도 동등하게 취급함으로써 새뮤얼슨의 교과서는 케인즈 이전의 고전적 상황에는 전혀 낯설고, 크게 보면 그에 거스르는 정부정책, 특히 재정정책이 정당화되는 길을 열었다. 비전이라는 시각에서 볼 때 이런 정책 지향성은 거시경제학을 미시경제학과 동등한 위치로 발전시켰다는 사실에 버금가는 '케인즈주의'의 또 다른 주된 영향임에 틀림없다. 사실 정책 지향성은 케인즈주의적 분석의 출발점이 되는 분석 이전의 기초였다. 그리고 정책 지향성을 정당화하는 비전의 근저에는 당시 모든 자본주의 국가의 정치를 지배하고 있었던 대공황의 상처라는 자극이 있었다.[58]

마지막으로, 그러나 결코 간과되어서는 안 될 점은 원래의 케인즈 이론이 또 다른 좀더 건설적인 방향으로 수정되기도 했다는 사실이다. 케인즈 이론의 난점 중 하나가 동학을 다루는 데 있음은 이미 인정되고 있었다. 케인즈 이론이 그 원래의 설명에서 연속적인 균형을 묘사할 때 그것은 본질적으로 마셜 류의 비교정학을 연습하는 것으로 취급되었다. 왜냐하면 저축과 투자의 일치를 항등식으로 정의함으로써 소득변화 경로에 대한 명확한 표현이 애초부터 배제되었기 때문이다. 저축과 투자가 소득수준의 변화를 통해 균형에 도달한다는 케인즈의 설명은 모든 소득수준에서 저축과 투자가 항상 일치한다는 정의와 갈등을 일으켰다. 투자와 저축의 사전적(ex ante) 불일치와 사후적(ex post) 일치라는 생각을 크누트 빅셀(Knut Wicksell)로부터 차용해 도입한 부분에서도, '사전적'이라는 개념이

---

[58] 1930년대에 팽창적 재정정책을 주장한 비(非)케인즈주의 경제학자들이 많이 있었다는 사실에 주목하라. 그러나 이 사실은 명시적으로 변화된 경제학적 비전과 밀접하게 연관된 것은 아니었다. 로니 데이비스(J. Ronnie Davis), 《새로운 경제학과 오래된 경제학자들(New Economics and the Old Economists)》(Ames: Iowa State University Press, 1971)을 보라.

의미하는 기간을 실제로 그 개념을 사용할 수 있을 만큼 명백하게 표시할 수 없는 한 상황은 더 명쾌해지지 않았다.[59]

이 문제는 결국 해로드(Roy Harrod)에 의해 극복되었다. 해로드는 산출량의 수준보다는 산출량의 균형성장률을 중추적인 문제로 도입했다. 이 변화는 IS/LM 도표라는 분석틀에 심각한 영향을 미치지는 않았지만, '케인즈주의' 경제학이 대변하는 경제적 과정의 비전을 크게 바꿔놓았다.[60] 《일반이론》은 역사적, 진화적 관점을 취하는 경우 외에는 경제의 장기적 과정에 관심을 갖지 않았다. 역사적 시간대보다 짧은 시기에 대한 동학적 접근법으로 당시에 지배적이었던 것은 경기순환분석 접근법이었다. 이 접근법에서는 산출량의 정상수준은 추세적으로만 발생하고, 크게 보아 정책적 조정 밖에 놓여 있으며, 산출량의 실제 변동은 이런 정상수준으로부터의 이탈이지만 자기교정적인 것으로 이해되었다. 그러나 이와 날카롭게 대조되는 해로드의 접근법은 산출량의 변화율을 분석의 중심에 놓았다. 그 결과 저축률, 기술, 교육, '인적자본'의 변화가 정책의 목표변수가 되었다. 해로드의 저술은 1946년에 케인즈가 사망한 이후에야 비로소 두각을 나타냈지만, 많은 점에서 케인즈의 비전을 완성시킨 것이었다. 이전까지 성장은 어떤 종류의 의도적인 조정도 가해질 수 없는 외생적 사건에 의해 결정되는 과정으로

---

59 로버트 하일브로너(Robert Heilbroner), 〈저축과 투자: 동학적 측면들(Saving and Investment: Dynamic Aspects)〉《American Economic Review》, 제32권, 1942년 12월) 827~828쪽을 보라.
60 로이 해로드, 〈동학이론 시론(An Essay on Dynamic Theory)〉《Economic Journal》, 제49권, 1939년 3월), 24~33쪽. 또한 해로드의 《동학적 경제학을 향하여(Towards a Dynamic Economics)》(London: Macmillan, 1948)의 제3강(講)을 보라. 거의 동일한 시기에 미국의 경제학자 에브시 도마(Evsey D. Domar)가 이와 유사한 모형을 만들었다. 에브시 도마, 〈자본확장, 성장률, 고용(Capital Expansion, Rate of Growth and Employment)〉《Econometrica》, 제14권, 1946년 4월), 137~147쪽을 보라.

인식되어 왔다. 그러나 이제 성장은 케인즈적인 개념들에 기초한 거시정책의 범위 안에 놓이게 되었다.

케인즈주의 고전적 상황의 붕괴

이리하여 2차대전 이후 몇 년 안에 진정한 의미의 고전적 상황이 발생했다. 케인즈의 '일반' 이론은 틀림없이 케인즈의 희망이 달성되었다고 할 정도 이상으로 경제학자들에게 인정받았다. 그러나 이렇게 되기까지 케인스의 이론은 원래 가졌던 독창적인 측면과 설명력이 상당히 약화되는 비용을 치러야 했다. 그 전에 밀의 경우는 이론모형이 수정되어, 그 안에 있던 임금기금설과 미미하나마 남아 있던 노동가치설의 요소, 그리고 희미하게나마 자본주의 이후의 사회질서를 인정한 부분 등이 배제되었다. 그런가 하면 제번스와 멩거, 그리고 발라스의 세계는 확장되어 마셜의 준지대를 비롯한 여러 제도적 고려들을 포함하게 되었다. 이와 아주 흡사하게, 불확실성을 중심에 놓고 내용이 파괴적이던《일반이론》의 모형은 여러 개념들의 짜깁기로 바뀌었다. 그래서 여러 개념들이 서로 융합되기보다는 그저 공존하도록 허용되었다. 그런 개념들 사이의 상호모순과 비일관성은 해결되지 않은 채 존속되도록 용인되었다. 이런 결과를 두고 조안 로빈슨(Joan Robinson)은 '사생아 케인즈주의(bastard Keynesianism)'라고 불렀다. 이 호칭은 경제학계에서 케인즈주의자를 자처하면서도 케인즈의 이론으로부터 이탈해있는 경제학자들에 대해 탄식하는 의미에서 아직도 사용되고 있다.[61] 케인즈 경제학의 물타기는 해럴드 소머스(Harold Somers)에 의해 종전보다는 덜 예리하지만 더 명시적인 방식으로 지적되었다. 소머스는 〈아메리칸 이코노믹 리뷰(American Economic Review)〉에 게재된 서평에 이렇게 썼다.

> 케인즈라는 이름은 어떤 경제학자들에게는 저주다. (…) 한 출판사는 자사의 경제학 원론 교과서에 케인즈가 전혀 언급되지 않았다는 것을 자랑스러워하기까지 한다. (…) 하지만 모든 것이 상실된 것은 아니다. 아주 유능한 경제학자, 즉 '거시(Macro)' 라고 불리는 경제학자가 남아있다. 이 경제학자 '거시' 는 최고의 만능 경제학자다. 그는 (…) 케인즈가 가르쳤던 것, 가르쳤을지도 모르는 것, 그리고 가르치기를 거부했던 것 모두를 포용한다.[62]

이런 갈등과 모순으로부터 결국 케인즈적 고전적 상황을 종료시킬 문제들이 발생하게 된다. 그러나 케인즈적 고전적 상황이 바로 종료되지는 않았다. 사반세기에 걸쳐 영어권에서는 케인즈주의의 헤게모니가 거의 도전받지 않았다. 따라서 1970년대 초에 이르자, 이제 경제이론은 완결되었고 필요한 것은 계량경

---

61 조안 로빈슨, 《경제학의 이단(Economic Heresies)》(New York: Basic Books, 1971), 90쪽. 이 호칭을 사용하는 경제학자들이 자신들을 '포스트 케인지언(Post Keynesian)' 이라고 부른다는 사실은 더 많은 혼동을 불러일으킨다. [역주: 로빈슨이 '사생아 케인즈주의' 라 부르는 경제학은 1970년대 중반까지는 때로 'Post-Keynesian' 으로 호칭되었다. 그러나 이 각주에서 저자들이 언급하는 '포스트 케인지언' (Post Keynesian)은 이 '사생아 케인즈주의' 를 비판하면서 케인즈에 대한 좀더 충실한 해석에 기초하여 이론을 전개하는 경제학을 말한다. 실제로 'Post Keynesian' 이라는 용어는 'Post-Keynesian' 이라는 용어와 차별하기 위하여 1970년대에 만들어진 용어이다. 이에 관해서는 Journal of Post Keynesian Economics의 창간호(1978년)에 실린 폴 데이비드슨(Paul Davidson)의 창간사를 참조하라. 그러나 지금은 'Post Keynesian' 과 'Post-Keynesian' 모두 '사생아 케인즈주의' 보다는 '포스트 케인지언' 경제학을 지칭하는 용어로 무차별하게 사용되고 있다.]
62 〈소머스의 《거시경제학, 측정, 분석》에 대한 서평(Review of Somers, Macroeconomics, Measurement and Analysis)》(American Economic Review, 제54권, 2호, 1964년 3월), 138쪽.

제학적 구체화뿐이라는 견해가 지배적이었다. 이는 1848년에 존 스튜어트 밀이 했던 유명한 선언을 떠올리게 한다. "행복하게도 가치법칙 중에 현재나 미래의 경제학자가 명료하게 설명해내야 할 것은 아무것도 남아있지 않다."[63] 그러나 당시는 밀적인 고전적 상황이 아직도 지속될 기간을 많이 남겨놓고 있던 시점이었다. 이와 달리 1970년대 초에는 케인즈주의의 붕괴가 이미 시작되고 있었다. 케인즈주의 이론의 철저한 옹호자인 앨런 블라인더(Alan Blinder)는 이렇게 말했다. "1980년경부터는 마흔 살 이하인 미국의 거시경제학자들 가운데 자신이 케인즈주의자라고 말하는 사람을 찾기가 어려워졌다. 이것은 십 년도 채 안 되어 발생한 놀라운 지적 반전이었다."[64]

전쟁 이후 시기의 고전적 상황은 이제 곧 와해될 것이다. 이 고전적 상황에 대한 마지막 논평을 하자면, 케인즈주의가 아마도 영국을 제외하고는 미국 밖에서 결코 미국에서와 같은 지위를 부여받지 못했다는 사실에 주목해야 할 것이다. 이미 스칸디나비아 국가들은 여러 측면에서 케인즈의 견해보다 더 급진적인 뮈르달과 올린의 견해를 받아들였다. 프랑스는 일종의 통화주의와 드골이 주장한 계획경제주의(dirigisme)를 혼합하여 그때그때의 상황에 맞추어 적용하는 경제학을 포용했다. 독일에서는 후생정책과 보수적인 금융규칙의 혼합이 추구되었다. 네덜란드와 벨기에에서는 케인즈적인 사고가 상대적으로 작은 역할만 하는 국제경제학이 주된 관심사가 될 수밖에 없었다. 그리고 이탈리아는 북부의 산업

---

[63] 밀, 《정치경제학 원리(Principles of Political Economy)》(Toronto: University of Toronto Press, 1965), 456쪽. 제1판은 Parker and Co.에 의해 1848년에 출판되었다.
[64] 앨런 블라인더, 〈케인즈주의 경제학의 쇠락과 발흥(The Fall and Rise of Keynesian Economics)〉《The Economic Record, 1988년 12월), 278쪽.

발전을 촉진하고 남부의 경제적 후진성을 타파하기 위해 다각적인 노력을 기울였다. 그러므로 케인즈적 고전적 상황은 주로 영국과 미국에 한정된 현상이었다. 이런 현상은 그 이전에 형성된 마셜적, 밀적, 그리고 '고전파적' 고전적 상황도 마찬가지였고, 이는 곧 우리에게 익숙한 '경제사상사' 가 유일한 경제사상사가 아님을 뜻한다. 경제이론의 연쇄적 흐름 속에는 독일의 것, 오스트리아의 것, 프랑스의 것, 이탈리아의 것, 그리고 그 외 다른 것들도 존재한다. 물론 여기서 어쩌면 모든 경제학 사상의 역사 중에서 영향력이 가장 큰 '역사' 일 마르크스의 지대한 영향이 빠질 수는 없다.

    우리가 과거의 경제사상사를 이처럼 겸손하게 회상하는 것으로 이 장을 마무리하려는 데는 두 가지 이유가 있다. 우선 영국과 미국의 경제사상사가 다른 모든 국가에도 영미에서와 같은 중요성을 갖는다고 생각하는 함정에 빠지는 것을 막기 위해서다. 또 하나의 이유는 경제사상사의 수가 여럿임에도 불구하고, 이 모든 경제사상사에는 연쇄적으로 이어지는 여러 분석들에 '쉼터' 를 제공하는 강력한 비전들이 존재한다고 주장하기 위해서다. 이런 주장을 이 책처럼 얇은 책에서 증명해 보일 수는 없다. 다만 마르크스의 저술을 상기한다면 다음과 같은 우리의 주장이 그럴듯하게 들릴 것이다. 즉 '강력한' 경제이론은 언제나 강력한 사회정치적 비전 위에 세워지며, 경제이론은 그 근저에 있는 비전이 우리의 도덕적 공감을 계속적으로 불러일으키는 한에서만 우리의 지적 사고에 영향력을 발휘한다.

| 04 | 거대한 와해

케인즈주의 쇠퇴의 역사적 배경

케인즈주의의 쇠락을 어떻게 설명할 것인가? 분명한 방법 하나는 앞서 3장에서의 논의를 통해 대체로 친숙하게 된 방식대로, 분석에서 긴장이나 불협화음을 초래하는 난점들을 살펴보는 것이다. 이런 난점들은 앞으로 이어지는 논의에서 중요한 역할을 할 것이다. 그러나 이것은 이미 다른 많은 저자들이 탐구했던 문제의 한 측면이며, 여기서 우리가 실질적으로 더 공헌할 바는 없다.[65] 따라서 우리는 케인즈주의적 합의의 쇠퇴를 살피기 위해 비전과 분석의 상호작용이라는 우리의 주제를 탐구하는 방식을 취할 것이다. 이런 탐구방식에서 분석상의 문제들은 경제적 문제 자체를 이해하는 데 도움이 되는 한에서만 우리의 관심을 끈다.

---

[65] 예를 들어 존 힉스(John R. Hicks), 《케인즈주의 경제학의 위기(The Crisis of Keynesian Economics)》(New York, Basic Books, 1975)를 보라.

케인즈주의 고전적 상황은 대공황으로 인해 경제에 대한 이해가 급격히 변하면서 시작됐다. 우리가 증명해야 할 것은, 그 뒤에 벌어진 케인즈주의적 합의의 와해도 당시에 존재하던 사회경제적 조건의 변화 및 그런 변화 속에서 발생한 경제 비전의 변화를 반영한 것이었다는 점이다.

따라서 우리의 연구는 케인즈주의 고전적 상황이 쇠퇴해야 했던 역사적 배경을 간단하게나마 살피는 것에서 출발한다. 2차대전이 끝나기 전에 연합군 측은 종전이 가져올 경제적 결과를 예측해보고 그 예측 결과에 상당히 우려하고 있었다. 미국에서 종전 후 실업에 대한 예상은 경종을 울리기에 충분했다. 영국에서는 1945년 총선에서 처칠(Churchill)이 압도적인 표차로 패배했고, 이에 따라 새로 들어선 노동당 정부는 전쟁 이전에 존재했던 경제의 기능이상을 막는 데 정책의 역점을 두었다. 프랑스도 이와 유사하게 비관적인 경제예측 속에 좌파 정부를 선출했다. 이제 자본주의 자체가 시험대에 올랐다. 이런 분위기 속에서 발표된 마셜 플랜(Marshall Plan)의 목적 중 하나는 '사회주의' 유럽의 도래를 막는 것이었다고 해도 과언이 아닐 것이다.

그러나 전혀 예상하지 못했던, 그래서 더욱 중요한 현상이 발생한다. 전쟁 직후 발생했던 경제적 황폐화가 통제되기 시작하자마자 유럽에서 경기의 활황이 시작된 것이다. 독일은 종전 직후에 산업 생산량이 1938년 수준의 3분의 1밖에 불과했지만, 1950년대 말에 이르러서는 유럽의 '경제기적'이 되었고, 그로부터 10년 뒤에는 누구도 부인할 수 없는 초일류 경제강국으로 발돋움한다. 모든 예상을 뒤엎고 서유럽의 '싸움터(cockpit)'는 1951년에 유럽석탄철강공동체(European Coal and Steel Community)를 발족시켰고, 1957년에는 유럽경제공동체(European Economic Community)를, 1967년에는 유럽공동체(European Community)를 설립했다.[66] 이렇게 승승장구하며 다시 모습을 드러내는 자본주의적 추동력에서 영국만 뒤처졌다. 이렇게 영국이 예외가 된 사정을 어느 정도 설명해 주는 특별한 이유들이 있었다. 그 이유들은 영국이 과거 대영제국의 권력을 고통스럽게 상실해 갔다는 사실과 관련이 있다.

1950년대 후반에 이르자 유럽 자본주의의 붕괴라는 유령은 다시 젊어진 유럽이 세계에서 가장 강력한 경제적 실체가 될 것이라는, 점점 더 커져가는 믿음에 굴복했다. 독일이 길을 벗어나 소련 캠프에 합류할 가능성을 차단하기 위해 유럽의 통합을 장려한 미국의 노력은 원래의 의도를 넘어 지나치게 성공적인 듯했다. 1960년대 중반이 되자 '유럽 요새(Fortress Europe)'는 미국에서 들여온 수입품과 경쟁하기 시작했고,[67] 1970년대에는 유럽의 기업들이 미국의 다국적 기업

---

66 [역주] 원래 책에서는 1951년 발족한 석탄철강공동체를 Iron and Steel Community로, 또 1967년 발족한 유럽공동체를 유럽공동시장(European Common Market)으로 표기하고 있으나 이는 잘못된 것이다. 유럽공동시장은 1957년 발족한 유럽경제공동체의 비공식 명칭이다. 그리고 여기서 '유럽의 싸움터'는 유럽석탄철강공동체를 설립한 6개국인 프랑스, 서독, 이탈리아, 벨기에, 네덜란드, 룩셈부르크를, 특히 벨기에를 지칭하는 것으로서 이곳이 유럽의 역사상 전쟁이 가장 빈번히 일어난 곳이기 때문에 사용되는 표현이다(영어에서 cockpit은 원래 닭싸움장에서 닭의 주인이 닭을 지휘하던 구덩이를 뜻하고, 더 나아가 심한 분쟁이나 갈등이 벌어지는 곳, 혹은 그런 싸움을 조정하는 장소를 뜻하게 되었다). 참고로 유럽공동체의 역사를 간단히 살펴보면 다음과 같다. ① 1951년 '파리조약'을 통해 '유럽석탄철강공동체'를 발족함. 유럽의 중심 자연자원이던 석탄과 철강의 공동화를 통해 유럽에서 전쟁을 방지할 목적으로 위의 6개국이 설립. ② 1957년 '로마조약'을 통해 '유럽경제공동체'를 발족함. 위 6개국 간의 완전한 경제통합을 목적으로 하였고 이후 1960년 영국의 주도하에 발족된 '유럽자유무역연합(European Free Trade Association)'의 참여국들을 흡수함. ③ 1967년 '합병조약'을 통하여 '유럽공동체'로 발전함. '유럽경제공동체'와 별도로 구성되어 있던 '유럽석탄철강공동체'와 '유럽핵에너지공동체'(Euratom)를 합병하여 이루어짐. ④ 1993년 '마스트리히트 조약'을 통하여 현재의 '유럽연합(European Union)'을 구성함. 구성국 간에 경제, 외교, 국방 등에 걸쳐 통합을 추진하는 것을 목적으로 하고 현재 유럽의 25개국이 참여하고 있음. 유럽연합 내의 주요 기구로는 유럽연합이사회(Council of the European Union), 유럽위원회(European Commission), 유럽의회(European Parliament), 유럽사법재판소(Eurpean Court of Justice)가 있음.

들과 전 세계적으로 경쟁하게 되었다.[68] 그 와중에 더욱 놀라운 부흥이 동양에서 이루어지고 있었다. 전후 몇 년간 심각한 고통을 겪은 일본의 경제가 다시 놀랄 만한 역동성을 보이기 시작한 것이다. 일본의 일인당 GDP 성장률은 1950년대에 5.5%를 넘었고, 1970년대에는 10%에 약간 못 미치는 수준으로 높아졌다. 이는 세계에서 가장 높은 성장률이었다.[69] 이와 더불어 대만도 이미 일본과 유사한 경제적 역동성을 발휘하고 있었고, 1960년대 초에 이르면 자본주의가 아시아 대륙에 성공적으로 이식되고 있음을 알리는 첫 징후가 한국과 싱가포르에서 나타나기 시작했다.

이렇게 자본주의가 전 세계적으로 발흥하던 시기에 미국 경제는 전반적인 성장률과 기술진보 속도에서 느림보가 되는 경향을 보이고 있었다. 특히 기술진보 속도와 관련해 1957년 소련의 우주선 발사 성공은 즉각 충격으로 받아들여졌다. 그럼에도 불구하고 세계대전 이후 20여 년간이 미국 안에서도 경제적 만족감이 널리 퍼진 시기였다는 점에는 의문의 여지가 없다. 1959년부터 1969년까지 실질 가구소득은 52% 증가했고, 일인당 실질 소비는 31% 늘어났다.[70] 이 기간 동안 미국인들은 과거에 비해 높은 생활수준을 누렸고, 미래에 대해 장밋빛 전망을 가

---

67 [역주] 유럽연합의 정책 중 일부, 예를 들어 공동농업정책(Common Agricultural Policy, CAP)이나 이민정책 등은 참여국을 배타적으로 보호하기 위한 정책이라고 비판받고 있다. '유럽 요새'는 이런 비판을 위해 사용하는 표현이다.
68 프레드 블록(Fred Block), 《국제 경제질서 혼란의 기원(Origins of International Economic Disorder)》(Berkeley: University of California Press, 1977), 5장과 6장.
69 제프리 윌리엄슨(Jeffrey Williamson), 〈생산성과 미국의 리더십: 리뷰 논문(Productivity and American Leadership: A Review Article)〉(Journal of Economic Literature, 제29권, 1호, 1991년 3월), 표 1 (57쪽).
70 《대통령 경제보고서(Economic Report of the President)》(Washington, D.C.: U.S. Government Printing Office, 1994년 2월), 301쪽.

졌다. 소련이 성취한 결과까지도 당시 팽배해있던 경제적 낙관론을 뒷받침했다. 미국이 극복해야 할 대상인 소련은 미국의 군비 지출을 정당화해주었다. 어떤 측면에서 미국의 군비 지출은 유럽과 일본의 민간투자나 공공투자를 대체하는 역할을 했다.

케인즈주의 경제학의 발흥이 자본주의 질서에 대한 도전을 인지한 데서 이루어졌다는 우리의 주장이 타당하다면, 세계대전 이후 몇십 년의 기간은 케인즈의 이론을 평가하는 데 적용할 틀을 바꿔야 할, 아무리 낮춰도 극적이라 할 수밖에 없는 이유가 되었다. 나중에 다시 보게 되겠지만, 유럽과 아시아의 후생 지향적 경제학이 적어도 부분적으로 기초하고 있던 토대는 케인즈주의적 정책이 제공했을 가능성이 높다. 그러나 자본주의 정부들이 자신감을 회복하던 시기에는 적자재정 지출 같은 명시적인 케인즈주의 정책은 자본주의적 성장이 재개되는 데 그리 큰 역할을 하지 않았다.[71] 돌아보건대 당시에도 케인즈주의 경제학이 여전히 지배적인 '고전적 상황'이었음을 가장 분명하게 알려주는 것이 있었다. 그것은 세계 어느 나라 정부나 '미시 체계'와 분리해 다루어야 할 '거시 체계'가 존재한다고 인정했다는 점이다. 그러나 이보다 더 중요한 사실은 당시 유럽 각국 정부들이 경제의 미시적 구조에 점점 더 적극적으로 관여하는 태도를 취하기 시작했다는 것이다. 이런 관여는 독일의 '사회시장경제(sozialmarktwirtschaft)'에서부터 프랑스의 산업 '합리화' 장려 정책, 그리고 프랑스―독일―영국의 에어

---

[71] 제럴드 엡스타인(Gerald Epstein)과 줄리엣 쇼(Juliet Schor), 〈황금시대의 흥망에 있어서의 거시정책(Macropolicy in the Rise and Fall of the Golden Age)〉. 이 논문은 스티븐 마글린(Stephen Marglin)과 줄리엣 쇼가 편집한 《자본주의의 황금시대: 전후 경험의 재해석(*The Golden Age of Capitalism: Reinterpreting the Postwar Experience*)》(Oxford: Oxford University Press, 1991)에 수록되어 있다.

버스(Airbus)와 같은 벤처사업 참여 등으로 나타났다. 이와 동시에 일본, 대만, 싱가포르, 한국에서 나타난 자본주의의 새로운 형태는 그 정책에 있어서 처음부터 공공연하게 계획경제주의(dirigiste) 성격을 띠었고, 케인즈주의적인 재정정책에는 훨씬 덜 의존했다.[72]

역사를 간략히 돌아보는 것만으로는 경제이론이나 경제정책의 배후에 있는 비전의 변화를 설명할 수 없다. 앞에서 본 개략적인 역사는 경제사상의 배경이 된 상황이 세계대전이 일어나기 전과 끝난 후에 얼마나 넓고 깊게 대조되는가를 상기시키는 것 이상의 역할은 하지 않다. 그와 같은 대조는 지난 약 반세기 동안 잊혀졌던 것이다. 배후 조건의 변화가 일으키는 영향이 어느 정도인가는 언제나 불확실하다. 그러나 그런 변화가 대규모로 일어날 때는, 그런 변화를 인지해야만 학문적 탐구를 시작할 수 있다.

케인즈주의와 인플레이션

이제 논의를 바꿔 케인즈주의 고전적 상황의 운명을 그 분석적 내용의 측면에서 살펴보도록 하자. 케인즈주의 경제학을 이런 측면에서 순차적으로 평가해본 결과의 중심 결론이 그동안 부정적으로 나왔다는 것은 놀랄 일이 아니다. 케인즈주의 접근방식의 분석틀은 수행해야 할 과제에 적합하지 않고, 주요한 연쇄 인과관계를 부분적으로 잘못 이해하게 하며, 경제체제 전반의 동학에 대한 인식을 오도

---

[72] 앨리스 앰스던(Alice Amsden), 《아시아의 다음 거인: 대한민국과 후기 산업화(Asia's Next Giant: South Korea and Late Industrialization)》(New York: Oxford University Press, 1989).

한다. 이 점에서 케인즈주의가 깊고도 치명적인 손상을 입었다는 것이 우리 평가의 결론이고, 이 결론은 강력한 것이다.

케인즈 이론이 조리 있는 인플레이션 이론을 제공하지 못한다는 지적은 이러한 분석적 비판 중 가장 결정적인 것은 아니지만 그 첫 번째로 꼽힐 것이다. 원래 형태의 케인즈 경제학 모형은 실업을 다루는 만큼 인플레이션을 체계적으로 다루지 않았고, 그 절충적 변형인 IS/LM 모형에서도 상품시장과 화폐시장의 균형이 물가의 결정을 내포하지 않았다. 이런 빈 구멍은 1958년에 필립스(A. W. Phillips)가 발표한 유명한 논문에 의해 메워졌다. 필립스는 1861년부터 1957년까지의 기간에 영국의 실업률과 임금변화율이 역의 상관관계를 갖고 있음을 발견했다.[73] 이렇게 도출된 필립스 곡선은 그동안 제대로 이루어지지 않았던 인플레이션에 대한 이론적 연구에 기반이 될 뿐 아니라 경제정책이 근거로 삼을 만한 견고한 토대를 제공하기도 한다고 상당히 오랫동안 여겨졌다.

케인즈주의 경제학이 지닌 심각한 결함이 필립스 곡선에 의해 치료된 듯이 보였다. 그러나 이런 생각은 늘 의심의 눈초리를 받았다. 필립스 곡선은 IS/LM 공식이 가진 논리보다는 영국의 특정한 역사적 상황에 주로 근거한 것이었기 때문이다. 제임스 토빈(James Tobin)이 말했듯이 필립스 곡선은 "피란델로의 극중 인물이 저자를 찾는 것과 마찬가지로 이론을 찾아 헤매는 경험적 발견의 노력"이었다.[74] [75] 그러나 필립스 곡선은 오히려 밀턴 프리드먼(Milton Friedman)과 에드

---

[73] 필립스, 〈1861~1957년 영국에서의 실업과 화폐임금 변화율의 관계(The Relation Between Unemployment and the Rate of Change of Money Wage Rates in the United Kingdom, 1961-1957)〉(*Economica*, 1958년 제2호).

먼드 펠프스(Edmund Phelps)가 서로 독립적으로 행한 이론적 도전에 의해 더 심각한 검증을 받았고, 실증자료에 근거해서는 로버트 고든(Robert Gordon)과 로버트 루커스(Robert Lucas)에 의해 그 타당성을 의심받기도 했다.[76] 이들의 비판에 따르면 실업의 수준은 명목임금이 아닌 실질임금에 의해 좌우되며, 따라서 '화폐착각(money illusion)'의 기간이 지나면 경제는 실업과 인플레이션 사이의 고정된 관계가 복원되는 경향이 있다는 것이다. 프리드먼은 필립스 곡선이 언제나 '자연실업률' 수준에서 수직선의 형태를 갖는다고 주장했다. '자연실업률'이라는 용어는 그것이 가리키는 관계가 불변 또는 사회적 최적이라는 의미를 은연중에 내포한다. 따라서 이런 의미를 피해가기 위해 이 용어는 나중에 '인플레이션 비가속 실업률(nonaccelerating inflation rate of unemployment, NAIRU)'로 바

---

74 제임스 토빈, 〈인플레이션과 실업(Inflation and Unemployment)〉(*American Economic Review*, 제62권, 1호, 제1-2부, 1972년 3월). 폴 새뮤얼슨과 로버트 솔로는 미국의 자료에서 필립스 곡선의 존재를 확인해주는 증거를 발견했다. 폴 새뮤얼슨과 로버트 솔로(Paul Samuelson and Robert Solow), 〈반인플레이션 정책의 분석적 측면(Analytical Aspects of Anti-inflation Policy)〉(*American Economic Review*, 제50권, 2호, 1960년 5월), 177~194쪽을 보라.

75 [역주] 루이지 피란델로(Luigi Pirandello, 1867~1936)는 이탈리아의 극작가이자 소설가다. 토빈이 언급하고 있는 것은 피란델로의 작품 중 가장 유명한 《저자를 찾고 있는 6명의 사람들(*Sei personaggi in cerca d'autore*)》이다. 이 연극은 극중 연극(피란델로 자신의 연극)의 연습시간에 찾아와 실제 사람이 되어 자신의 이야기를 할 수 있게 해달라고 요구하는 6명의 '극중 등장인물'에 관한 것이다. 피란델로가 이 연극을 통해 말하고자 하는 것은 극중 '등장인물'들은 저자(피란델로)에 의해 창조되긴 했지만 이미 그 저자와는 독립된 나름의 '삶'을 살고 있다는 것이다.

76 밀턴 프리드먼, 〈통화정책의 역할(The Role of Monetary Policy)〉(*American Economic Review*, 1968년 제1호). 에드먼드 펠프스, 〈필립스 곡선, 인플레이션 기대, 그리고 시간경과에 따른 최적 고용량(Phillips Curves, Expectations of Inflation and Optimal Employment over Time)〉(*Economica*, 1967년 제3호). 로버트 고든, 〈임금-물가 조절과 필립스 곡선의 이동(Wage-Price Controls and the Shifting Phillips Curve)〉(*Brookings Papers on Economic Activity*, 1972년, 제2권). 로버트 루커스, 〈계량경제학적 정책평가: 비판(Econometric Policy Evaluation: A Critique)〉, 칼 브루너와 앨런 멜처(Karl Brunner and Allan Meltzer) 편집, 《필립스 곡선과 노동시장(*The Phillips Curve and Labor Markets*)》(Amsterdam: North-Holland, 1976)에 수록.

뛰었다.

필립스 곡선에 관한 논쟁은 케인즈주의 경제학의 추락에 어느 정도의 역할을 했을까? 대답은 이 문제를 분석의 관점에서 보느냐 비전의 관점에서 보느냐에 따라 상당히 달라진다. 분석의 관점에서 볼 때 NAIRU는 그 위치가 노동시장 조건의 변화, 인플레이션에 대한 기대의 변화, 그리고 공급측 충격에 대한 조정의 정도에 따라 바뀌므로 기존의 '고정된' 필립스 곡선 개념에 비해 우월하다는 견해가 널리 받아들여지고 있다.[77] 예를 들어 로버트 루커스는 1981년에 이렇게 썼다. "정통 케인즈주의는 지금 깊은 수렁에 빠져있다. 그것은 이론이 현실에 적용될 때 빠지는 수렁들 가운데 가장 깊은 수렁이다. 즉 케인즈주의는 거시 경제정책의 가장 기본적인 문제들에 대해 잘못된 답을 주고 있는 듯하다."[78] 잘 알려진 케인즈주의자 악셀 레이욘후푸드(Axel Leijonhufvud)조차도 다음과 같이 인정했다.

"미국에서 인플레이션이 힘을 받기 시작했을 때, 필립스 곡선이 잘못 움직이고 있으며 명목 이자율에 인플레이션 프리미엄이 가산되어 있다는 사실은 모든 사람이 알아볼 수 있을 정도로 분명해졌다. 이로써 신고전파의 예상된 인플레이션 모형을 통해 이런 현상을 예견해왔던 통화주의자들이 경제학계 안팎에서 크게 약진했다. 그

---

[77] 로버트 토펠(Robert Topel), 〈우리는 실업과 직장이동에 관한 실증적 연구에서 무엇을 배웠는가?(What Have We Learned from Empirical Studies of Unemployment and Turnover)〉(*American Economic Review*, 제83권, 2호, 1993년 5월), 114~115쪽을 보라. 또 로버트 고든(Robert Gordon), 〈논평(Comments)〉, 제롬 스타인(Jerome Stein) 편집,《통화주의(*Monetarism*)》(Amsterdam: North-Holland, 1976)에 수록, 54쪽을 보라.
[78] 로버트 루커스(Robert Lucas), 〈토빈과 통화주의: 리뷰 논문(Tobin and Monetarism: A Review Article)〉(*Journal of Economic Literature*, 제19권, 2호, 1981년 6월), 559쪽.

런데도 케인즈주의자들은 여전히 필립스 곡선이 유용하다고 주장하면서 예상된 인플레이션 모형은 그 경험적 타당성이 없다고 계속 무시함으로써 면목을 잃었고 영향력도 상실했다. 이것은 완전한 패배였다. 이 패배는 워낙 큰 것이었기에 경제학계는 오랫동안 지속되어온 논쟁에서 통화주의가 결국 승리했음을 선포했고, 대부분의 경제학자들은 관심을 다른 곳으로 돌렸다."[79]

그러나 곧 살펴보게 될 이유로 인해, 앞에서 약점으로 보인 것이 비전의 관점에서는 오히려 강점이 된다. 이리하여 앨런 블라인더는 1987년에 "일단 공급 측 충격을 허용하도록 수정되자 필립스 곡선은 거시경제학에서 가장 잘 들어맞는 경험적 규칙성들 중 하나가 되었다"고 했다.[80] 블라인더는 그 다음 해에 이런 말을 덧붙인다. "루커스와 사전트는 케인즈주의의 실증적 모형들이 '엄청나게 틀렸다'고 비판했다. 그러나 그런 비판 자체가 '엄청나게 틀렸다'."[81]

우리가 지금 본 것은 분석적 명제를 수용하느냐 거부하느냐에 분석 이전의 고려가 얼마나 결정적으로 중요한가를 보여주는 사례다. 표면상으로 볼 때 이 사례에는 계량경제학적인 증거가 케인즈주의 모형의 타당성을 부정하느냐 아니냐에 대한 두 가지 상반된 판단이 존재한다. 그러나 이러한 분석상의 이견 이전에, 케인즈 경제학 일반에 대해 두 논쟁자가 공개적으로 상반되는 견해를 피력하고

---

79 악셀 레이온후푸드, 〈케인즈는 합리적 기대를 어떻게 생각했을 것인가?(What Would Keynes Have Thought of Rational Expectations?)〉(*UCLA Working Paper*, 시리즈 A, 177호, 1983년 7월), 5쪽.
80 앨런 블라인더(Alan S. Blinder), 〈케인즈, 루커스, 그리고 과학적 진보(Keynes, Lucas and Scientific Progress)〉(*AEA Papers and Proceedings*, 제77권 2호, 1987년 5월), 133쪽.
81 앨런 블라인더, 〈케인즈주의 경제학의 추락과 부흥(The Fall and Rise of Keynesian Economics)〉(*The Economic Record*, 1988년 12월), 282쪽.

있다는 사실도 존재한다. 즉 케인즈 경제학의 기본적인 정합성과 타당성을 루커스는 부인하고 블라인더는 인정한다. 이런 사실은 위에서 이야기한 분석상의 두 가지 판단 모두가 각각의 판단을 주장하는 사람의 비전상 입장에 의해 방법론적으로든 이데올로기적으로든 영향을 받고 있다는 의심을 불러일으킨다. 이런 상황이 경제학, 혹은 더 나아가 사회과학 일반에만 발생하는 것은 아니다. 그러나 그것은 케인즈주의적 합의의 시대 이후에 경제학 분야에서 특히 첨예하게 나타난다. 루커스의 시각에서 볼 때, 모두가 인정하듯이 원래의 IS/LM 모형이나 기본적인 케인즈적 함수들이 NAIRU 같은 결과를 가져오지 못한다는 사실은 그런 결함의 근저에 있는 이론의 타당성에 대해 유죄판결을 내리도록 하기에 충분하다. 그런가 하면 블라인더의 시각에서 볼 때,《일반이론》이 집필되고 있던 시기에는 존재하지 않았거나 중요성이 부각되지 않았던 제도적 관계들에 케인즈의 개념들을 쉽게 적용시킬 수 있다는 사실, 예컨대 생계비 조정을 통해 인플레이션을 임금에 연계시키는 임금-물가 연동제(wage indexing)가 광범위하게 사용된다는 사실은 케인즈주의 경제학의 이론적 기초가 케인즈 자신이 의도한 수준 이상으로 넓은 범위의 행위형성적 영향을 파악하는 데 도움이 된다는 것을 뜻하고, 바로 이런 이유에서 케인즈 경제학이 타당함을 시사한다.

　의견의 불일치는 케인즈 이론들의 현실 관련성에 대한 것에만 그치지 않는다. 사회과학자로서 경제학자가 하는 역할에 대해서도 의견의 불일치가 존재한다. 루커스에게 경제학의 특별한 속성은 그것이 합리적인 개인의 선택에 '과학적' 기초를 두고 있다는 것이다. 따라서 경제학자의 임무는 바로 그 '과학적' 기초의 논리를 실행하는 것이다. 하지만 블라인더에게는 이론틀의 현실성과 역사적 적응성이 존재론적 원리를 엄격히 고수하는 것보다 더 중요하다. 이렇게 상충되는 두 견해로부터 예상치 않게 발생하는 결과 중 하나는, 경제학적 탐구가 경제정책을 뒷받침하기 위해 사용되는 경우 경제학적 탐구에 부여되는 중요성의 정도가 서로 달라진다는 것이다. 케인즈주의의 개입주의 접근법을 지지하는 블라인더에게 경제학자의 책임이란 바로 그러한 탐구를 실행하는 것이다. 그러나 블라인더와는 달리 개입주의 접근법을 지지하지 않는 루커스는 "정치와 경제학자가 하는 정치적 역할은 거시경제학에 매우 나쁜 영향을 끼쳐 왔다"고 단언한다.[82]

이렇게 의견충돌이 있기는 하지만, 어느 쪽 판결이 적합한 것인지를 결정할 객관적 근거는 어디에도 없는 듯하다. 성공과 실패는 구경꾼이 보기 나름이지 객관적 기준에 의해 결정되지 않는다. 경제학자들은 논리와 실증적 증거에 엄격하게 근거해 논의하지 않는다. 결정적으로 중요한 것은 비전이 제공하는 관점들인 것 같다. 이 관점들은 경제학 이론이 관심을 집중하는 문제들을 해결하지 않는다. 그러나 이 관점들이야말로 이론 자체를 평가할 기준이 무엇인가를 결정하는 바로 그것이다.

케인즈주의와 스태그플레이션

케인즈주의 고전적 상황이 붕괴한 데 대해 흔히 인용되는 두 번째 이유는 더 간

---

[82] 아료 클라머르(Arjo Klamer), 《경제학자들과의 대화(*Conversations with Economists*)》(Savage, MD: Rowman and Littlefield Publishers, 1983), 52쪽.

단하게 다룰 수 있다. 그것은 케인즈주의가 다루는 거시경제적 결과의 스펙트럼 안에는 스태그플레이션, 즉 경기후퇴와 인플레이션이 동시에 발생하는 현상이 포함되지 않았다는 것이다. 이 문제를 간단하게 다룰 수 있다고 한 이유는 본질적으로 그것이 필립스 곡선이 현실분석에 부적합하다는 주제의 변종, 혹은 그것의 특수한 경우이기 때문이다.

  스태그플레이션은 1970년대에 실제로 도래하기 전에는 대부분의 경제학자들이 용어상 모순되는 표현이라고 생각했을 현상이다.[83] 1970년대에 인플레이션은 그 전에 고용 수준과의 사이에서 갖고 있었던 명확한 관계를 상실한 것처럼 보였다. 예를 들어 미국에서 1970년과 1975년 사이에 실업률이 4.8%에서 8.3%로 상승했지만 인플레이션율은 떨어지기는커녕 5.4%에서 9.6%로 꾸준히 상승했다.[84]

  케인즈가 이런 상황을 예견하지 못했다는 것은 의문의 여지가 없다. 그는 언제나 인플레이션보다 디플레이션에 훨씬 더 많은 관심을 집중했다. 그렇다고 그가 인플레이션을 완전히 무시했다는 것은 아니다. 단지 대공황의 맥락에서 그것을 문제로 보지 않았다는 것이다.[85] 따라서 앞에서 이야기한 경우와 마찬가지로

---

[83] '예외 없는 법칙은 없다'라는 속담을 상기시키는 예외가 있는데 그것은 바로 《일반이론》에 대한 제이콥 바이너(Jacob Viner)의 서평이다. 바이너의 논문, 〈케인즈 씨와 실업의 원인(Mr. Keynes and the Causes of Unemployment)〉(*Quarterly Journal of Economics*, 제51권, 1936~1937년), 147~167쪽을 보라.
[84] 《대통령 경제보고서(*Economic Report of the President*)》(Washington, D. C.: U. S. Government Printing Office, 1993).
[85] 실제로 1940년의 한 논문에서 케인즈는 가격통제가 제거된 뒤에 발생할지도 모를 인플레이션에 대해 강한 우려를 표명했다. 존 메이너드 케인즈(John Maynard Keynes), 《전쟁을 어떻게 보상할 것인가: 재무성 장관을 위한 급진적 계획(*How to Pay for the War: A Radical Plan for the Chancellor of the Exchequer*)》(New York: Harcourt Brace, 1940).

여기서도 원래 형태의 케인즈주의적 거시이론은 이 새로운 경제상황을 예측하지도 쉽사리 수용하지도 못했다는 점에서 실패한 이론이라고 판단할 수 있다. 1974년 미국의 대통령 경제자문위원회는 이렇게 보고했다. "물가의 이러한 움직임에 대해 간단하게 할 수 있는 설명은 없다. 그 움직임은 지난 한 세대 동안 있었던 현상 중에서 가장 특이한 현상이었고, 본 자문위원회와 대부분의 다른 경제학자들 모두를 당황하게 만들었다." [86]

그러나 역시 앞의 경우와 마찬가지로 여기서도 케인즈주의 이론은 그 중심 명제들의 일반적인 틀 안에 스태그플레이션을 포함하도록 수정할 수 있다는 점에서 성공한 이론으로 판단할 수도 있다. 그리고 그 수정은 노동자의 협상력 증대를 수용하는 형태로 이루어졌다. 이에 따른 변화는 실업의 압력을 견뎌내는 노동자들의 능력이 눈에 띄게 강화되었다는 사실에서 찾아볼 수 있다. 미국에서는 이런 변화가 1960년과 1980년 사이에 실업보험 가입자 수가 4370만 명에서 8720만 명으로 극적으로 증가하는 것으로, 그리고 2차대전 직후에 제조업 기업들에서 노동조합과 경영진 사이의 비공식적 '노동협약(labor accords)'이 시작되는 것으로 나타났다.[87] 유럽에서는 미국에서보다 노동자의 협상력이 훨씬 더 강화되었다. 유럽에는 고용 등의 안전성을 보장하기 위해 국가정책으로 도입된 노사 공동의 의사결정 제도 등이 갖춰졌기 때문이다. 그 결과 유럽에서, 그리고 유럽보

---

[86] 《대통령 경제보고서(*Economic Report of the President*)》(Washington, D. C.: U. S. Government Printing Office, 1974).
[87] 실업보험에 대해서는 《통계 요약(*Statistical Abstract*)》(1987), 표 559를 보라. 노동협약의 역할에 관해서는 미셸 네이플스(Michelle Naples), 〈노동조합—자본 휴전의 와해와 미국의 제조업 생산성 위기(The Unraveling of the Union-Capital Truce and the U. S. Industrial Productivity Crisis)〉(*Review of Radical Political Economics*, 제18권, 1-2호, 1986년), 110~131쪽을 보라.

다는 덜하지만 미국에서, 노동조합의 협상력이 역사상 전례가 없을 정도로 강화될 토대가 마련되었다.

따라서 스태그플레이션이 발생한 원인 중 일부는 케인즈주의 정책이 의도하지도 않았고 또 케인즈주의 정책에서 직접적인 원인을 찾을 수도 없는 제도적 발전에 있었다고 봐야 할 것이다. 필립스 곡선의 경우와 마찬가지로 스태그플레이션의 경우에도 이런 변화를 예측하지 못했고, 따라서 그 결과도 예상하지 못했다고 해서 케인즈주의 이론을 비난하는 것은 온당하지 않은 것으로 보인다. 엡스타인과 쇼에 따르면, 전후 선진 자본주의 국가들의 성장이 이뤄낸 '황금시대(golden age)'는 "확장적인 정책의 결과인 동시에 그러한 정책을 취하는 데 도움이 되는 것이었다. 이와 대조적으로 저성장과 취약한 경제의 시기는 각국 정부에 긴축정책을 채택하도록 압력을 가했고, 긴축정책은 다시 경제의 빈약한 성과를 더욱 빈약하게 만들었다."[88]

이상의 논의에서 살펴본 것처럼, 케인즈주의 정책은 스태그플레이션에 대해 필요조건일 수는 있지만 충분조건은 분명히 아니라는 인과관계를 갖는다고 해석할 수 있다. 따라서 이 경우의 분석적 연관성은 기껏해야 사후적(ex post)인 관계이지 사전적(ex ante)인 관계가 아니다. 그런가 하면 스태그플레이션이라는 현상 그 자체는 변화하는 사회경제적 틀, 즉 케인즈주의 경제학이 수많은 국가경제정책을 형성하고 수용하는 데 강력한 정치적 힘이 되는 틀을 반영하는 것으로

---

[88] 제럴드 엡스타인(Gerald Epstein)과 줄리엣 쇼(Juliet Schor), 〈황금시대의 흥망에 있어서의 거시정책(Macropolicy in the Rise and Fall of the Golden Age)〉, 스티븐 마글린(Stephen Marglin)과 줄리엣 쇼 편집, 《자본주의의 황금시대: 전후 경험의 재해석(The Golden Age of Capitalism: Reinterpreting the Postwar Experience)》(Oxford: Oxford University Press, 1991), 149~150쪽에 수록.

볼 수 있다. 필립스 곡선의 경우와 마찬가지로 스태그플레이션의 경우에도 케인즈주의 경제학은 비케인즈주의 시각에서는 이해하기 힘든, 현실 세계에 나타나는 경제적 효과들에 대해 간접적인 책임이 있다. 물론 그렇다고 해서 그런 경제적 효과들의 존재나 중요성을 부정하려는 것은 아니다.

그러나 이상하게도, 스태그플레이션 현상은 이 현상이 '성공적'인 거시정책 체계의 맥락에서 쉽게 설명될 수 있다는 인식을 불러오기보다는 케인즈주의 경제학의 위상을 쇠퇴시키는 데 기여했다. 이런 시각에서 볼 때 케인즈주의 경제학이 성공했느냐 실패했느냐에 대한 판가름은 그 기준이 분석이냐 비전이냐에 달려 있다. 분석적으로 볼 때 케인즈주의는 스태그플레이션에 기껏해야 적응할 수 있을 뿐이지 그것을 예견하지는 못한다. 그러나 비전의 관점에서 보면 케인즈주의는 강력한 중요성을 가진다. 왜냐하면 우리는 케인즈주의를 통해서 그 전까지는 모순적 용어로 여겨졌던 스태그플레이션이 무대를 장악하게 된 사회정치적 조건들을 이해할 수 있기 때문이다.

스태그플레이션은 최근의 정치적, 경제적 사건들로 인해 종말을 고했다. 국제경쟁이 심화됨에 따라 선진 자본주의 국가에서 노동자들의 협상력은 부분적으로 위협받게 되었다. 따라서 경제학은 국내의 경제적 이슈들보다는 점점 더 국제적인 이슈들에 관심을 기울이게 될 가능성이 높다. 또한 이에 대응하여, 가까운 미래에 그 어떤 입장이 지배적인 고전적 상황이 되건 간에 그 형태는 좀더 초국가적인 것이 될 가능성이 높다. 우리가 지금 이런 전망을 이야기하는 것은, 어떤 경제이론이든 그 성공은 케인즈주의가 발흥했던 경우와 마찬가지로 그 내적인 일관성과 외적인 개념화 능력 양자에 의해 판단되어야만 할 것이라는 점을 강조하기 위해서다.

이 두 가지 판단기준 중에서 경제학적 탐구기술의 관심을 더 끌 것은 아마도 분석일 것이다. 그러나 비전은 문제 그 자체의 경계와 심도, 그리고 사회적 의미를 확립시키는 매우 중요한 선행적 역할을 계속 수행할 것이다. 이런 역할에는 논리적 기준이 존재하지 않는다. 여기에 존재하는 기준은 오히려 그 명확성이 들쭉날쭉한 개념들이요, 그 설득력이 들쭉날쭉한 해석들이다. 그리고 이런 개념들은 그 설득력과 명확성이 각 관찰자의 선입견에 따라 변한다는 점에서 모두 모호한 것들이다. 바로 이런 무르디무른 재료에서 세계를 운용하는 철(鐵)의 결정이 만들어진다.

케인즈주의와 화폐

이제는 케인즈주의 경제학이 화폐를 어떻게 다루었는지를 살펴보는 쪽으로 논의를 돌리자. 이 문제는 케인즈주의가 일반적으로 누리던 위상이 하락하게 된 또 하나의 이유로 흔히 거론된다. 다시 한 번 말하지만, 분석적인 시각에서 행해지는 비판에는 나름대로 이유가 있다. 그러나 비판의 더 중요한 이유는 화폐와 통화정책에 대한 케인즈주의 견해가 개념적으로 함축하는 바와 관련이 있다.

케인즈주의 경제학이 화폐를 다루는 방식에 대한 공격 역시 필립스 곡선과 스태그플레이션의 문제와 마찬가지로 인플레이션의 원인과 관련된다. 사실 통화주의가 다시 전면에 부각된 것은 그것이 1970년대에 더 나은 예측을 했기 때문이다. 밀턴 프리드먼은 이렇게 말했다. "인플레이션은 통화량이 생산량보다 더

빨리 증가함으로써만 발생한다. 그런 의미에서 인플레이션은 어디까지나 화폐적 문제다."[89] 따라서 긴축 재정정책만으로는 인플레이션을 완전히 저지하기 어렵다. 최근 들어 케인즈주의에 대한 통화주의의 공격에서 예측가능성의 중요성에 대한 강조는 폐기되었다. 왜냐하면 케인즈주의 이론에는 없었지만 통화주의에는 있었던 주요 전제인 화폐수요와 화폐순환속도의 안정성에 대한 가정이 지금껏 생각했던 것보다 훨씬 덜 분명하다는 게 최근 증명됐기 때문이다. 이런 점을 더 명확히 해주는 증거로는 통화주의자들이 1982년 이후에 나타난 인플레이션율의 하락을 예측하지도 못했고, 1982년에 일어난 경기후퇴의 심각성도 예측하지 못했다는 것을 들 수 있다.[90]

그러나 그렇다고 해서 케인즈주의 이론에 대한 통화주의의 불만이 해소된 것은 아니다. 오히려 경제질서 자체에 대해 서로 다른 개념을 가진 것이 문제의 뿌리인 듯하다. 케인즈주의 이론은 인플레이션을 비화폐적인 조건으로 인해 발생하는 화폐적 징후로 본다. 즉 인플레이션은 기존의 생산능력이 과잉 가동되기 때문에 발생한다. 통화주의 이론은 이와 첨예하게 대립한다. 통화주의에서 인플레이션은 언제나 현재의 '실물적' 상황에 비해 화폐가 과잉 공급되는 문제다. 그렇기 때문에 모든 주요한 인플레이션은 그 뿌리부터가 화폐적 현상이다. 따라서 문제는 화폐가 원래의 케인즈주의 견해에 본질적인 요소인가 여부가 아니다. 《화폐론(*A Treatise on Money*)》의 저자가 화폐의 총량과 통화정책이 아무런 중요

---

[89] 밀턴 프리드먼(Milton Friedman), 《화폐와 경제발전(*Money and Economic Development*)》(New York: Praeger, 1973), 28쪽.
[90] 토머스 메이어(Thomas Mayer), 《통화주의와 거시정책(*Monetarism and Macroeconomic Policy*)》(Aldershot, NY: Edward Elgar, 1990), 70~77쪽.

성도 갖지 않는다는 진단과 처방을 담은 책을 만천하에 내놓았다고 생각할 사람은 아무도 없으리라. 오히려 문제는 케인즈주의 고전적 상황에 대한 힉스적 IS/LM 해석의 일부로 나타난 균형에 대한 정태적 접근법과 화폐의 기능에 관한 일반적인 이론을 어떻게 접목시키느냐에 있었다.

IS/LM 모형의 두 가지 측면이 심각한 문제를 가져왔다. 그중 하나는 IS/LM 접근법 일반이 갖는 정태적 성격이었다. 이 때문에 화폐적 분석이 본질적으로 갖는 동적인 성질들이 배제되었다. 힉스 자신도 이런 문제점을 깨닫고 IS/LM 모형에 관해 1976년에 이렇게 썼다. "이 도표는 다른 사람들에게는 아직 인기가 있을지 몰라도 이제 내게는 그렇지 못하다. 이 도표는 《일반이론》을 균형의 경제학으로 축소시킨다. 그리고 실제의 시간 속에서 일어나는 일을 보여주지 못한다."[91] 힉스의 깨달음처럼 화폐적 분석은 시간을 요구한다. 폴 데이비드슨(Paul Davidson)의 표현을 빌린다면, 그 이유는 가치저장 수단이라는 기능으로 인해 "화폐는 (현재에서 미래로 여행하는) 한 방향 타임머신"[92]이기 때문이다. 따라서 화폐의 효과를 분석적으로 표현하려면 반드시 그 인과적 변수들을 다룰 때 마이어 콘(Meir Kohn)이 '순차분석(sequence analysis)'이라고 부르는 방식을 따라야 한다.[93]

---

[91] 존 힉스, 〈경제학에서 시간에 관한 몇몇 문제(Some Problems of Time in Econmics)〉, 앤소니 탱(Anthony Tnag) 외 편집, 《진화, 후생, 그리고 경제학에서 시간: 니콜라스 제오르제스쿠 로에젠 기념논문집(*Evolution, Welfare and Time in Economics: Essays in Honor of Nicholar Georgescu-Roegen*)》(Lexington, MA: Lexington Books, 1976), 140~141쪽에 수록.

[92] 폴 데이비드슨, 《국제화폐와 현실세계(*International Money and the Real World*)》(New York: St. Martin's Press, 1992), 제2판 65쪽.

[93] 마이어 콘, 〈화폐적 분석, 균형 방법, 그리고 케인즈의 '일반이론'(Monetary Analysis, the Equilibrium Method, and Keynes's 'General Theory')〉(*Journal of Political Economy*, 제94권, 6호, 1986년), 1193쪽.

이처럼 시간과 연관된 분석을 해야 한다는 요구는 폭넓게 받아들여지고 있다. 그러나《일반이론》에 대한 IS/LM 해석은 이런 요구에 거스르는 중심적인 특징, 즉 시간이 사상(捨象)된 균형접근법이라는 특징을 갖는다. 이런 해석에서는 '움직이지 않는' 화폐공급 곡선과 화폐수요 곡선의 교차에 관심이 집중된다. 두 곡선이 끊임없이 형태를 바꾸며 자리를 이동하고 심지어는 상호의존적이라는 점에는 관심이 없다. 사실 공정하게 말하자면, IS/LM 해석의 이런 정태적 표현은 그 자체가 케인즈에서 유래한 것이다. 케인즈는 저축과 투자의 관계를 항등식으로 표현하기로 결정함으로써 승수관계를 '논리적'인 것으로, 즉 시간과 무관한 것으로 다루게 되는 반(反)동학적인 결과를 가져왔다. 콘이 다음과 같이 쓸 때 가졌던 생각은 옳다. "《일반이론》의 내적 모순으로 인해 (…) 전문 경제학자들 사이에 악몽과도 같은 혼동이 발생했고, 최근에 들어서야 우리는 그 혼동으로부터 탈출하고 있다."[94]

그러나 이전의 경우와 마찬가지로, 케인즈의 방법이 드러낸 분석상의 문제점들로 인해 극복할 수 없는 장애가 생기거나 케인즈주의의 일반적인 접근법이 현실적합성이 없는 것으로 되지는 않는다. 케인즈는 자신의 접근법에 대해 다음과 같이 선언하고 있다. "주로 경제체계 전체의 행동과 관련되어 있다. (…) 여기서 산출과 고용의 실제 수준은 생산능력이나 기존의 소득수준에 의존하는 게 아니라 현재의 생산 결정에 의존한다. 그리고 현재의 생산 결정은 현재의 투자 결정과 현재 및 미래의 소비에 대한 현재의 기대에 따라 달라진다."[95]《일반이론》의

---

[94] 위의 논문, 1192쪽.

주된 관심이 그가 살던 시대의 특징인 과소고용이라는 고질적인 문제를 향했다는 점에 있어서 분명히 케인즈의 분석은 그런 상황 덕택에 통화량의 변화가 일으키는 인과적 효과가 극소화된 상황을 다루고 있다.

그러나 산출량이 커질수록 LM 곡선의 우상향 부분이 점점 더 비탄력적이 되고, 그래서 점점 더 그 영향력이 커진다고 말한다고 해서 분석에 모순이 생기지는 않는다. 이런 LM 곡선 분석은 모양이 비슷한 자원공급 곡선, 즉 공급이 고정되어 있거나 거의 변동이 없는 자원공급 곡선에 견줄 수 있다. 이 같은 공급곡선에서 수요의 변화에 따르는 가격효과는 수요의 수준에 따라 달라진다. 따라서 몇몇 통화주의자들에 의하면, 케인즈주의자들은 단순히 화폐수요의 이자율 탄력성을 과대평가하고 지출의 이자율 탄력성을 과소평가했다. 다르게 말하면, IS/LM 분석틀은 만일 두 곡선, 즉 IS 곡선과 LM 곡선이 올바르게 그려지기만 한다면 '통화주의적' 인 결과를 가져온다는 것이다. 이런 주장을 인정하는 것은 케인즈주의의 공식에 분석상의 오류가 있음을 부인하는 것이지만, 화폐적 자극에 대한 행위상의 반응을 바라보는 '비전' 에 분명 오류가 있을지도 모른다는 점을 암묵적으로 시사하는 것이기도 하다.[96]

이보다 더 커다란 양립불가능성이 존재한다. 과소고용 상황이 지속적으로, 즉 '균형' 상황으로서 존재한다는 케인즈주의의 전제에 그런 양립불가능성이 있

---

[95] 도널드 모그리지(Donald Moggridge) 편집, 《존 메이너드 케인즈 전집(*The Collected Writings of John Maynard Keynes*)》(London: Macmillan, Cambridge University Press for the Royal Economic Society, 1982), 22~23쪽.

[96] 칼 브러너(Karl Brunner)와 앨런 멜처(Alan Meltzer), 〈폐쇄경제를 위한 총량적 이론(An Aggregate Theory for a Closed Economy)〉, 제롬 스타인(Jerome Stein) 편집, 《통화주의(*Monetarism*)》(Amsterdam: North Holland, 1976), 57쪽에 수록.

다. 이 전제는 선행하는 여러 가정들로부터 도출되는데, 그중 화폐적 메커니즘에 관련된 가장 중요한 가정은 이자율의 하한을 설정하는 유동성 문턱(liquidity threshold)이 존재한다는 가정이다. 이 유동성 문턱으로 인해 통화정책은 인센티브로서의 효율성이 감소한다. 그러나 통화정책이 지닌 억제요소로서의 효율성은 감소하지 않는다. 케인즈주의적 통화정책을 합리화할 때 흔히 거론되는 말이지만, 실(絲)을 가지고 무엇인가를 떠밀 수는 없지만 당길 수는 있다는 것이다.

이리하여 유동성 선호는 통화정책이 무력해지는 영역을 만든다. 즉 통화정책은 그 역할을 가장 확실하게 해야 하는 높은 실업률의 상황에서 현실적합성을 잃게 된다. 바로 여기가 경제는 언제나 완전가동 수준으로 상승할 수 있다는 마셜적 가정에 대해 케인즈적 비전이 커다란 타격을 가하는 지점이다. 이 타격은 다음 사항이 인정되는 순간 즉시 가해진다. 즉 경제가 자동적으로 완전가동 수준에 도달하지 못한다면, 그 수준에 도달하기 위한 방법으로 언제나 정당성을 부여받던 정부개입의 방법 중 하나, 즉 부적절한 화폐공급의 제약을 완화시키는 방법에 의존할 수 없다는 것이다.

따라서 화폐에 대한 케인즈주의적 접근법이 발생시키는 '문제'는 그 분석상의 부적합성에 있는 게 아니었다. 그런 부적합성은 치유 불가능한 것이 아니었다. '문제'는 분석 이전의 경제관, 즉 치유를 위해서 통화정책보다 더 강력한 처방이 필요한 기능 이상(異常)에 고질적으로 빠져있는 사회적 메커니즘으로 경제를 바라보는 비전에 있었다. 이자율이 투자와 저축의 균형을 맞추는 실물변수가 아니라는 견해는 케인즈의 논쟁 상대였던 케인즈 이전 '고전파'의 입장, 그리고 우리가 다음 장에서 다룰 케인즈 이후 '새고전파'의 입장과 정면으로 충돌한다.

따라서 통화주의의 '역혁명(counterrevolution)'이 성공한 것은 통화주의가 '화폐는 중요하지 않다'는 생각과 케인즈주의를 연관지은 데 부분적으로 기인한다. 여기서 잘못은 순전히 통화주의자들에게만 있지 않다. 케인즈에 대한 케인즈주의자들의 해석에도 잘못이 있다.[97] 해리 존슨(Harry Johnson)은 이렇게 썼다.

"케인즈의 추종자들은, 다시 말하면 경제학계 전체는 역사와 밀접히 연관된 그의 분석을 무시간적이고 무공간적인 보편적 원리들의 집합으로 공들여 다듬었고, 그 과정에서 그의 미묘한 요소들을 대거 희생시켰으며, 그럼으로써 역공격을 받기에 안성맞춤인 주류경제학으로 케인즈주의를 확립시켰다."[98]

아무리 자주 말해도 지나칠 게 없지만, 케인즈주의 경제학은 케인즈 이전의 자본주의관과는 상극인 전제, 즉 자본주의는 20세기의 제도적 특색으로 인해 부적절한 지출의 흐름이 지속되는 상황에 고질적으로 취약하다는 전제로부터 시작한다. 이 비전이야말로 케인즈주의 고전적 상황을 마셜적 비전으로부터 결정적으로 분리시키는 것이다. 이 화합될 수 없는 차이로 인해 각각의 입장은 서로 다른 중요성을 통화정책에 부여한다. 케인즈주의의 분석에서 화폐는 프리드먼의 분석에서와 마찬가지로 중요하다. 그러나 그 중요함은 서로 다른 방식으로, 그리고 서로 다른 정도로 이해된다. 왜냐하면 화폐가 그 영향력을 발휘하는 사회질서

---

[97] 예를 들어 앨빈 핸슨(Alvin Hansen)의 영향력 큰 책 《케인즈 경제학 가이드(A Guide to Keynes)》(New York: MacGraw-Hill, 1953)를 보라.
[98] 해리 존슨, 〈케인즈주의 혁명과 통화주의 역혁명(The Keynesian Revolution and the Monetarist Counterrevolution)〉(American Economic Review, 제78권, 1968년 5월), 1~14쪽.

의 성질이 서로 다르게 이해되기 때문이다.

케인즈주의와 미시적 기초

이제 케인즈주의 고전적 상황이 갖고 있는 마지막의, 그러나 우리 생각에는 가장 중요한 분석상의 문제가 남아 있다. 그것은 케인즈주의가 경제학적 분석을 인접하지 않은 두 개의 동급 탐구양식으로 나눈다는 것이다. 그중 하나의 탐구양식은 경제에 대한 마셜적 접근방식을 계승한 것으로, 경제를 불가분하게 연결된 다수 시장들의 모임이자 거대한 하나의 시장으로 이해할 수 있다는 접근법이다. 다른 하나는 앞의 탐구양식에, 경제란 단 하나의 시장 혹은 여러 시장들의 집합에서 그 동학이 발생한다고 묘사할 수는 없는 체계라는 개념이 부가된 것이다. 어쩌면 마셜은 개별 시장들의 결과를 단순 집계하는 경우에 빠질 수 있는 함정을 알고 있었기에 일반균형보다는 부분균형에 관심을 집중시켰는지도 모른다.

케인즈주의가 쇠퇴한 원인을 살펴보는 지금, 이 두 가지 탐구방식의 구분을 강조하는 것은 새롭고도 결정적인 의미를 가진다. 여기서 논점은 어떤 종류의 균형에 우선성을 부여하는가다. 마셜적인 분석에서는 경제의 문제는 모두 개인의 행위를 통해 기술되고 분석된다. 개인 간의 상호작용이야말로 탐구대상이 되는 과정이 실현되는 개별 시장에서 발생하는 결과의 유일한 원인이다. 케인즈주의적 분석에서는 집단적 결정이 개체의 행위에 우선하기 때문에 개체의 행위에 강력한 영향을 끼치는 경우가 많다. 개체분석(individual analysis)과 집단분석(collective analysis)을 명확히 구분하는 것은 폴 새뮤얼슨의 유명한 저서 《경제분석의 기초(Foundations of Economic Analysis)》에서 유래한다. 새뮤얼슨은 1947년에 출판된 이 책에서 그 후 경제학 용어사전에 영구적 항목으로 추가된 '미시적'인 것과 '거시적'인 것을 통해 문제를 분석하는 틀을 제시했다.

이런 구분은 분석을 명확하게 만드는 동시에 혼란스럽게도 만든다. 서로 구분되는 두 종류의 균형 메커니즘을 동시에 '포함'하는 것으로 경제를 개념화할 때 나타나는 편의성의 측면에서, 특히 정책과 관련해 나타나는 편의성의 측면에서는 분석이 명확해진다. 반면 효용극대화가 미시경제학의 이른바 '과학적' 특징의 원천임을 고려할 때, 상대적으로 더 범위가 큰 거시적 결정 과정에 효용극대화라는 과학적이고 법칙적인 기초가 존재하지 않는다는 측면에서는 분석이 혼란스러워진다. 그러나 최근 들어 이런 과학성은 점점 더 비판적으로 해부되고 있다. 케인즈주의의 실패는 효용극대화 가설의 과학성에 대한 최근의 이런 비판을 바탕으로 논의되어야 한다. 원래의 형태이건 아니면 좀더 절충된 형태이건 케인즈주의는 그 결정적인 행위함수들의 근저에 합리성이나 극대화 같은 완전히 발전된 토대가 없다고 비판받아왔다. 케인즈주의 투자함수를 지배하는 '동물적 충동(animal spirits)', 확률분석을 거부하는 불확실성의 개념, 소비행위를 지배하는 '성향(propensities)'과 같은 것들은 하나같이 마셜적 관점에 스며들어 있던 선택의 논리에 부합하는 행위상의 기초를 결여하고 있다. 만약 경제학이 그러한 논리적 성격을 보이는 행위에 기초해야만 하고 그것에 의해 경계가 그어져야만 한다면, 케인즈주의 거시경제학이 미시경제학과 동급으로 여겨질 가능성은 사라질 것이다. 앨런 블라인더의 말을 빌리면, 그 결과 케인즈주의 경제학은 "신고전파 신전에 거주하는 무신론자"가 되었다.[99]

앞에서 한 논의와는 대조적으로 이런 분석적 문제를 극복하거나 회피할 방법은 없는 듯하다. 행위와 관련된 케인즈주의 경제학의 전제는 케인즈 이전의 경제학이 사용한 분석상의 전제로부터 도출되지도 않고 그에 환원될 수도 없다. 그러나 이런 케인즈주의의 전제가 극복할 수 없는 분석상의 장애물이라는 생각은 어떤 근본적인 가정에 근거하고 있다. 그것은 경제학의 과학성이 그 미시적 기초의 성질에 있다는 가정이다. 이 가정에 대해서는 다음 장에서 특별한 관심을 갖고 다루려 한다. 다음 장에서는 바로 그러한 기초 위에 서려고 시도하는 최근 이론의 몇몇 새로운 방향들을 살펴볼 것이다. 지금은 그 전제가 여러 각도에서 공격을 받고 있다는 사실을 미리 언급하는 것으로 충분하다. 그중 가장 중요한 것은 '합리적', '극대화', '효용'과 같이 정의하는 주요한 용어들이 갖고 있는, 오랫동안 잘 알려져 있는 동어반복적 성격이다.

여기서 우리는 하나의 명제를 완전히 증명하기에 약간 앞서 미리 제시하는 위험을 감수하고자 한다. 즉 케인즈주의 이론이 누구도 의심하지 않을 헤게모니의 위치에서 추락한 것은 이 이론이 명확한 미시경제적 기초를 결여하고 있었다는 사실에 의해서만 종종 설명되고 있지만, 사실은 그렇게 설명될 수 없다는 것이다. 케인즈주의 경제학이 쇠퇴한 것은 분명 그 분석상의 단점 때문이기도 하다. 그러나 보다 근본적인 이유는 비전 혹은 이데올로기와 관련된 고려 때문이다. 지금까지 전개해온 논의의 연장선에서 우리의 이런 주장이 독자들에게 설득력 있게 받아들여지길 바란다. 비전과 관련된 고려라는 것이 무엇인지를 말하기

---

[99] 앨런 블라인더(Alan Blinder), 〈케인즈주의 경제학의 추락과 발흥(The Fall and Rise of Keynesian Economics)〉(*The Economic Record*, 1988년 12월), 285쪽.

위해 이 장을 시작했던 지점으로 돌아가 이 장을 마무리하고자 한다.

우선 1930년대와 1940년대 초에 걸친 경제적 분석의 사회정치적 배경과 1950년대와 1960년대에 걸친 경제적 분석의 사회정치적 배경이 서로 크게 대조적이었음을 떠올리기 바란다. 뒤에서 우리는 1950~1960년대에 존재했던 의식과 문제들을 좀더 완벽하게 반영하는 모형을 추구하는 과정에서 취해진 여러 이론적 형태들에 대해서 살펴볼 것이다. 앞에서도 말한 바 있듯이, 역사에 기초를 둔 설명은 모두 본질적으로 논란의 여지를 가지고 있다. 그럼에도 불구하고 우리의 연구가 목표로 하는 좀더 큰 이슈를 해명하기 위해서는 '고전적 상황'이 전면에 포진시키는 사람들의 인식과 선입견을 형성하는 데 역사적 배경이 막대한 영향을 끼친다는 사실을 고려하지 않을 수 없다.

05 내부로의 방향전환

거시경제학의 새로운 방향들 – 성공인가 실패인가?

케인즈주의는 세계대전 직후 20여 년간 거시경제학에서 합의의 중심을 이룬 채 거의 아무에게도 도전받지 않았다. 하지만 1960년대 말에는 거의 모든 경제학자들에게 혹평을 받는 학설이 돼버렸다. 그레고리 맨큐(Gregory Mankiw)는 케인즈주의의 추락이 갖는 흥미로운 측면 하나에 주목했다. 그가 주목한 흥미로운 측면이란, 케인즈주의 학설이 당한 '조롱'이라 해도 과언이 아닌 무시는 거의 전적으로 이론지향적인 학계 일부에 국한된 태도였다는 사실이다.[100] 공공집단이건 민간집단이건 일단 정책지향적이었던 집단에서는 본질적으로 케인즈주의가 타당하고 유용하다는 점을 대부분 아무런 의심 없이 받아들이고 있었다. 왜냐하면

---

[100] 그레고리 맨큐, 〈거시경제학 기억을 새롭게 하기 위한 속성 과정(A Quick Refresher Course in Macroeconomics)〉《Journal of Economic Literature, 1990년 12월), 1658쪽.

새로이 케인즈주의에 가해지는 비판들은 경제문제의 속성을 명확히 밝혀주는 모형들로 전환될 수도, 케인즈주의 거시경제학의 원형보다 현실을 더 잘 설명하는 모형들로 전환될 수도 없었기 때문이다.

맨큐는 이런 차이가 문제에 대한 해답을 주는 것 이상으로 더 많은 문제를 야기한다는 점을 분명히 하고 있다. 그가 지적한 대로 500여 년 전에는 프톨레마이오스 체계에 따라 배를 모는 항해자가 아직 제대로 이해되지 못한 코페르니쿠스 체계에 따라 배를 모는 항해자보다 항로를 더 잘 잡을 수 있었다. 이 말은 새로운 모형들이 이룬 빈약한 작동상의 성과, 즉 여전히 케인즈주의를 실천하고 있던 사람들이 빈약하다고 지적한 그 성과가 단지 코페르니쿠스 혁명의 초기 단계를 반영하고 있을 뿐이었을 가능성을 제기한다. 즉 그것은 반(反)케인즈주의 모형들이 전혀 실용성이 없기 때문에 틀림없이 잘못된 이론적 토대 위에 서 있을 것이라고 결론내리는 것은 성급하다는 경고였다.

그러나 맨큐는 개관의 결론부에서 다른 가능성을 이야기한다. "코페르니쿠스는 기존의 지배적인 패러다임에서 무엇이 잘못되었는가에 대한 비전뿐만 아니라 새로운 패러다임이 어떠한 모습일 것인가에 대한 비전도 갖고 있었다. 지난 10여 년간 거시경제학자들은 이 과정의 첫 번째 단계에 머물러 있었다. 두 번째 단계로 어떻게 나아갈 것인가에 대해서는 아직도 의견이 분분하다."[101]

이 비교는 우리가 이 장과 다음 장에서 수행할 임무의 배경을 매우 잘 정리해준다. 우리는 앞에서 케인즈주의 사고 자체를 검토했던 방식대로 지금 눈앞에

---

[101] 위의 논문.

놓여있는 분석상의 문제들에 대해서도 간략한 개관으로써 논의를 시작하고자 한다. 그러나 역시 앞에서와 마찬가지로 이 간략한 개관은 주된 임무를 수행하기 위한 서곡에 불과하다. 우리의 주된 임무는 분석적 비판의 토대가 되는 분석 이전의 개념적 기초, 즉 비전을 탐구하는 것이다. 그런데 이 임무를 다 하려면 여기서 탐구를 멈춰서는 안 된다. 맨큐가 예리하게 제기한 질문에 답하기 위해서 우리는 탐구를 더 진전시켜 케인즈주의 학설에 대한 공격이 왜 그것을 대체하기에 충분히 강력한 새로운 패러다임을 창출하는 데 실패했는가를 설명해야만 한다.

통화주의의 부상과 실패

케인즈주의 고전적 상황을 개관한 앞부분에서 우리는 네 가지 주요 비판들에 대해 설명했다. 그중 세 가지는 화폐적 영향보다 '실물적' 영향에 명확히 우선권을 주는 이론틀 안에 인플레이션과 관련된 문제들을 수용하는 데서 발생하는 난점들과 연결돼 있다. 실제로 1950년대와 1960년대에 전형적으로 제시되던 케인즈주의에서는 화폐를 통해 구동되는 행위에 단 하나의 결정적 역할만을 주었다. 그 역할은 어떤 유동성 조건이건 현존하는 조건에 의해 결정되는 이자율 수준 이하로 실제 이자율이 하락한 상태에서는 화폐가 무기력해지는 영역을 만들어내는 것이었다.

이러한 문제점들 가운데 다수는 IS/LM 모형이라는 일반적 지형 속에 기대가 고려된 필립스 곡선과 '자연' 실업률을 도입하게 되면 대부분 치유할 수 있었다. 다시 말하면 케인즈주의적인 '거시체계'의 틀을 통화주의 학파의 특정한 관심으로부터 분리하는, 뛰어넘을 수 없는 간극은 존재하지 않았다. 이런 상황의 특징을 로버트 고든은 "동의 없는 수렴의 역설(the paradox of convergence without agreement)"이라고 표현했다.[102] 즉 논쟁의 양 당사자를 두 곡선의 기울기가 서로 다른 경우로 종합할 가능성이 존재한다는 것이다. 이것은 통화주의와 케인즈주의의 차이가 대체로 실증적인 성격의 것이지 개념적인 성격의 것이 아니라는 프리드먼과 토빈의 견해에 의해 확인된다.[103]

통화주의의 비판을 더 살펴볼 필요는 없다. 그보다는 통화주의와 케인즈주의가 거의 양립 가능하다는 사실이 우리의 중심 관심에 더 근접한 문제를 불러일으킨다는 데에 주목하자. 왜 통화주의는 자연스럽게 케인즈주의의 후계자가 되지 않았을까? 왜 통화주의는 케인즈주의 경제학이 이론과 정책에서 1960년대 말까지 차지하고 있던 조직화의 중심 역할을 하지 못했을까?

이 질문에 대한 대답은 여러 가지로 할 수 있다. 첫 번째 대답은, 한편으로 통화공급, 그중에서도 M1과 다른 한편으로 물가, 소득, 실업의 수준 사이에서 발견되는 실증적 관계가 1970년대 접어들면서 점점 더 신뢰할 수 없게 되었다는 것이다. 1970년대에 시작된 통화량, 물가, 소득 간 경험적 관계의 붕괴는 1981~1982년에 절정을 이루었다. 통화수요는 실제보다 매우 높게 추정되었다. 이는 통화주의의 전달경로가 틀렸음을 증명하는 것이었으며, 결국 1982년의 '볼커 위기'로 귀

---

102 로버트 고든(Robert Gordon), 〈논평(Comments)〉, 제롬 스타인(Jerome Stein) 편집, 《통화주의(*Monetarism*)》(Amsterdam: North Holland, 1976)에 수록, 53쪽.
103 제임스 토빈(James Tobin), 〈프리드먼의 이론틀(Friedman's Theoretical Framework)〉, 로버트 고든 편집, 《밀턴 프리드먼의 화폐적 이론틀: 그 비판자들과의 논쟁(*Milton Friedman's Monetary Framework: A Debate With His Critics*)》(Chicago: University of Chicago Press, 1974)에 수록. 또 이 책에 같이 수록되어 있는 프리드먼의 〈비판자들에 대한 논평(Comments on the Critics)〉을 보라.

결되었다.[104] 이런 부정적 증명만으로도 통화주의 모형이 이론과 정책의 중심 준거로 사용될 가능성은 결정적으로 낮아졌다.[105] 그러나 이 밖에 다른 이유들도 있었다. 그중 하나는 케인즈주의적 견해와 통화주의적 견해가 양립될 수 있다고 했던 프리드먼의 진술들이 시간이 지나면서 점차 변질되었다는 것이다. 토빈이 1965년에 지적했듯이, "화폐가 중요하다"는 프리드먼의 초기 전제는, 어쩌면 그를 비방하는 사람들이 가장 큰 소리로 이야기했을지 모르지만, 점차 "오직 화폐만이 중요하다"는 표현으로 바뀌어갔다. 1968년에 프리드먼이 미국경제학회(American Economic Association) 회장으로서 한 연설은 더 큰 혼란을 불러일으켰다. 그 연설에서 프리드먼은, 불변의 고정된 수준에서 미리 공고되는 통화량의 목표 증가율이야말로 경제상태와 무관하게 물가안정을 달성하는 데 필요한 중심적인, 실제로는 유일한 거시정책이라고 주장했다.[106] 이런 주장은 경제가 "스스로 알아서" 최적으로 작동하며 예외적으로 정부가 불가피하게 해야 하는 역할은 본원통화를 공급하는 것뿐이라는 비전에 강력한 토대를 두고 있었다. 마찬가지로 통화주의에 대한 케인즈주의의 반대도 나름의 비전, 즉 경제는 성장과 안정을

---

[104] [역주] 폴 볼커(Paul Volker)는 1979년 8월부터 1987년 8월까지 지미 카터 정부와 로널드 레이건 정부에 걸쳐 미국 연방준비제도이사회 의장을 지냈다. 그는 급격한 금리인상을 통한 긴축 통화정책으로 미국의 인플레이션율을 1980년 9%에서 1983년 3.2%로 하락시켰다. 그러나 같은 기간에 미국의 경제성장률은 하락했고, 실업률은 2차대전 이후 최고 수준으로 치솟았다.

[105] 토머스 메이어(Thomas Mayer), 《통화주의와 거시정책(Monetarism and Macroeconomic Policy)》(Aldershot: Edward Elgar, 1990), 770~773쪽.

[106] 제임스 토빈(James Tobin), 〈통화주의적 역사 해석(The Monetarist Interpretation of History)〉(American Economic Review, 제55권, 1965년), 464~485쪽. 밀턴 프리드먼(Milton Friedman), 〈통화정책의 역할(The Role of Monetary Policy)〉(American Economic Review, 제58권, 1호, 1968년 3월), 1~17쪽. 프리드먼은 1968년보다 훨씬 이전에 이런 통화규칙을 제안했지만, 이 제안이 널리 관심을 끈 것은 미국경제학회 회장으로서 그가 한 연설을 통해서였다.

보장받기 위해 정부의 개입을 필요로 한다는 비전에 그 뿌리를 두고 있었다.

세 번째 문제는 통화주의 이론이 합리적 선택이라는 미시이론적 기초를 결여하고 있다는 것이었다. 1970년대와 1980년대에 경제학은 점차로 더 합리적 선택의 접근방식과 동일시되었고, 이에 따라 통화주의는 점차 인기를 잃게 되었다. 특히 젊은 경제학자들에게는 더욱 그랬다. 처음부터 통화주의는 대강의 경험적 규칙성을 발견하는 데 관심이 있었다. 이것은 밀턴 프리드먼의 이정표적인 글 《실증경제학에 관한 시론(Essays on Positive Economics)》을 통해 유명해지고, 그의 저서 《미국통화사(Monetary History of the United States)》에서 예시된 방법론이었다.[107] 재미있는 것은, IS/LM의 영역에서 케인즈주의와 전투를 벌이고자 했던 통화주의의 초기 의도가 후에 그들이 그 이론틀을 폐기했을 때 통화주의의 대의(大義)에 해를 가하게 되었다는 것이다.

통화주의가 주장하던 헤게모니적인 위치는 이 밖에도 여러 다른 분석상의 문제들로 인해 더 약화되었을지도 모른다. 그러나 우리가 보는 네 번째 문제가 결정적인 것이었던 것 같다. 분석상의 난점들은 고전적 상황이 극복할 수 없는 문제를 만들지 않는다. 이 점은 마셜과 케인즈의 경우는 물론 스미스와 밀에게도 존재하던 비일관성과 결함에 대해 잠깐만이라도 생각해보면 금세 알 수 있다. 궁

---

[107] 밀턴 프리드먼(Milton Friedman), 《실증 경제학에 관한 시론(Essays on Positive Economics)》(Chicago: University of Chicago Press, 1953). 밀턴 프리드먼과 안나 슈워츠(Anna Schwartz), 《미국통화사: 1867~1960(A Monetary Theory of the United States, 1867~1960)》(Princeton: Princeton University Press, 1963). 이 접근방식은 옛 시카고학파 신고전파 경제학을 반영한 듯이 보인다. 시카고학파 경제학은 많은 케인즈주의자들이 보기에 너무 적은 형식만을 요구했다. 팰리는 이론적 통화주의와 실증적 통화주의를 구분해야 한다고 주장한다. 토머스 팰리(Thomas Palley), 〈통화주의 역혁명: 재평가(The Monetarist Counter-revolution: A Reappraisal)〉(Eastern Economic Journal, 1993 여름)를 보라.

극적으로 결정적인 중요성을 갖는 것은 합의된 모형이 당대의 사회정치적 가치와 역사적 전망을 구현하는 능력인 것 같다. 바로 여기에 케인즈주의적인 상황과 통화주의적인 상황의 놀라운 차이가 있다. 이미 여러 번 말했듯이 케인즈주의 학설에 따르면, 잠재적으로 항상 존재하다가 가끔씩 명시적으로 발현되는 불안정성이 경제적 상황의 특징이며, 이런 불안정성을 치유하는 유일한 방법은 강력한 정부의 개입뿐이다. 이런 생각은 케인즈주의 학설이 모습을 갖추고 경제정책의 지도원리가 되었던 시대의 사조에 매우 근접한다. 그러나 이와 똑같은 이유에서, 통화주의가 새로운 고전적 상황을 창출해내지 못했다고 해서 통화주의가 이룬 성공을 보지 못해서는 안 될 것이다. 화폐수량설이 지닌 직관적인 설득력 덕분에 통화주의는 정책입안자들에게 곧 광범위한 인기를 얻었다. 1970년대 이후에는 거시경제학 이론의 대부분이 통화주의 쪽으로 매우 편향되어 있었다. 심지어는 1980년대와 1990년대의 '새케인즈파(New Keyensian)' 이론마저 이런 편향을 보였다.

    대중의 관심이 고용과 소득에 대한 우려에서 인플레이션에 대한 걱정으로 옮겨가자 케인즈주의는 비틀거렸다. 인플레이션에 대해 케인즈주의는 '역재정주의(fiscalism in reverse)', 즉 재정긴축의 처방만 제공했다. 그런데 이 처방은 인플레이션이라는 큰 파도에 대항해서 아무런 효험도 발휘하지 못했다. 그 결과 케인즈주의는 이론상의 위상과 정책상의 위상 모두에서 위축되었다. 이렇게 케인즈주의가 실패함에 따라 장기적인 통화 '규칙'에 대한 통화주의의 신념은 점점 더 인기를 얻어갔다. 경제계는 미래예측과 관련해 통화주의가 지닌 가치를 보고 통화주의를 덥석 끌어안았다. 갑자기 통화공급과 관련된 수치가 중요한 모든 것이 되어버렸다. 나중에는 정치가들도 합류했다. 미국, 영국, 독일, 이스라엘, 칠레를 포함한 여러 국가 지도자들이 단순한 형태의 통화주의를 표방하고 실천에 옮겼다. 이런 상황을 마이클 블리니(Michael Bleaney)는 다음과 같이 그렸다.

"통화공급에 대한 통제는 공공부문에서 금융긴축의 새로운 시대는 물론 공공부문의 활동에 대해 전적으로 다른 태도를 약속하는 듯이 보였다. 공황과 전쟁을 겪으면서, 그리고 케인즈주의 혁명이라는 지적 여파를 겪으면서, 오랜 기간에 걸쳐 공공부문의 지출과 정부의 개입은 괄목할 만큼 확대되고 광범위한 후생국가가 발전되었다. 그러나 1960년대 말에 이르자 치솟은 조세부담이 사람들의 호주머니를 크게 축냈고, 여러 가지 정부지출에 따르는 비용과 그 정당성에 대한 의심이 일어나고, 그런 지출에 반대하는 움직임이 나타났다. 우파 정치인들에게 통화주의는 조세와 공공부문에서의 방만함에 대한 대중의 불만과 조세가 '국민을 등치는 사람들'에 의해 잘못 사용되고 있다는 의심을 다른 커다란 우려의 원천인 인플레이션과 연결시키는 통로가 되었다. 이리하여 경제학계 안에서 통화주의와 관련된 논쟁이 기술적이고 복잡한 성격을 갖고 있었음에도 불구하고, 경제학계를 넘어서는 넓은 세상에서 통화주의는 세계대전 이후 나타난 케인즈주의적 혹은 사민주의적(social democratic) 합의, 즉 국민의 삶을 개선하기 위해 국가를 어떻게 이용할 수 있는가에 대한 낙관을 특징으로 하는 합의에 가해지는 우파적 비판의 주요 요소가 되었다."[108]

---

[108] 마이클 블리니, 《케인즈주의 경제학의 흥망(The Rise and Fall of Keynesian Economics)》, 141쪽.

이 모두가 기이한 결말로 이어진다. 통화주의 학설은 그 당시 나타난 보수적 사회정치관과 합치했고, 따라서 기존의 지배적 경제이론이 무너져 공석이 된 왕좌에 통화주의가 굳건히 들어앉을 수도 있었다. 한 가지 일만 일어나지 않았다면 분명 그렇게 됐으리라. 통화주의에 비해 분석상 덜 취약하고 이데올로기상 당시의 보수적 분위기에 더 합치하는 다른 경쟁학설이 경제적 사고의 왕좌를 빼앗아 갔던 것이다. 그것은 합리적 기대 공리였다. 맨큐에 따르면, 합리적 기대 공리의 등장은 "어쩌면 지난 20여 년간 거시경제학에서 발생한 변화들 가운데 가장 커다란 변화"였다.[109]

합리적 기대

프리드먼의 통화주의 모형에서 기대는 '적응적(adaptive)'이었다. 다시 말해 미래에 대한 기대는 과거의 기대를 미래로 외삽(外揷)시켜 형성되었다. 그런데 이와 달리 합리적 기대는 미래에 대해 현재 형성된 추정치에 전적으로 근거한다. 이런 개념이 경제학자들에게 점점 더 넓게 수용됨에 따라, 합리적 기대는 점점 더 단지 하나의 학파로서가 아니라 기대 형성의 문제에 최적화 분석을 적용하는 기법으로 여겨지기에 이르렀다.

시장행위가 현재 형성된 기대에 의존하는 한 합리적 기대 공리는 불가피하게 동어반복적 성질을 갖는다. 즉 기대에 근거한 시장행위자의 행동이 실제로 나

---

[109] 맨큐, 〈거시경제학 기억을 새롭게 하기 위한 속성 과정〉, 1648쪽.

타난 행동이 아니라면 시장의 움직임은 발생하지 않았을 것이다.[110] 이런 동어반복적 요소는 케이건, 컬랜더와 거스리, 그리고 토빈을 비롯한 많은 비판자들에 의해 인식되었다. 이들은 이런 동어반복적 요소를 합리적 기대 가설에 대한 공격의 중심 토대로 삼았다.[111] 그러나 이런 비판은 합당하긴 하더라도 요점을 벗어난 것일 수 있다. 맨큐는 합리적 기대 가설의 영향을 논하면서 이 가설을 그 자체만으로 보면 효용극대화의 가설과 비교해 그 경험적 내용이 더하지도 덜하지도 않다고 말한다.[112] 다음과 같은 용어를 직접 사용하지는 않지만, 맨큐의 설명에 의하면 합리적 기대 공리는 일종의 '발견적 교육의 도구'가 된다. 이 도구의 유용성을 판단하는 기준은 그것이 열어주는 경제적 모형화의 가능성이 아니라 그것이 가능하게 해주는 현실에 대한 이해다.

따라서 경제주체들이 가장 현명한 경제학자만큼이나 길게 내다보고 정확하게 경제동학을 추정한다는 생각(보통 이런 말 다음에는 '가장 현명한' 경제학자의 예측이 갖는 신뢰도에 대한 신랄한 비판이 따른다)에 합리적 기대 공리가 근거를 둔다는 이유로 이 공리를 낮춰 보는 것은 잘못된 일이다. 이런 반응은 요점을 벗어난 것이다. 이런 식의 반응은 동어반복적이라는 이유로 효용극대화 공리

---

110 제임스 위블(James R. Wible), 〈합리적 기대의 동어반복성(The Rational Expectations Tautologies)〉(*Journal of Post Keynesian Economics*, 제5권, 2호, 1982~1983년 겨울), 200쪽.
111 필립 케이건(Phillip Cagan), 〈합리적 기대에 대한 생각들(Reflections on Rational Expectations)〉(*Journal of Money, Credit and Banking*, 제12호, 제2부, 1980년), 827쪽. 데이비드 컬랜더와 로버트 거스리(David Colander and R. Guthrie), 〈위대한 기대: '합리적 기대'란 도대체 무슨 의미인가?(Great Expectations: What the Dickens Do 'Rational Expectations' Mean?)〉(*Journal of Post Keynesian Economics*, 제2권, 2호, 1980~1981년 겨울), 228쪽. 제임스 토빈(James Tobin), 〈케인즈는 얼마나 죽어있는가?(How Dead Is Keynes)〉(*Economic Inquiry*, 제15권, 4호, 1977년 10월), 466쪽.
112 맨큐, 〈거시경제학 기억을 새롭게 하기 위한 속성 과정〉, 1648, 1649쪽.

를 비웃는 것이 그 공리의 존재 목적에서 빗나가는 것과 똑같다.[113] 효용극대화 공리가 존재하는 목적은, 그 공리를 통하지 않고서는 볼 수 없을 경제적 사건들의 논리를 우리가 지각할 수 있게 해주는 것이다. 방금 말한 경제적 사건들의 논리란 체계적인 추론을 통해 경제적 동학의 결과를 사전적으로 상상하게 해주는 논리, 혹은 적어도 그 결과를 사후적으로 재구성하게 해주는 논리를 말한다. '효용극대화' 개념이 없다면 시장체계의 작동을 얼마나 이해할 수 있을 것인가 하는 질문을 던져보면, 여기서 우리가 말하고자 하는 바를 더 명확하게 알 수 있을 것이다. 이와 마찬가지로 합리적 기대도 케인즈주의적 패러다임에 대한 공격이라는 평가를 받을 수 있기 위해서는 먼저 그것이 시장체계의 작동에 관한 이해를 가능하게 하는 것이어야 한다.

우리가 이런 내용으로 이 절을 시작하는 이유는 합리적 기대를 무조건 감싸고 싶어서가 아니다. 이와 반대로 우리는 모든 발견적 교육 도구의 본질을 좀더 조심스럽게 살펴보기 위한 토대를 마련하고자 한다. 발견적 교육 도구는 있는 그대로 현실에 존재하는 '혼돈', 개념화되기 이전의 자연에 대한 윌리엄 제임스(William James)[114]의 유명한 표현을 빌리면 "벌들이 윙윙거리는 듯한, 활짝 꽃이 핀 듯한 혼란"에 관한 이해를 가능하게 하는 것을 말한다. 우리는 어떤 필요불가결한 목적들이 사회적 실재의 '구성(constructing)'을 통해 달성된다는 점에 독자

---

[113] 사실 현시선호이론을 통해 효용 그 자체는 소비자 선택의 분석에서 중심적인 위치를 벗어나게 되었다. 하우새커(H. S. Houthaker), 〈현시선호와 효용함수(Revealed Preference and the Utility Function)〉 (*Economica*, 제17권, 1950년 5월), 159~174쪽.
[114] [역주] 1842~1910, 미국의 심리학자, 철학자. 당시 처음으로 발달하기 시작한 심리학에 많은 공헌을 했으며, 찰스 퍼스(Charles Sanders Peirce) 및 존 듀이(John Dewey) 등과 함께 실용주의(pragmatism) 철학을 확립했다.

들이 관심을 가져주기를 바란다. 이뿐 아니라, 그렇게 질서를 부여함으로써 얻어지는 처음 단계의 유용성에는 항상 의도되지 않은 결과들이 따라붙는다는 점에 대해서도 독자들의 경각심을 불러일으키고자 한다. 이러한 부수효과는 여러 모습을 가질 수 있는데, 그중 어떤 것들은 세계에 구조화된 의미를 투영하고자 하는 사람들이(여기에는 우리도 포함된다고 한 치의 망설임 없이 말할 수 있다) 어쩌면 잠재의식적으로 의도할지도 모를 것이고, 또 어떤 것들은 간과되거나 전혀 언급되지도 않는 것들이다. 물리적 '세계'와 사회적 '세계' 모두 이렇게 하여 그 모습과 더불어 의미를 획득한다. 이때의 의미는 실재를 사회적으로 재구성함에 따르는 부당한 측면이 아니라 세계를 심리적으로는 물론 도덕적으로도 거주할 만한 장소로 만들기 위해 반드시 필요한, 아니 더 나아가 그러기 위한 권리로 주장되어야 할 것이다.[115]

우리 이야기의 현재 단계에서 이런 문제들은 이제 그 전략적 역할을 하기 시작한다. 비전과 관련된 이런 문제들 중 하나가 합리적 기대 가설의 결과라는 것이 즉시 자명해진다. 그것은 이 가설의 동어반복적 특성 때문에 불가분하게 함축되는 것으로서, 정책은 자동적인 시장행위의 경로를 바꿀 수 없다는 결론이었다. 합리적 기대의 중심 전제는 시장참여자들이 자신이 갖고 있는 완벽한 정보에 기초하여 시장에서 행동한다는 것이다. 시장 상황이 그 모든 복잡성과 더불어 완전하게 알려질 가능성은 전혀 없다. 그러나 자신의 '합리적' 본질에 충실한 시장참여자들은 앞으로 가장 가능성 높게 발생할 일들의 형태라고 예측되는 것들을 구

---

[115] 로버트 하일브로너(Robert Heilbroner), 〈결국 슘페터가 옳았던 것인가?(Was Schumpeter Right After All?)〉 《Journal of Economic Perspectives》, 제7권, 3호, 1993년 여름), 92~95쪽을 보라.

성한다. 그렇다고 해서 모든 개개의 경제주체들이 시장의 결과를 정확하게 예측하고, 그렇기 때문에 전혀 손해를 보지 않는다는 명제를 함축하지는 않는다. 그러나 행위자들의 기대를 전체로 볼 때 시장의 결과가 정확하게 예측된다는 명제가 함축되어 있다. 왜냐하면 그런 기대들은 행위로 옮겨짐으로써 실제로 시장이 어떻게 움직일 것인가를 결정하기 때문이다.[116]

여기서 두 가지 결론이 도출된다. 두 가지 결론 모두 중요한 결과를 가져온다. 첫 번째 결론은 아주 운이 좋은 경우를 제외하고는 시장을 '이길' '대표적' 개인은 없다는 것이다. 이것은 주식시장 분석에 널리 적용되는 결론이다.[117] 두 번째 결론은 훨씬 더 큰 결과적 의미를 갖는다. 그것은 비시장(nonmarket) 관찰자 가운데 시장을 이길 개체는 없다는 것이다. 왜냐하면 그런 행위자가 대표적 경제주체보다 훨씬 더 넓고 멀리 예측할 수 있으리라고 믿을 이유가 전혀 없기 때문이다. 이 비시장 관찰자를 정부라고 하자. 그러면 정부는 시장이 움직이는 경로를 예측할 수도 그것에 영향을 끼칠 수도 없는 경제주체가 된다. 이 장의 뒷부분에서 우리가 다룰 새케인즈파에 의하면, 임금이 '경직적'일 때는 정부의 정책이 합리적 기대가 존재함에도 불구하고 시장의 결과에 영향을 끼칠 수 있다. 그러나 이 경우에는 대부분의 합리적 기대 모형을 특색 짓는 분석 이전의 경제관을 변화시키는 제도적 고려가 도입되고 있다. 노동조합이나 장기 고용계약, 혹은

---

116 스티븐 셰프린(Steven Sheffrin), 《합리적 기대(Rational Expectations)》(Cambridge University Press, 1983), 9쪽을 보라. 또 쉴라 다우(Sheila Dow), 《거시경제학 사상: 방법론적 접근(Macroeconomic Thought: A Methodological Approach)》(Oxford: Basil Blackwell, 1985), 149~151쪽을 보라.
117 예를 들어, 샌퍼드 그로스먼(Sanford Grossman), 〈거래자가 다양한 정보를 갖고 있는 경쟁적 주식시장의 효율성에 관하여(On the Efficiency of Competitive Stock Markets Where Traders Have Diverse Information)〉(Journal of Finance, 제31권, 1976년), 573~585쪽을 보라.

다른 종류의 '시장 불완전성'이 없다면 임금이 경직적이지 않을 것으로 보는 것이 그런 제도적 고려의 예에 해당한다.[118]

합리적 기대 논리의 이런 결론은 매우 중요한 결과를 가져온다. 그 하나는 소위 정책 비실효성 명제(Policy Ineffectiveness Proposition)다. 이에 따르면 재정 정책이건 통화정책이건 만일 예측된다면 그 어느 것도 장기적인 실물 효과를 전혀 가져오지 않는다.[119] 예를 들어 장기적인 확대 재정정책은 미래에 필연적으로 증가하는 조세부담에 대처하기 위하여 저축을 증가시키는 합리적 대응에 의해 그 효과가 상쇄된다.[120]

합리적 기대 가설이 지닌 동어반복적 특성이 처음에 비판받았던 것과 마찬가지로 정책 비실효성 명제 역시 결정적인 오류를 내포하고 있는 명제라는, 혹은 단순히 수용할 수 없는 '견해'라는 비판을 받을 수 있을 것이다. 첫 번째 해석, 즉

---

[118] 스탠리 피셔(Stanley Fisher), 〈장기 고용계약, 합리적 기대, 그리고 최적 통화공급 규칙(Long-Term Contracts, Rational Expectations, and the Optimal Money Supply Rule)〉(*Journal of Political Economy*, 제85권, 1호, 1977년 2월), 191~205쪽을 보라.

[119] 로버트 루커스(Robert Lucas), 〈산출량-인플레이션 상충관계에 관한 국제적 증거(Some International Evidence on Output-Inflation Trade-offs)〉(*American Economic Review*, 63권, 1973년 6월), 326~334쪽. 토머스 사전트(Thomas Sargent)와 닐 월리스(Neil Wallace), 〈합리적 기대, 최적 통화정책수단, 그리고 최적 통화공급 규칙(Rational Expectations, the Optimal Monetary Instrument and the Optimal Money Supply Rule)〉(*Journal of Political Economy*, 제83권, 1975년 4월), 241~255쪽. 이 명제는 합리적 기대 가설에서 엄격하게 도출되지 않는다. 이 명제가 균형 접근법 안에 합리적 기대 가설을 적용하면서 발견됐다. 베넷 매컬럼(Bennet McCallum), 〈정책 비실효성 명제의 현재 상태(The Current State of the Policy Ineffectiveness Proposition)〉(*American Economic Review*, 제69권, 1979년 5월), 240~245쪽을 보라.

[120] 두 번째 결론은 '루커스 비판(Lucas Critique)'이다. 이에 따르면 정책 변경의 효과는 평가될 수 없다. 그 이유는 정책수단 그 자체가 평가의 패러미터들을 변화시키기 때문이다. 이 비판은 대부분의 거시적 예측이 기초하고 있는 대규모 케인즈주의적 계량모형들을 심판대에 올려놓는다. 로버트 루커스(Robert Lucas), 〈경제정책 평가에 대한 비판(Economic Policy Evaluation: A Critique)〉, 칼 브러너(Karl Brunner)와 앨런 멜처(Allan Meltzer) 편집, 〈필립스 곡선과 노동시장(The Philips Curve and Labor Markets)〉(*Journal of Monetary Economics*, 제1권, 1976년 4월)의 부록, 9~46쪽을 보라.

정책 비실효성 명제가 결정적 오류라는 해석은 매우 잘 훈련된 계량경제학자나 갖고 있을 법한 분석적 기술이나 실증적 정보를 시장행위자가 갖고 있는 모습의 경제상에 의문을 제기한다.

그러나 우리가 보기에 이보다 훨씬 더 통찰력 있는 비판이 있다. 그 비판은 스스로 방향을 설정하는 시장의 본질이 합리적 기대 가설을 발견적 교육 도구로 사용해서 설명하려는 좀더 큰 세계에 대한 은유라는 생각에 초점을 맞춘다. 여기서 좀더 큰 세계는 두 가지 관점에서 볼 수 있다. 그중 하나의 관점은 자본주의를 하나의 사회질서로서 관찰하는 것이다. 이렇게 관찰하면 자본주의를 봉건주의나 고대의 수렵채집 사회 혹은 모든 종류의 사회주의와 같은 다른 사회질서와 구분시켜 주는 특정한 사회제도들(이에는 시장이 포함된다)이 전면에 부각된다. 이런 관점은 바로 우리가 이 책의 마지막 장에서 상세히 다루게 될 접근법이다.

두 번째 관점은 발견적 교육 도구를 시장에 대한 비사회적 표현으로 보는 것에 초점을 맞춘다. 그러면 시장은 생기 없는 사건들의 연속과 비슷해진다. 여기서 사건들의 구성단위(여기에는 정부가 포함된다)는 의지나 영향력을 강탈당하며, 바로 이런 이유로 인해 외부적인 원인에 의해 발생한 사건을 제외하고는 완전한 예측이 가능해진다. 따라서 인간행위는 연소(燃燒), 인장력(引張力), 소음과 같은 물리적 세계의 다른 현상들과 동일한 수준으로 하락, 아니 상승한다.

이런 접근법이 과연 유용할까? 동어반복적 특성과 마찬가지로 이 주장을 경험적으로 반박할 수 없다. 그러나 좀더 깊은 수준에서 볼 때, 현실을 과학적으로 재구성한 것을 사회적 사건들에 적용하는 것은 잘 들어맞지 않는다. 그 주된 이유는, 목적과 의지라는 전적으로 인간적인 범주들은 특히 정부의 개념에 통합적으로 연결되어 있기 때문에 그것들을 사회적 분석에서 배제할 수 없다는 실존적 불가능성에 있다. 목적과 의지가 경제적 삶에서 아무런 결과도 가져오지 않는다는 선언은 결코 인정할 수 없다. 이는 원자나 우주 차원에서 분석을 할 때 목적과 의지를 배제하는 것과는 질적으로 다른 차원이다.

자연과학의 양식을 사회적 사건의 영역에 보편적으로 적용할 경우에는 이보다 감정적으로는 덜하지만 같은 정도로 강력한 장애물이 있다. 이것은 두 가지 탐구대상에 있어서의 시간 개념의 차이다. 논리적 과정과 대다수의 물리적 과정에서 시간은 에르고드적(ergodic)이다.[121] 즉 본질적인 의미를 갖지 않는다. 사회적 과정에서 시간은 역사적이다. 즉 본질적인 중요성을 갖는다. 힉스의 말대로 "경제학은 시간 안에 있다. 이것은 자연과학이 시간 안에 있지 않은 것과 같은 식

---

121 [역주] 에르고드적/에르고드성은 ergodic/ergodicity의 번역이다(한국물리학회 물리학 용어집 참조). 이 말은 열역학, 통계역학, 수학에서 사용되는 개념이다. 에르고딕 정리(ergodic theorem)는 어떤 한 체계의 동학 변수의 시간평균과 공간평균이 점근적으로 동일하다는 명제다. 시간평균은 한 주어진 기간 동안 체계의 동학 변수가 각 시점에서 실현되어 나타난 값의 평균이고, 공간평균은 주어진 한 시점에서 한 체계를 상상 속에서 다수로 복제한 후 각 체계에서 문제의 변수가 실현되어 나타날 값의 평균이다. 경제학에서 시간평균은 한 변수의 시계열(time series) 자료에 따른 평균에 상응하고, 공간평균은 한 변수의 횡단면(cross section) 자료에 따른 평균에 상응한다. 에르고딕 정리에 따르면, 주어진 기간이 무한대로 되었을 때의 시간평균과 복제된 체계의 개수가 무한대로 되었을 때의 공간평균이 동일하다. 이 정리는 다음과 같은 함축을 갖는다. 즉 에르고드적 체계에서는 과거의 자료에서 얻은 시간평균이나 공간평균에 근거하여 현재의 공간평균에 대한 믿을 만한 추정치를 구할 수 있고, 또 이들 중 하나에 근거하여 미래에 발생할 시간평균이나 공간평균에 대한 믿을 만한 추정치를 얻을 수 있다. 또 현재의 데이터에서 얻은 공간평균에 기초하여 미래의 공간평균이나 시간평균에 대한 믿을 만한 추정치를 구할 수 있다. 그러나 만일 주어진 체계가 비에르고드적(nonergodic)이면 이런 추정들은 가능하지 않다. 예측을 목적으로 하는 계량경제학은 경제가 에르고드적이라는 믿음에 기초해 있다고 할 수 있다. 그러나 케인즈의 불확실성 개념에 따르면 이런 예측은 불가능하다. 따라서 케인즈가 이해하고 있는 경제의 모습은 비에르고드적이다. 경제학의 입장에서 에르고드적/비에르고드적 체계를 논한 예로는 아래 각주 122에 인용된 폴 데이비드슨(Paul Davidson)의 논문과 그의 책 《포스트케인지언 거시경제학 이론(*Post Keynesian Macroeconomic Theory*)》(Aldershot, Edward Elgar, 1994), 89~93쪽을 보라.

이다. 모든 경제적 자료들에는 시간이 매겨져 있다. 따라서 귀납적 증거를 통해서는 그 자료가 언급하고 있는 시기에 성립하는 것처럼 보이는 관계를 확립하는 일 이상을 결코 이룰 수 없다." 이 문구를 인용하면서 폴 데이비드슨(Paul Davidson)은 다음과 같이 단언한다.

"잘 알려진 대로, 대부분의 대규모 계량경제 모형들은 예측에서 형편없는 성과를 이루었다. 이 결과는 거시경제학에 에르고드적(비역사적) 과정이 존재하지 않는다는 케인즈—섀클—힉스의 견해와 같다. 그럼에도 불구하고 많은 경제학자들이 경제 현상의 에르고드적 성격에 대한 신념에 매달려 있다. 비에르고드적(nonergodic) 세계가 결정적 선택행위와 불가분의 관계라는 걸 인정하면, 경제현상에 대한 연구가 자연과학의 불변적 법칙들과 같은 수준의 과학이 될 수 없기 때문이다."[122]

따라서 경제적 사건들을 합리적 기대의 관점에서 이해하는 것은 인간의 사건들에 대한 자연과학적 접근과 사회과학적 접근 사이의 간격을 좁힘으로써 힘을 얻는 동시에 약점을 갖는다. 합리적 기대 가설이 발전되던 시기에 사회정책의 영역을 축소하는 일은 당대의 사조에 잘 부합되었을 뿐 아니라, 경제학을 코페르니쿠스적 작업이라고 보는 본질적으로 겸손한 견해를 많은 사람들이 열성적으로 포용하는 이유가 되었을 것이다. 고급 학문 이론에서 합리적 기대 가설은 열성적

---

[122] 폴 데이비드슨, 〈합리적 기대: 의사결정 과정에서 결정적 의사결정을 연구하기 위한 잘못된 기초(Rational Expectations: A Fallacious Foundation for Studying Crucial Decisions in the Decision-Making Process)〉 (*Journal of Post Keynesian Economics*, 제5권, 2호, 1982~1983년), 193~194쪽.

으로 수용됐다. 반면 정부나 민간기업 혹은 브루킹스 연구소(Brookings Institute)[123] 같은 연구기관은 합리적 기대 가설을 거부하거나 그것에 무관심했다. 분명 사회정책의 영역 축소라는 당시의 사조는 이 두 반응 사이의 첨예한 간극을 설명하는 데 도움을 준다. 약간 깊은 곳에서 볼 때 합리적 기대는 독자적으로 케인즈주의 고전적 상황을 대체하는 데 실패했다. 그 이유는 합리적 기대가 잠재적으로 유용하지 않았기 때문이 아니다. 이유는 좀더 강력하다. 즉 합리적인 기대를 하나의 실존적인 은유로 용인할 수 없었기 때문이다.

새고전파 경제학과 실물경기변동 이론

케인즈주의 경제학에 대한 공격은 서로 구분되는 여러 단계를 통해 행해진 게 아니었다. 통화주의는 합리적 기대가 주요 이론가들의 관심을 끈 지 오랜 시간이 지난 뒤에도 열렬한 추종자들을 거느렸고, 아직도 그런 추종자들을 거느리고 있다. 이와 매우 비슷하게, 나머지 두 개의 주요 비판, 즉 새고전파 경제학과 새케인즈파 경제학의 정확한 발생시기도 알 수 없으며, 이들을 대안적인 패러다임을 찾기 위한 연쇄적인 단계들의 하나로 생각해서는 안 된다.

새고전파 경제학은 '균형 거시경제학 접근법'으로 불려 왔다.[124] 이 호칭이

---

[123] [역주] 많은 재산을 사회에 환원한 미국의 사업가 로버트 소머스 브루킹스(Robert Somers Brookings, 1850~1932)에 의해 1916년에 워싱턴 D. C.에 설립된 연구소로서, 미국에서 가장 오래된 전략연구소(think tank)다. 경제 연구, 대외정책 연구, 정부 연구, 그리고 대도시정책 연구의 4개 정책연구 프로그램으로 이루어져 있는데, '중도주의적' 혹은 '자유주의적' 입장을 취하는 것으로 알려져 있다. 닉슨 대통령은 정부의 대내외 정책을 비판하던 브루킹스 연구소를 그의 유명한 공적(公賊) 리스트에 올려놓기도 했다.

말해주듯 새고전파 경제학의 주창자들은 합리적 기대 가설을 받아들여, 모든 시장이 효율적이라고 가정한다. '고전파' 라는 명칭은 경제 전반에 걸쳐 시장이 즉각적으로 청산된다는 가정에서 나왔다. 이 접근법은 개별 경제주체의 목적함수를 수학적으로 명시하는 일부터 시작한다. 그리고 그 목적함수는 모든 개인이나 기업을 '대표' 한다고 여겨진다. 그런 후 거시경제적 결과는 그런 경제주체들 모두의 결과를 총합한 것으로 생각된다.

그레고리 맨큐는 "새고전파 혁명의 목표는 선호와 기술상태라는 미시경제의 본원적 자료에서부터 시작하는 거시경제학을 재정립하는 것이었다"고 말한다.[125] 따라서 새고전파 혁명은 발라스적 체계의 분석틀로 되돌아가려는 노력이었다. 이 분석틀에서는 경직적 임금 같은 제도적 장애를 허용할 필요나 적응적 기대에 의해 도입될 수 있는 종류의 교란을 명시적으로 배제함으로써 일반균형의 성립을 보장한다. 새고전파 경제학의 적극적인 목표는 주어진 선호와 기술상태라는, 수학적으로 엄밀한 미시적 기초 속에 거시경제학의 뿌리를 내리는 것이었다. 이것은 1940년대에 새뮤얼슨과 그 외 다른 경제학자들이 시작한 연구 프로그램으로 되돌아가는 것이었다. 새고전파 경제학자들은 오직 '자연적' 인 상황들(맨큐가 말한 '본원적 자료들')만을 사용하여 정책변화에 영향 받지 않는, 즉 루커스 비판을 넘어서는 구조를 가진 모형을 구축하려고 했다.

새고전파 이론의 주요 공헌은 경기변동을 경제분석의 초점으로 재도입한

---

124 베넷 매컬럼(Bennet McCallum), 〈새고전파 거시경제학: 공감적인 해석(New Classical Macroeconomics: A Sympathetic Account)〉(*Scandinavian Journal of Economics*, 제91권, 2호, 1989년), 223쪽.
125 그레고리 맨큐, 〈거시경제학 기억을 새롭게 하기 위한 속성과정〉, 1652쪽.

데 있다. 이것은 장기 성장경로에 관한 19세기 고전파 분석과는 동떨어진 것이다. 그러나 합리적 기대가 적용되던 초기에 배제되었던 고용률과 생산율의 변화를 재도입하고 있다.

시장이 즉각적으로 청산된다는 가정에 직면하여 새고전파 이론은 기술변화율이 임의적으로 대규모 변동을 한다는 결정적 가정을 도입해야만 했다. 이 변동은 재화의 상대가격에 변화를 가져오고, 이 변화에 대응해 개인들은 소비와 노동공급을 합리적으로 변화시킨다. 이 '시제적(時際的) 노동대체(inter-temporal labor substitution)'가 실제로 생산을 변동시킨다. 그러나 그런 변화는 모두 기술능력의 외생적 변화에 대한 효율적 반응을 반영한다.[126]

앞에서 다른 접근법에 대해 살펴봤을 때와 마찬가지로 이 새로운 접근법에 대해서도 그 분석상의 공헌과 개념상의 공헌을 모두 살펴봐야 한다. 많은 연구들이 분석상의 비판에 초점을 맞추었다. 이런 연구들은 의미 있는 규모의 시제적 노동대체와 주기적인 기술충격이 어떤 역할을 하는지, 더 나아가 과연 그런 역할이 존재하는지 자체에 대해 의문을 제기했다.[127] 더군다나 '실물경기변동' 모형

---

[126] 상세한 개관으로는 스태들러(G. Stadler), 〈실물경기변동(Real Business Cycles)〉(*Journal of Economic Literature*, 332호, 1994년 12월), 1750~1783쪽을 보라.
[127] 노동대체의 문제에 대해서는 다음을 보라. 앨턴지(J. G. Altonji), 〈시제적 노동공급: 미시적 자료로부터의 증거(Intertemporal Labour Supply: Evidence from Micro Data)〉(*Journal of Political Economy*, 제94권, 3호, 2부, 1986년 6월), S176~S215쪽. 로렌스 서머스(Lawrence Summers), 〈실물경기변동에 대한 몇 가지 회의적인 관찰(Some Skeptical Observations on Real Business Cycles)〉(*Federal Reserve Bank of Minneapolis Review*, 제10권, 4호, 1986년 가을), 23~27쪽. 앨런 블라인더(Alan Blinder), 〈케인즈주의 경제학의 쇠락과 발흥(The Fall and Rise of Keynesian Economics)〉(*Economic Record*, 1988년 12월), 286쪽. 기술충격에 관해서는 서머스의 〈실물경기변동에 관한 몇 가지 회의적인 관찰〉과 베넷 매컬럼의 〈새고전파 거시경제학: 공감적인 해석〉, 229쪽을 보라.

이 함축하는 경제사의 대략적 그림은 1980년대 미국의 경험과 심각하게 어긋난다는 점이 드러났다.[128] 그러나 앞에서와 마찬가지로 여기서도 코페르니쿠스적 방어를 시야에서 놓쳐서는 안 될 것이다. 실물경기변동 이론은 모든 새고전파 경제학과 마찬가지로 기술적 제약과 개인의 합리적 행위라는 '본원적 자료'에 경제동학의 기초를 세우려는 시도다. 이 관점에서는 화폐와 시장청산에 관련된 난점들이 사라져 버린다. 현실에 어긋난다는 걸 보여주는 유력한 증거들이 있음에도 불구하고, 이 관점이 행성의 움직임에 대한 태양중심설처럼 겉보기에 반사실적이고 매우 반직관적인 이론이지만 결국에는 강력한 통찰임이 증명되지 않을 선험적 이유는 존재하지 않는다.

 그러나 합리적 기대 가설에 적용되었던 것과 동일한 회의의 근거가 남아있다. 행성의 움직임을 설명하는 태양중심설은 태양계를 구성한다고 여겨지는 것이라면 그 무엇도 빠뜨리지 않는다. 그러나 실물경기변동 모형은 그렇지 않다. 이 모형은 시장체계의 작동에서 정부의 개입을 생략하는 모형이다. 정부가 시장체계의 동학에 영향을 끼치지 못한다는 가정은, 정부를 그 자체 안에서 시장 동학이 발생하는 중립지역, 즉 하나의 텅 빈 공간으로 생각할 수 있다고 말하는 것과 같다. 물론 이런 결론은 합리적 행위 자체가 사회적, 경제적 필요와 압력의 영향을 받지 않는다는 사전 가정, 즉 합리적 행위가 사회에서 우주의 상수(常數)에 해당하는 것이라는 가정에 근거한다.[129]

---

128 그레고리 맨큐(Gregory Mankiw), 〈실물경기변동: 새케인즈파의 시각(Real Business Cycles: A New Keynesian Perspective)〉(*Journal of Economic Perspectives*, 제3권, 3호, 1989년 여름), 79~90쪽을 보라.
129 베넷 매컬럼, 〈새고전파 거시경제학: 공감적인 해석〉, 226쪽.

개인의 행위에 영향을 끼치는 모든 재정적, 화폐적 인센티브와 반인센티브를 상기해보라. 그러면 위의 가정은 자신의 무게를 이기지 못하고 무너질 것이다. 한 가지만 예를 들자면, 이 가정에 따를 경우 정부의 권력 행사와 관련해 경제 행위자들이 갖는 감정의 강도는 도저히 이해될 수 없다. 나아가 이 가정은 그 어떤 형태이든 정부란 사회질서가 만들어낸 것이지 사회질서에 신이 부여해준 환경이 아니라는, 부인할 수 없는 사실을 무시하고 있다. 지금까지 우리가 살펴본 반케인즈주의적 추동력은 결국 모두 이 반박에 어긋나는 것이며, 그 어떤 것도 이 반박을 극복하지 못한다. 왜냐하면 우리가 볼 때 그것은 극복할 수 없는 것이기 때문이다.

개인과 사회

위에서 언급한 문제는 매우 중요하므로 더 상세히 다루어져야 한다. 새고전파주의의 개념적 토대에는 정부뿐 아니라 모든 경제주체들과 그들이 상호작용하는 시장이 사회성을 지니지 않는다는 생각이 깔려있다. 생산기술 상태와 개인의 선호는 '자연적'인 것으로, 즉 경제 그 자체의 작동 바깥에서 주어진 것으로 여겨진다. 따라서 그것들의 변화도 자연적이다. 그 변화들은 경제적 문제에 외부로부터 주어진 것으로 받아들여진다. 순수분석의 시각에서 볼 때 이런 관점은 자기모순이다. 단자적(單子的)인 실체,[130] 즉 로빈슨 크루소로서의 인간 개념이 어떻게 사회적 탐구의 기초가 될 수 있다는 말인가? 이 자기모순은 거의 모든 신고전파 교과서에서 발견된다. 이 자기모순은 전혀 의도되지 않은 것이기에 더욱 두드러지게 나타난다. 이 단자적 경제주체들이 교과서에 그려진 삶에서 최초로 하는 행위는 무엇인가? 그것은 그들의 개인적 효용을 극대화하기 위해 소득을 합리적으로 배분하는 것이 아닌가. 최근에 '합리적' 그리고 '효용' 이라는, 문제의 소지가 많은 용어들에 대해 많은 비판이 가해지고 있다.[131] 그러나 결정적인 문제는 이것이 아니다. 문제는 '소득' 이라는 단순한 개념에 있다. 소득은 다른 '개인' 의 지불을 통하여 수령되기 전까지는 배분할 수 없다. 단자적 개인이라는 순진한 개념은 뜻하지 않게도 자신이 가진 본질적인 사회성을 드러내고 있는 것이다. 그렇다면 미시적 기초에 근거한 모형의 토대는 그 분석적 타당성을 의심받기에 충분하다.[132] 이렇게 소위 대표적 경제주체로서 개인을 형식화하고 분석의 중심에 놓음으로써 새고전파는 행위의 사회적 측면, 즉 권력, 헌신, 가치 같은 것들을 모두 제

---

130 [역주]신고전파의 경제주체는 철학자 라이프니츠의 '창 없는 단자' (windowless monad)의 개념과 일맥상통한다. 라이프니츠에 따르면, 데모크리토스가 세계의 단순 실체로 내세운 '원자(atom)' 는 생명도 없고 비활성적이며 외부의 힘이 없이는 움직일 수 없는 물질적인 것이다. 이에 반하여 라이프니츠의 '단자(monad)' 는 스스로 행동할 수 있는 '에너지' 로서의 단순 실체다. 각각의 단자는 자신의 행동원리 및 힘을 갖고 있는 '정신적' 인 것이다. 단자는 서로 독립적이며 서로에 대하여 어떠한 인과관계도 갖지 않는다. 단자들은 각자의 생성 목적에 따라 행동하지만, 각자의 목적은 전체적으로 조화를 이룬다(이것은 마치 각 악기의 연주자가 자신의 악기만을 연주하지만, 오케스트라 전체는 완벽한 화음을 이루는 것과 같다). 따라서 만일 현재 존재하는 단자들 중 하나라도 존재하지 않았거나 다른 것으로 존재했다면 세계는 지금과는 다른 상태의 것이었을 것이며, 이런 의미에서 각 단자는 우주 전체를 반영한다.
131 예를 들어 앨프레드 아이크너(Alfred Eichner) 편집, 《왜 경제학은 아직도 과학이 아닌가(*Why Economics Is Not Yet a Science*)》(Armonk, NY: M. E. Sharpe, 1987), 205~241쪽에 수록된 앨프레드 아이크너의 논문, 〈왜 경제학은 아직도 과학이 아닌가(Why Economics Is Not Yet a Science)〉를 보라.
132 로버트 하일브로너(Robert Heilbroner), 《경제학 장막의 뒤(*Behind the Veil of Economics*)》(New York: W. W. Norton, 1988), 190~191쪽을 보라. 거시경제학에서 사용되는 대표적 경제주체라는 개념을 명시적으로 비판한 논문으로는 앨런 커먼(Alan P. Kirman)의 〈대표적 개인은 누구를 혹은 무엇을 대표하는가(Whom or What Does the Representative Individual Represent)〉(*Journal of Economic Perspectives*, 제6권, 2호, 1992년 봄)를 보라. [역주: 대표적 주체에 대한 더 상세한 논의로는 커먼과 갈레가티(Mauro Gallegati)가 편집한 《대표적 경제주체를 넘어서(*Beyond the Representative Agent*)》(Aldershot: Edward Elgar, 1999)와 제임스 하틀리(James Hartley)의 《거시경제학에서의 대표적 주체(*The Representative Agent in Macroeconomics*)》(Routledge: London, 1997)를 보라.]

거해 버린다. 온갖 실용상의 목적을 위해 새고전파는 개인 그 자체를 제거해 버렸다. 반면 경제주체의 사회성을 주장하는 경우, 우리는 경제학에 대해 매우 다른 방식으로 접근하게 된다.

여기서 행성의 움직임에 대한 코페르니쿠스의 태양중심설과 프톨레마이오스의 지구중심설의 대비는 단순한 은유 효과 이상으로 우리의 목적을 돕는다. 코페르니쿠스가 제공한 것은 단순히 행성의 움직임을 좀더 정확하게 측정할 수 있게 하는 체계의 개념이 아니다. 코페르니쿠스와 프톨레마이오스는 둘 다 천상의 중요한 객체인 태양과 천체를 가로질러 움직이는 물체들 사이의 관계를 밝혀내고자 했고, 태양중심설은 물체들의 궤도가 지구의 주위를 선회한다고 보는 지구중심설보다 그 관계를 더 일관적으로 보여주는 개념을 제공하기 위한 모형이었다. 이로 미루어 볼 때, 거시경제학의 중심 문제는 경기변동 같은 체계의 특정한 실패를 기술하는 것뿐만 아니라, 이러한 초시장적(超市場的) 실패를 자본주의 질서의 기본구조와 힘에 연관시키는 것이기도 하다.

이 관계는 두 가지 서로 다른 방식으로 개념화할 수 있다. 그중 첫 번째 방식은 개별주체의 시장행위에 근원을 두는 상호작용에서 인과적 원리를 찾는다. 체계상의 대규모 실패는 소규모의 시장청산 실패에서 그 근원을 찾을 수 있다. 이 소규모 실패는 개별적인 경우에는 미미한 것이지만, 그것이 모두 합해지면서 초시장적 혹은 초국가적으로 경제활동을 정지시키거나 변화시킬 수 있는 교란을 가져온다. 이러한 견해는 좋은 행위건 부정한 행위건 개인이 시장에서 벌이는 모든 행위에 대한 지식(이 지식은 모든 사람이 일반적으로 알고 있는 지식이다)에 의거하고 있다는 점에서 지구가 우주의 중심이라고 여기는 사람들의 상식에 기댄 프톨레마이오스적 시각의 심적 확신에 비유할 수 있다. 프톨레마이오스적 시각이 버려진 것처럼 오늘날 우리는 개별주체의 미시경제적 활동이 가장 중요하다고 보는 직관적인 생각을 버려야 한다. 그 대신 직관적으로 볼 때 훨씬 덜 친숙한 '초시장적'인 힘, 즉 총소득이나 물가수준의 변화를 통해 '우리의 등 뒤에서' 우리의 시장행위에 영향을 행사하는 힘의 개념을 받아들여야 한다.

그러나 이 개념은 곧 케인즈주의 이론을 깊은 모순과 난점에 빠지게 하는 문제들을 발생시켰다. 그 가운데 가장 중요한 것은 극대화 행위를 하는 개인과 그 과학적인 정확성에서 비교할 만한 '거시적 힘'을 명확히 밝히지 못했다는 것이다. 그 '거시적 힘'을 밝히지 못한 상태에서는 일관적이고 설득력 있는 이론을 정립할 기초로서의 실체, 즉 더 이상 환원할 수 없는 본질적인 실체가 존재하지 않는 것처럼 보였다. 따라서 미시적 결정과 거시적 결정 사이의 긴장을 살펴보는 데 있어서 이 첫 번째 고려는 '동물적 본능', '유동성 선호', '불확실성' 같은 개념에 대해 비판적인 케인즈주의 반대자의 입장을 강력히 지지하는 역할을 한다. 이 개념들은 개인의 행동과 그 행동 뒤에 숨은 개인의 동기에 얼마나 뿌리를 내리고 있는지가 결코 명확히 알려져 있지 않은 실체 없는 전략적 요소들이었다. 새로운 고전적 상황을 찾으려는 노력의 대부분은 이 결함을 치유하려는 노력이었다.

그러나 초시장적 실패와 자본주의 기본구조 사이의 관계를 개념화하는 두 번째 방식은 개인이 이론의 필수적 기초로서 얼마큼의 중요성을 갖느냐 하는 성가신 문제에 첫 번째 방식과 다르게 접근한다. 이 방식은 두 가지 형태로 나타난다. 그 첫 번째는 악명 높은 '역사의 힘' 같은 추상적인 실체보다는 '행위주체'

속에서 행동의 근원을 찾는 것이 부인할 수 없을 정도로 중요하다는 점을 수용할 필요가 있다는 것이다. 제너럴모터스가 자동차 가격을 올릴 때 책임 있는 주체는 누구 혹은 무엇인가? 특정한 명령체계가 우리가 찾고 있는 동기상의 명확성을 앗아간다면 시장행위에 대한 책임을 어디에서 찾을 것인가?

공적이건 사적이건 모든 종류의 조직화된 사회적 행동은 미시이론가에게 어렵고도 중요한 문제를 제기한다. 그러나 그것은 풀 수 없는 난제는 아니다. 그보다 더 당혹스러운 문제는 미시적 행위의 '힘' 그 자체를 탐구하려 할 때 나타난다. 여기서 관심의 초점은 지성과 기억, 그리고 의지를 가지고 있는 독립적인 개인이다. 이런 특성들은 별 어려움 없이 식별할 수 있다. 어려움은 그 지성과 기억, 그리고 의지를 '개인적'이라 부를 때 그 의미가 무엇인지를 묻는 과정에서 나타난다. 바로 이때 초시장적 실패와 자본주의 기본구조 사이의 관계를 개념화하는 두 번째 방식이 갖는 또 다른 형태를 식별할 수 있다. 사람은 정신적, 심리적으로 오직 자기 혼자 스스로 지성을 형성하거나 기억을 조직하거나 의지를 행사하지 않으며, 그렇게 할 수도 없다. 사람의 정신은 아주 초기 유아기 때부터 자신의 주변 환경을 조금씩 계속해서 습득하고 통합하면서 발달한다. 그 주변 환경이란 어린 시절 가족에게서 받는 영향부터 커감에 따라 타인들로부터 받는 수많은 영향에 이르기까지 한 개인에게 직간접적으로 영향을 미칠 수 있는 모든 환경을 말한다. 따라서 그 수많은 통상적인 사회과학의 분석 초점인 '개인'이라는 개념은 많은 사회적 영향들을 특정한 고유의 방식으로 증류한 형태로 가장 명확하게 나타난다. 마르크스의 심오한 표현에 따르면, 개인은 '사회적 관계들의 총합'으로 나타난다. 그것은 '개인'이라는 겉모습을 뚫고 그 사회적 뿌리로 들어가지 않

는다면 '혼란스러운 개념'일 뿐이다.[133]

이런 시각에서 볼 때, 그동안 마치 주체적 능력을 가지고 있는 것인 양 잘못 사용돼 온 추상적인 역사의 '힘'은 살아있는 행위에 관여하고 그 모습을 결정하는 데 도움을 주는 정보와 소문, 분위기의 전염, 희망, 우려 등의 일부로 나타난다. 그리고 이 살아있는 행위는 여전히 궁극적으로 시장체계가 그 힘을 발휘할 수 있도록 하는 유일한 사회적 도구로 남아있다. 이렇게 보면 '미시'와 '거시'는 병합된다. 즉 미시적 행위는 그 사회적 기원을 인지하지 않고는 이해할 수 없으며, 사회적 힘은 하나 혹은 그 이상의 개인들이 갖는 구체적인 동기에 관여하지 않고는 공허한 추상에 머문다.

이 설명에 따르면 앞서 제기했던 경고와는 다른 방식으로 '개인'의 한계를 평가해야만 한다. 우리가 말하는 더 이상 환원되지 않는 원자적 행위란 명확하게 구획된 것이라기보다는 애매모호한 것이다. 그리고 '개인적인 것'과 '사회적인 것' 사이의 구분선은 면도날로 그은 것처럼 예리한 구분선이 아니라 그 경계가 희미한 넓은 접촉면으로 나타난다. 미시경제적 '기초'가 갖는 이 복잡성은 보편적으로 무시되어 왔다. 물론 이것을 강조한다고 해서 미시적인 발견적 교육 도구와 거시적인 발견적 교육 도구 간의 차이가 없어져서 이 둘을 서로 구분할 수 없

---

[133] 카를 마르크스 (Karl Marx), 〈포이어바흐에 관한 명제들: 제6명제(Theses on Feuerbach: VI)〉, 로버트 터커 (Robert Tucker) 편집, 《마르크스-엥겔스 선집(The Marx-Engels Reader)》(New York: W. W. Norton, 1972)에 수록. 원래 발간연도는 1888년. 또 로버트 하일브로너(Robert Heilbroner), 《마르크스주의: 찬성과 반대(Marxism: For and Against)》(New York: W. W. Norton, 1980), 46~47쪽을 보라. 개인에 관한 마르크스주의적 개념과 페미니스트 및 포스트 구조주의적 접근방식의 관계에 대해서는 윌리엄 밀버그(William Milberg)와 브루스 피에트리코프스키(Bruce Pietrykowski), 〈객관주의, 상대주의, 그리고 마르크스주의 경제학에 대한 수사학의 중요성(Objectivism, Relativism and the Importance of Rhetoric for Marxist Economics)〉(Review of Radical Political Economics, 제26권, 1호, 1994년), 85~109쪽을 보라.

게 되는 것은 아니다. 우리가 말하고 싶은 것은 이 두 시각이 모두 타당성을 가지며, 어느 한 시각에만 배타적으로 의존한다면 보다 견고한 사회적 설명의 틀이 아닌 보다 취약한 사회적 설명의 틀을 갖게 될 것임을 인식하라는 것이다. 즉, 미시적 기초와 유사한 데가 있는 '과학성'이라는 시금석은 미시적 기초에 대한 탐구를 자연적인 방식보다는 사회적인 방식으로 평가하는 데 필요한 유일한 기준이 아닐 수 있다는 것이다. 또 코페르니쿠스의 업적은 플라톤과 마르크스, 그리고 프로이트를 비롯해 우리의 사회적 이해에 심오한 영향을 끼친 학자들의 개념적 관점도 같이 요구하는 그런 종류의 이해에 대한 은유로서는 배타적으로 사용할 수 없다는 것이다.[134]

새케인즈파 경제학

이제 마지막 대안 모형을 논의하는 일만 남았다. 그것은 새케인즈파 경제학이다.[135] 이 모형은 정부를 단순히 가정을 통해 무기력한 존재로 축소시키지 않는다는 이유 때문에라도, 임금과 가격의 경직성을 인정함으로써 자동적으로 청산되는 시장을 가정하지 않는다는 이유 때문에라도 반드시 고려되어야 한다. 이런 특징들은 새케인즈파 경제학을 새고전파 이론들에 대해 제기되었던 수많은 비판들

---

134 헨리 아론(Henry J. Aaron), 〈공공정책, 정책가치, 그리고 의식(Public Policy, Policy Values, and Consciousness)〉(*Journal of Economic Perspectives*, 제8권, 2호, 1994년 봄)의 여러 곳을 보라.
135 중요한 새케인즈파 경제학 논문집으로는 그레고리 맨큐(Gregory Mankiw)와 데이비드 로머(David Romer)가 편집한 《새케인즈파 경제학(*The New Keynesian Economics*)》(Cambridge, MA: MIT Press, 1991), 1권과 2권을 보라.

로부터 구해낸다.

새케인즈파 모형을 '새로운' 것이라 부를 수 있는 이유는 그 모형 아래 깔려 있는 명시적인 기초 때문이다. 그 기초에 따르면 행위는 합리적 기대에 근거해 있으며, 개인 후생을 극대화하는 모든 현존하는 기회들을 실현시킨다는 원리에 따라 실행된다. 따라서 이 모형은 거시경제에서 대규모 기능이상이 발생하는 케인즈주의적인 결과가 발라스적 행위가 표준인 경제에서도 존재할 수 있음을 보이려는, 다시 말해서 만일 시장 불완전성으로 인해 시장청산이 방해받는다면 극대화 행위라 하더라도 발라스적, 즉 새고전파적 결과를 가져오기에 충분하지 않음을 보이려는 노력이다.

시장행위를 꼼꼼하게 주목한 결과 새케인즈파 이론에는 시장청산을 방해하는 제도적 경직성에 대해 이전에는 보이지 않던 관심이 첨가된다. 그 후 원래는 노동계약의 문제에만 초점이 맞춰져 있던 시장의 불완전성은 '효율성 임금'을 유지할 필요와 '메뉴비용'을 포함하는 데까지 확대되었다. 효율성 임금은 훈련된 노동력의 효율성을 확보하고 유지하기 위해 시장임금보다 더 높게 책정되는 임금이다. 메뉴비용은 고객들에게 가격표 변경에 대해 완전한 정보를 주어야 할 필요 때문에, 또 독점적 경쟁, 정보의 비대칭성, 그리고 경제의 몇몇 동학적 과정에 '이력현상(履歷現象)'이 존재하기 때문에 부과되는 비용이다.[136]

이 마지막 학파도 분석과 비전이라는 두 시각에서 평가되어야 한다. 분석적 비판은 그 본질상 새고전파에 가해졌던 것들과 유사하다. 모든 것을 고려할 때 실증적 중요성에 있어서 그 어떤 경쟁자들에게도 뒤떨어지지는 않지만 새케인즈파의 특정한 이론들이 얼마나 실증적 중요성을 갖는지에 대해 그동안 많은 의문이 제기되어 왔다.[137] 비전상의 평가는 이보다 더 흥미롭다. 왜냐하면 새케인즈주의는 우리가 이미 말한 바 있는 경제사상의 내부로의 방향전환을 축약하고 있기 때문이다. 이 연구기획은 주로 합리적 소비자와 합리적 기업으로만 구성되어 있는 자유시장 경제에서 비자발적 실업은 불가능하다는 새고전파 주장에 대한 대응이다. 새케인즈파 학자들은 모든 이론의 기초를 합리적 선택의 미시적 기초에서 찾아야 한다는 새고전파의 방법론을 받아들이면서, 어떤 특정한 시장 불완전성이 존재하면 비자발적 실업이 결과할 수 있음을 증명하려고 하였다. 새케인즈파 연구기획은 새고전파에 대한 대응이지 새로운 경제 비전을 제안하려는 연구 노력이 아니다.

---

[136] 이전 각주에서 인용한 맨큐와 로머의 논문집은 이 주제들 대부분을 포함한다. 독점적 경쟁에 관해서는 올리비에 블랑샤르(Olivier Blanchard)와 기요타키(N. Kiyotaki)의 〈독점적 경쟁과 총수요의 영향(Monopolistic Competition and the Effects of Aggregate Demand)〉(*American Economic Review*, 제77권, 4호, 1987년 9월), 647~666쪽을 보라. 효율성 임금과 비대칭적 정보에 대해서는 브루스 그린월드(Bruce Greenwald)와 조지프 스티글리츠(Joseph Stiglitz)의 〈불완전 정보, 신용시장, 실업(Imperfect Information, Credit Markets and Unemployment)〉(*European Economic Review*, 제31권, 1978년), 444~456쪽을 보라. 이력현상과 실업에 대해서는 올리비에 블랑샤르와 로렌스 서머스(Lawrence Summers)의 〈이력현상과 유럽의 실업문제(Hysteresis and the European Unemployment Problem)〉(*NBER Macroeconomics Annual*, 1986년), 15~78쪽을 보라. [역주: 이력현상(履歷現象, hysteresis)은 영국의 물리학자 유잉(James Alfred Ewing, 1855~1935)이 1890년에 철금속의 자기장 실험에서 자석의 힘이 제거된 뒤에도 여전히 철금속에 자성이 남아 있는 것을 발견하고 그 현상에 붙인 이름이다. 그리스어 histeresis는 '결함'을 뜻하며, 그 어원인 histerein은 '뒤로 처지다', '모자라다'의 뜻을 갖는다. 물리적 현상으로서의 이력현상은 물체의 전자기장 성질과 탄력성 등에서 발견되며, 음향녹음 테이프와 컴퓨터 메모리 등에 응용된다. 경제학에서의 이력현상은 때로 '경로의존적(path dependent)인 현상'으로도 불린다.]

[137] 예를 들어 선진 자본주의 국가에서 발생한 오랜 기간의 높은 실업률을 설명하기에 충분할 정도로 메뉴비용이 큰가에 대해서는 실증적 증거가 거의 없다. 모든 거시경제적 결과를 대표적 주체의 행위에 근거시킴으로써 새케인즈파 경제학자들은 경제주체의 이질성과 합계의 문제를 무시했다. 새고전파 이론가들이 다음과 같은 이유로 새케인즈파 경제학자들을 비판하는 것은 놀라운 일이 아니다. 즉 새케인즈파는 IS/LM 모형과 같은 이미 불신임을 받은 케인즈주의적 개념들에 너무 많이 의존한다는 것이다. 로버트 킹(Robert G. King), 〈새케인즈파 거시경제학은 IS-LM 모형을 부활시킬 것인가?(Will the New Keynesian Macroeconomics Resurrect the IS-LM Model)〉(*Journal of Economic Perspectives*, 제7권, 1호, 1993년 겨울), 67~82쪽을 보라.

아마도 이 학파를 식별하게 해주는 결정적인 측면은 거시경제학적 논의의 범위가 공급측면에 제한되어야 한다는 그들의 주장일 것이다. 그들은 전통적인 케인즈주의적 시각과는 완전히 반대로 수요측면의 요소들은 부차적인 중요성을 갖는다고 생각했다.[138] 이러한 견해는 '화폐적 경제는 완벽하게 기능하는 시장에서도 유효수요의 부족으로 실업을 발생시키는 경향이 있다' 는 케인즈의 통찰을 폐기하도록 만든다. 폴 데이비드슨은 다음과 같은 적절한 표현으로 새케인즈파 입장을 규정한다. 즉 이 입장은 "케인즈라는 아기를 새고전파 경제학이라는 목욕물과 함께 버리는" 것이다.[139]

새케인즈주의의 엄청난 취약점이 정책의 영역에 있다는 점은 그리 놀라운 일이 아니다. 비자발적 실업의 이유를 총수요의 실패보다는 조정상의 실패와 시장 불완전성에 돌림으로써 많은 새케인즈파 경제학자들이 거시정책의 문제에 대해서는 침묵을 지키고 있다. 실상 새고전파에 반대하여 새케인즈파 학자들이 내세우는 주장대로 시장실패가 합리적인 공급측면의 기초를 가지고 있다면, 경제정책은 전통적 케인즈주의자들이 상정하는 역할보다 훨씬 작은 역할을 갖게 된다. 이자율 정책은 재정적 수요관리와 함께 정책권한 밖에 있게 된다.[140] 왜냐하

---

[138] 새케인즈파의 '가장 중요한 개념과 주제들'에 관한 논평에서 로버트 고든은 수요의 문제는 "새케인즈파 거시경제학과 새고전파 거시경제학 사이 갈등의 핵심이 아니기" 때문이라며 수요를 생략한다. 로버트 고든(Robert Gordon), 〈새케인즈파 경제학이란 무엇인가(What is New Keynesian Economics)〉(*Journal of Economic Literature*, 28권, 1990년 9월), 1117쪽을 보라. 비자발적 실업에 관한 효율성 임금 이론은 임금변화가 수요에 끼치는 영향을 무시한다는 비판에 특히 취약함을 드러냈다. 예를 들어 패트릭 메이슨(Patrick Mason), 〈가변적 노동 노력, 비자발적 실업, 유효수요(Variable Labor Effort, Involuntary Unemployment, and Effective Demand)〉(*Journal of Post Keynesian Economics*, 제15권, 3호, 1993년 봄), 427~442쪽을 보라.
[139] 폴 데이비드슨(Paul Davidson), 〈케인즈가 살아있다면 새케인즈파가 되었을까?(Would Keynes Be a New Keynesian?)〉(*Eastern Economic Journal*, 제18권, 4호, 1992년 가을), 450쪽.

면 미시적 인센티브만이 경제적 움직임의 원천이라고 가정되기 때문이다. 정책에 관한 견해의 측면에서 볼 때 새케인즈파를 통화주의자나 새고전파와 구별하기 힘들다. 개별 시장에서 상호작용하는 원자적 경제주체에 초점을 맞춤으로써 새케인즈파의 정책 관심은 자원배분의 효율성이라는 문제 주위를 맴돌고 있다. 새케인즈파를 자처하는 앨런 블라인더가 인정하는 대로 새케인즈파의 견해가 중요한 이유는 "경제학자들이 정부 개입의 정당성에 관한 논거를 외부성에 근거시키려고 하기 때문이다."[141] 즉 맨큐와 로머에 따르면 "새케인즈파 경제학에 설득을 당한다 하더라도 (…) 적극적인 안정화 정책에 반대하는 전통적인 논의의 대부분이 타당한 논의로 살아남을 수 있다."[142]

요약하자면 로버트 고든의 말대로 새케인즈파의 명백한 목표는 원하는 결과를 어떤 주어진 초기 입장으로부터 "억지로 끄집어내는" 것이지, 원하는 목적을 얻기 위해 창조적인 정책의 출발점을 구상해내는 것이 아니라고 말한다고 해도 심한 말은 아니다.[143] 이리하여 시간이 지날수록 점점 더 새케인즈파 경제학은 다른 경제학자들과 협력해서 벌이는 게임 혹은 그들에 반대해 벌이는 게임을 닮아간다. 이 게임의 결과는 학계에서의 특권 외에는 아무것도 영향을 끼치지 않는다. 그리고 그들은 현실세계에서 정말로 행해야 할 진지한 작업에서는 점점 더

---

140 [역주] 최근에 제시되는 새케인즈파의 통화정책이론에 비추어 볼 때 이 주장은 잘못된 것처럼 보인다. '새합의(New Consensus)'라 불리는 모형에서 중앙은행이 행하는 이자율 정책은 거시경제 전반에 걸쳐 실질적인 영향을 끼친다. 이 책의 말미에 있는 '역자 후기'를 참조하라.
141 앨런 블라인더, 〈케인즈주의 경제학의 쇠락과 부흥〉, 289쪽.
142 맨큐(Gregory Mankiw)와 로머(David Romer) 편집, 《새케인즈파 경제학(*The New-Keynesian Economics*)》(Cambridge, MA: MIT Press, 1991), 1권과 2권의 편집자 서문, 3쪽. 강조 첨가.
143 로버트 고든(Robert Gordon), 〈새케인즈파 경제학이란 무엇인가(What is New-Keynesian Economics)〉(*Journal of Economic Literature*, 제28권, 1990년 9월), 1115~1171쪽.

멀어져 가고 있다.

현대 경제학의 비전, 그 혼돈과 실패

지금까지 우리가 했던 논의를 정리해볼 시간이다. 케인즈주의적 합의를 잇는 후계자는 발견되지 않았다. 통화주의, 합리적 기대, 새고전파, 새케인즈파 경제학 모두 새로운 지적 합의를 제공하려 했지만, 하나같이 성공하지 못했다. 따라서 케인즈주의의 쇠락 이후에 가장 즉각적으로 나타난 특징은 불협화음과 혼란이 이전의 고전적 상황이 갖던 통합과 안정성을 대신했다는 것이다. 우리가 처음에 말했듯이 경제사상사에 있어 이토록 오랜 기간 동안 지적인 불화가 지속된 경우는 없었다.

흥미로운 점은 주류 거시경제학자들 간의 이견의 정도가 쉽사리 과장될 수 있다는 것이다. 때때로 새고전파와 새케인즈파는 '서로 최대의 반대파'[144]라고 극단적으로 묘사된다. 그러나 둘 사이에는 갈등의 요소보다 공통의 요소가 더 많다. 두 학파 모두 거시경제학이 모든 주체의 합리적 선택이라는 미시적 기초에 근거해야 한다는 점에 동의한다. 또 두 학파 모두 인플레이션과 실업을 극복하기 위한 수단으로서 수요관리가 갖는 실효성에 의문을 제기한다. 936명의 경제학자들을 대상으로 한 설문조사에서 브루노 프라이 등이 발견한 것은, "가격체계는 효과적이고 바람직한 사회 메커니즘"이라는 견해에 대해서는 폭넓은 동의가 이

---

[144] 이 용어는 고든의 위의 논문에서 인용되었다.

루어져 있지만 거시경제와 화폐에 관련된 문제들에 대해서는 그리 많은 동의가 이루어져 있지 않다는 것이었다.[145]

그렇다면 문제는 내부의 의견 불일치가 아니라 비전 상태에서 존재하는 혼동과 실패다. 현대 경제학이 그 분석상의 뛰어남에도 불구하고 합리적 선택으로 후퇴했다는 사실은 경제학계의 내부와 외부 모두에서 전권을 장악할 수 있는 개념적 중심이 없었음을 보여주는 것이기도 하다. 분석 이전 단계에서의 단점은 경제문제 해결과 관련해 이론이 갖는 취약성을 반영한다. 다음 장에서 우리는 이 비전상의 실패를 초래한 근본 원인을 논의할 것이다. 그러나 그 논의 이전에 먼저 이 결정적 취약점이 무엇인지를 살펴보아야 한다.

현대 경제학에서 명확히 정의된 합의적 핵심이 없다는 사실은 극도로 신축적인 합리적 선택의 교리에 새로운 개념을 창출해야 하는 부담을 지웠다. 이 신축성은 만일 실증적 탐구를 통해 합리적 의사결정의 타당한 통찰과 타당하지 않은 통찰이 만족스러울 정도로 구분된다면 장점이 될 수 있었을 것이다. 그러나 그런 일은 발생하지 않았다. 다양한 합리적 선택 이론들을 계량경제학적으로 실천에 옮겼을 때 그 실천은 수많은 비판에 직면했다. 그 비판은 '데이터 마이닝(data mining)'이 널리 사용된다는 사실에서부터, 발표된 실증연구를 재연하는 데 어려움이 있다는 점, 캘리브레이션(calibration) 방법에 문제가 있다는 점, '유의성(significance)'이라는 수사가 남용된다는 점, 가설검증 방법론 자체가 취약

---

145 브루노 프라이(Bruno Frey), 베르너 포머렌(Werner Pommerehne), 프리드리히 슈나이더(Friederich Schneider), 가이 길버트(Guy Gilbert), 〈경제학자들 사이의 동의와 이견: 실증적 탐구(Consensus and Dissension Among Economists: An Empirical Inquiry)〉(*American Economic Review*, 제74권, 5호, 1984년 12월), 986~994쪽.

하다는 점에 이르기까지 광범하게 가해졌다.[146] 이런 이유에서 계량경제학은 그

---

[146] [역주] data mining(자료 채굴)은 긍정적인 의미로 사용되기도 하고 부정적인 의미로도 사용되기도 하는데, 여기서는 부정적인 의미로 사용되고 있다. 긍정적인 의미의 data mining은 축적된 자료에서 이전까지 알려지지 않았던 유용한 정보나 관계를 찾아내는 작업이다. 인터넷 검색 사이트에서 사용자들이 검색하는 정보의 내용을 분석하여, 검색할 때 연결될 항목들과 그 빈도수에 따른 순서를 결정하는 것이 한 예다. 또 다른 예로는 대형 할인매점이 고객들의 구매 패턴에 대한 정보를 수집, 분석하고 그 결과를 이용하여 상품이 매장에 배치되는 위치를 정하는 것을 들 수 있다. 부정적인 의미의 data mining은 이미 축적되어 있는 자료들에 대한 일차적인 정보를 바탕으로 하나의 가설을 설정하고 그 가설에 대해 '통계적으로 유의'한 증거로서 그 자료들을 사용하는 경우를 가리킨다. 일반적으로 정당한 가설검증 과정에 따르면, 연구자는 먼저 이론적으로 (혹은 검증에 사용하고자 하는 자료에 독립적으로) 가설을 설정하고 그 다음에 이 가설과 관련이 있다고 판단되는 자료들을 수집하여 통계적 방법에 따라 가설을 검증한다. 방대한 규모의 자료에서는 언제나 어떤 일정한 관계를 발견할 수 있는데, 이 관계는 원래 사용된 자료들에 근거하여 통계적 검증작업을 하게 되면 언제나 '통계적으로 유의한' 관계로 확정될 수밖에 없다. 그러나 이 관계는 선택된 자료에만 존재하는 우연적인 것일 수 있고 다른 상황에서 발생하는 유사한 종류의 자료에는 '통계적으로 유의'하지 않을 수 있다. 긍정적인 의미의 data mining과 구별하기 위하여 부정적인 의미의 data mining은 때로 data dredging(자료 채취) 혹은 data fishing(자료 낚기)으로도 불린다.

경제학에서 캘리브레이션은 실물경기변동이론의 대표자인 쉬들란과 프레스컷(Kydland and Prescott)의 1982년 논문 〈건설기간과 총량적 변동(Time to Build and Aggregate Fluctuations)〉(*Econometrica*, 1982년 12월)에서 처음으로 사용되었다. 그 후 캘리브레이션의 의미에 대해서 여러 해석이 제시되었고, 그에 따라 많은 논쟁이 있었다. 첫째 해석은 그것을 '추정(estimation)'의 방법으로 이해한다. 즉 한 이론적 모형을 설정한 후 그 모형의 패러미터(모수)들에 일반적으로 무리가 없다고 인정되는 일정한 범위의 값을 주고 각 모수 값에 따라 모형을 시뮬레이션한 후, 그 결과들을 주어진 기준(가장 널리 사용되는 기준은 평균, 분산 등과 같은 모멘트들이다)의 측면에서 현실의 자료와 비교하고, 그중 현실의 자료에 가장 근접한 결과를 가져오는 모수의 값을 선택하는 작업이다. 둘째 해석에 의하면, 캘리브레이션은 한 특정 모형을 '검정(test)' 하는 방법이다. 특정한 모수들의 값이 주어져 있는 모형에서 시뮬레이션된 모집단의 모멘트와 현실 자료에서 얻어지는 모멘트를 비교하여 그것들이 '거의 일치' 하면 그 모형을 타당한 것으로 받아들이고 그렇지 않으면 기각한다는 것이다. 쉬들란과 프레스컷의 1982년 논문은 완전경쟁적인 모형경제에 임의의 기술충격이 반복적으로 발생할 때 결과하는 모형상의 거시변수들의 변화가 그 변수들의 실제 시계열 자료들과 '거의 일치' 함을 보임으로써, 실물경기변동이론이 현실경제를 설명할 수 있는 이론이라고 주장한다. 그러나 이 해석은 모형의 인정 혹은 기각의 기준이 되는 '거의 일치' 하는 정도에 대하여 일반적으로 인정되는 기준을 제공하지 못한다는 점에서 많은 비판을 받는다. 기준의 모호성 때문에 캘리브레이션 방법에 의한 '검정'은 실물경기변동이론이 아닌 다른(예를 들어 케인즈주의적인) 경기변동이론을 긍정적으로 '검정'하는 데에도 사용될 수 있다. 세 번째 해석은 도량형학(metrology)에서 사용하는 정의와 유사한 것으로 캘리브레이션 방법을 '표준화(standardization)'의 방법으로 이해한다. 한 측정도구가 표준으로 인정되기 위해서는 그 측정도구를 사용하여 측정한 값이 이미 알려져 있는(혹은 이미 결정되어 있는) 일정한 관계에서 도출되는 값과 일치해야 한다(예를 들어 방사성 탄소 연대측정법을 사용하여 어떤 대상의 연대를 추정할 때, 탄소 농도 측정기의 정확성은 이미 그 연대가 알려져 있는 다른 대상의 연대를 이 측정기가 정확히 추정해 낼 때에만 인정받을 수 있다). 이 해석에 따르면 이론은 현재 해답이 알려져 있지 않은 어떤

것이 뒷받침하려는 이론체계가 직면하는 불확정성과 동일한 수준으로 불확정적이 되었다. 그 결과 계량경제학의 이름으로 행하는 분석은 거의 모든 가설에 대해 타당성을 검증하는 데 사용할 수 있다.[147] 로렌스 서머스(Lawrence Summers)에 의하면 "계량경제학적 결과가 이론을 창출하거나 경제학계의 일반적 견해를 발전시키는 데 중요한 재료가 되는 경우는 거의 없다."[148] 계량경제학이 경제적 지식을 창출해내는 데 있어서 얄팍한 검증장치에 불과하다는 사실은 이론화 작업의 초점에 변화를 가져왔다. 이제 이론화 작업은 반증을 요구하지 않는다. 단

문제에 답하기 위해 어떻게 모형을 설정해야 하는가를 지시하는 길잡이이고, 모형은 그 문제에 대한 이론적 해답을 정량적으로 측정할 수 있게 하는 '측정도구'와 같다. 모형이 원래의 문제(즉 해답을 아직 모르는 문제)에 대해 해답을 제공하는가 아닌가를 판단하게 해주는 기준은, 이미 해답이 알려져 있는 다른 문제에 대해서 이 모형이 그 알려져 있는 해답을 얼마나 근사적으로 재현하는가에 달려있다. 쉴르란과 프레스컷이 1996년 논문(*Journal of Economic Perspectives*에 수록)에서 설명하듯이, 그들의 모형이 그 해답을 찾고자 하는 문제는 '기술충격에 의해 발생하는 경기변동의 정량적 성격은 어떤 것인가?' 이다. 그리고 그들의 모형이 이 문제에 해답을 제공하는가를 판단하게 하는, 이미 그 답이 알려져 있는 문제는 경제성장에 있어 '정형화된 사실들'(stylized facts)이다. 이 '정형화된 사실들'과의 일치 정도로 판단할 때 그들의 모형은 원래의 문제에 해답을 제공하는 것으로 결론지어지는데, 그 해답은 '우리의 실물경기변동 모형은 미국 경제의 실제 경기변동을 70% 정도 보여 준다' 이다. 그러나 이 해석에도 논란의 여지가 있다. 왜냐하면 경제 성장의 '정형화된 사실들'이 실제로는 현실 자료와 부합하지 않음이 실증되기 때문이다.

147 설정(specification)의 문제에 대해서는 에드워드 리머(Edward E. Leamer), 〈계량경제학 속이기(Let's Take the Con out of Econometrics)〉(*American Economic Review*, 제73권, 1호, 1983년 3월), 31~43쪽을 보라. 추론과 데이터 마이닝의 문제에 대해서는 스티븐 코딜(Steven Caudill), 〈계량경제학, 그 이론과 실제(Econometrics in Theory and Practice)〉(*Eastern Economic Journal*, 제16권, 3호, 1990년 7~9월), 249~256쪽을 보라. 재연의 어려움에 관해서는 윌리엄 드월드(William G. Dewald) 외, 〈실증 경제학에서 재연(Replication in Empirical Economics: the *Journal of Money, Credit and Banking* Project)〉(*American Economic Review*, 제76권, 4호, 1986년 9월), 587~603쪽을 보라. 신고전파 경제학과 계량경제학의 역사적 연관에 대해서는 필립 미로스키(Philip Mirowski), 〈확률주의적 역혁명, 즉 확률 개념이 어떻게 신고전파 경제이론에 유입되었는가?(The Probabilisitic Counterrevolution, or How stochastic Concepts Came to Neoclassical Economic Theory)〉(*Oxford Economic Papers*, 제41권, 1989년), 217~235쪽을 보라. 유의성 검증의 남용에 관한 논의로는 도널드 매클로스키(Donald M. McCloskey), 〈경제학의 수사학(*The Rhetoric of Economics*)〉(Madison, WI: University of Wisconsin Press, 1985년), 제9장을 보라.
148 로렌스 서머스, 〈실증적 거시경제학에서 과학이라는 환상(The Scientific Illusion in Empirical Macroeconomics)〉(*Scandinavian Journal of Economics*, 제93권, 2호, 1991년), 129, 133쪽.

순히 '검증받을 수 있는(testable)' 것으로 제시되기만 하면 된다.[149]

그러나 문제는 이보다 훨씬 더 깊은 곳에 있다. 여기서 다시 한 번 비전의 개념이 그 문제를 풀어낼 문을 열어준다. 고전적 상황이라는 개념은 경제학자들 사이에 일정 정도의 동의를 요구할 뿐 아니라 경제학계 바깥에 있는 사람들이 그 비전에 대해 상당한 정도의 확신을 가질 것도 요구한다. 경제학자가 아닌 사람들은 그런 설득요소로 세 가지를 찾는다. 첫째, 개인과 사회가 경험하는 현재와 과거의 경제적 삶이 지닌 의미를 이해할 수 있게끔 경제학자들이 경제현상을 설득력 있게 묘사해주기를 기대한다. 우리는 왕좌에서 밀려난 케인즈주의를 계승하기 위해 서로 경쟁하는 견해들이 갖는 비전상의 위치를 비판했다. 우리의 비판은 그 견해들이 설득력 있는 묘사라는 측면에서 기본적으로 모두 결함을 갖고 있음을 시사한다. 새고전파와 새케인즈파의 비전은 '자연적' 개인, 즉 사회 이전에 존재하고 경제문제에 대해 미리 주어져 있는 개인이 우선함을 주장한다. 새고전파의 경우 이 주장은 결국 극단적인 결론에 도달하여, 경제주체의 활동이 낳는 모든 결과들이 자연적이고 최적인 것으로 인식된다. 새케인즈파의 경우 합리적 선택의 미시적 기초만을 사용해 케인즈적인 결과를 보이려고 노력하는데, 이런 노력은 주체의 이질성이 갖는 중요성과 대표적 개인들을 총합하는 문제를 억누르고 있다.

둘째, 경제학자가 아닌 사람들은 특정 경제문제를 치유하는 데 있어서 경제학자들이 그들을 안내해주기를 바란다. 이 점과 관련하여 주류경제학 사상의 지

---

149 로렌스 볼런드(Lawrence Boland), 《경제모형설정의 방법론: 새뮤얼슨 이후의 방법론(*The Methodology of Economic Model Building: Methodology After Samuelson*)》(New York: Routledge, 1989)

류들은 모두 분명하게 실패한 측면이 있다. 그 이유는 '정책'이 치유돼야 할 문제에 들어맞지 않는다는, 더 나아가 그것이 실효가 없다는 그들의 공통된 신념에 있다. 다시 말해 정치적 힘, 즉 정부의 힘이 경제동학적 결과에 영향을 끼치지 못한다는 것이다. 이런 태도가 대표하는 것은 정치의 무질서나 '과학적으로' 정확한 경제학적 치유법을 적용시키는 어려움에 따르는 좌절로부터 경제학을 멀리 떼어놓으려는 시도 이상의 것이다. 그것은 만일 '경제'라 불리는 사회의 일부에 사회적 기능이상이 존재하지 않는다면 그 존재이유를 잃고 말 학문의 도덕적 의무를 포기하는 것이다.

    이렇게 말한다고 해서, 정부의 개입이 방향을 잘못 잡거나 근시안적, 비실효적, 혹은 심지어 반생산적인 것이 될 가능성은 없다고 주장하는 것이 아니다. 그렇지만 이러한 기능이상을 약화시키거나, 더 나아가 제거하려는 노력으로부터 등을 돌린다면, 그것은 루즈벨트의 뉴딜 정책이 소득수준과 소득분배에 어떠한 의도되었던 결과도 가져오지 못했다고 말하는 것과 같다. 그것은 또 아이젠하워의 주간 고속도로(Interstate Highway) 건설계획이 경제의 효율성을 높이는 데 기여하지 못했다고 말하는 것이기도 하다. 그것은 또 두 차례의 세계대전에 미국이 참전한 것이 고용수준에 어떤 예상된 결과도 가져오지 못했다고 말하는 것과도 같다. 정부의 개입이라는 문제에는 매우 조심스럽게 접근해야만 할 것이다. 그러나 최고의 부자 나라에서도 대규모의 지속적인 경제문제가 존재하고, 나머지 세계의 대부분에서 말로 형용 못할 비참한 생활이 영위되고 있는 이 세상에서 새고전파는 정부의 개입을 공공연하게 포기한다. 정부의 개입은 모두 소용없는 연습에 불과하다는 새고전파의 주장은 참으로 부끄러운 것이 아닐 수 없다.

셋째, 우리가 알아두어야 할 것은 자유방임주의도 일종의 정책선택이라는 점, 또 경제학자들이 정부개입에 일절 반대하는 경향은 그들이 무엇을 해야 할지 모른다는 것을 스스로 인정하는 것이라는 점이다. 힘겨운 정치적 현실에서 경제적 관심을 쏙 빼먹는 이러한 도덕적 무책임에 충격을 받은 관찰자들은 우리뿐만이 아니다. 로렌스 서머스는 현대 거시경제학의 '과학적 환상'을 신랄하게 비판하는 글을 썼는데, 그 결론은 다음과 같다. "궁극적으로, 이 이론적 연습들이 실제로 우리가 살고 있는 이 세상에 대해 무엇인가를 가르쳐주고 있는가에 대해 나는 회의적이다."[150] 회의적인 불신이라는, 이와 거의 같은 맥락에서 그레고리 맨큐도 실물경기변동 이론을 다음과 같이 묘사한다. 즉 실물경기변동이론은 "정책입안자에게 조언을 하는 사람들이 (…) 거시경제적 정책은 불필요하다고 결론지을지도 모른다"는 점에서 "잠재적으로 위험한" 것이다.[151]

우리가 보기에 이렇게 정책의 영역에서 현대 경제학 이론이 몸을 사린다는 사실은 케인즈주의가 중심 무대에서 밀려난 이후 경제학이라는 학문에서 발생한 가장 중요한 결과다. 그렇다면 이제 우리의 이런 믿음이 제기하는 질문으로 눈을 돌릴 시간이다. 즉 현대 경제학의 이런 신경쇠약적인 태도를 어떻게 설명할 것인가? 가능한 치유법으로 어떤 것이 있을까? 이 질문들이 바로 우리가 이제 관심을 돌리게 될 커다란 문제들이다.

---

[150] 로렌스 서머스, 〈실증적 거시경제학의 과학적 환상(The Scientific Illusion in Empirical Macroeconomics)〉, 144~145쪽.
[151] 그레고리 맨큐(Gregory Mankiw), 〈실물경기변동: 새케인즈파의 시각(Real Business Cycles: A New-Keynesian Perspective)〉 《Journal of Economic Perspectives》, 3권, 3호, 1989년 여름), 79쪽.

06 | 사회의 본질

다른 대안적 비전들과 그 실패

앞에서 우리는 최근 거시경제학 사상에서 이루어진 발전을 추적하면서 그 분석상의 성공과 비전상의 실패를 강조했다. 이제 우리 연구가 다루기로 한 좀더 큰 문제에 대해 생각해볼 차례다. 이것은 케인즈주의 고전적 상황이 소멸한 이후 경제학이 지나온 과정을 상세하게 추적하거나 비판하려고 하는 것이 아니라, 그 불안정하고 퇴보적이라고 여겨지는 시기에 비전과 분석이 행한 전략적 역할을 분명히 하기 위한 것이다. 이런 역할을 행하는 데서 현대의 이론이 혼돈에 빠져있다는 사실은 그 구체적인 내용면에서 만큼이나 예시적인 내용면에서도 중요하다. 다음 장에서 새로운 이론적 기초를 위해 필요한 것들이 무엇인가에 대해 몇몇 제안을 하겠지만, 현재의 상황이 어떤 결과를 가져올지는 아무도 알 수 없다. 그러나 우선, 경제학적 이론화 작업 그 자체에서 비전과 분석이 담당하는 역할을 재검토, 요약, 일반화해 놓을 필요가 있다.

　이미 언급은 했지만 아직 그 근원까지 추적하지 않은 문제 하나를 제기하면서 논의를 시작하자. 왜 케인즈주의 이후 발생한 이론적 노력들 가운데 그 무엇도 굳건히 뿌리를 내리지 못했는가? 비전과 분석이라는 좀더 큰 문제를 일반화시키기 위해서는 분명 이처럼 간단해 보이는 질문에 대해 어느 정도 타당한 대답을 갖고 있어야 한다.

　가능한 대답 하나가 즉시 떠오른다. 즉 충분히 설득력 있는 대안적인 비전이 등장하지 않았기 때문이라는 것이다. 쿤(Kuhn)의 주장에 따르면 존속 가능한 후계자 없이는 결코 그 어떤 패러다임도 내던져지지 않는다. 이 주장은 순환논법의 냄새를 풍기지만, 어느 정도 고려해볼 만큼 충분한 경험상의 호소력을 갖고 있다. 케인즈주의 이론이 쇠락한 이후 공석이 된 자리를 차지할 후보자가 누구였는가? 영국 케임브리지의 '포스트 케인즈주의' 학파는 신고전파의 자본이론과 집계적 생산함수이론의 내적 정합성에 관해 미국 매사추세츠 케임브리지의 경제학자들과 이론 전쟁을 벌였다. 그러나 영국 측에 돌아간 승리는 케인즈주의 경제이론, 혹은 경제이론 일반을 실질적으로 재구성하는 데까지 나아가지 못했다. 돌아보건대 이 논쟁은 찻잔 속의 태풍이었다.[152] 더군다나 이 태풍은 찻잔 안에 그대로 머물러 있었다. 왜냐하면 그들의 인상적인 분석에도 불구하고 논쟁자들은 새로운 고전적 상황이 어떤 것일지에 대하여 포괄적인 비전을 가지고 있지 않았기 때문이다. 지금까지도 포스트 케인즈주의를 구성하는 것이 무엇인지에 대해 합의가 거의 이루어지지 않고 있다. 그리고 이들의 노력은 화폐의 역할과 불확실성을 강조하는 포스트 케인즈주의자들과 비화폐적인 생산관계를 강조하는 포스트

케인즈주의자들 사이의 갈등으로 인해 더 방해받았다.[153]

두 개의 다른 '외부' 경쟁자 집단도 경제학에 새로운 합의적 토대를 마련할

---

[152] 집계적 생산함수가 신고전파 집단 내에서, 예를 들어 새성장이론과 새고전파 이론 일반에서 다시 표면으로 부상한 것은 전혀 놀라운 일이 아니다. 왜냐하면 이 집단은 비판에도 불구하고 퍼거슨의 '신념'을 계속 유지하는 경제학자들을 포함하고 있기 때문이다. 퍼거슨(C. E. Ferguson), 《신고전파 생산 및 분배이론 (The Neoclassical Theory of Production and Distribution)》(Cambridge University Press, 1969), xvii쪽을 보라. 그러나 케임브리지 논쟁은 많은 마르크스주의자들, 신마르크스주의자들, 조절이론학파, 제도주의 경제학자들도 설득하지 못한 듯이 보인다. [역주: 1950~1960년대의 케임브리지 자본논쟁에 관한 소개서는 무수히 많다. 그러나 대표적인 소개서는 단연 제프리 하코트(Geoffrey Harcourt)의 《자본이론에서의 케임브리지 논쟁(Some Cambridge Controversies in the Theory of Capital)》(Cambridge University Press, 1972)이다. 가장 최근의 소개로는 아비 코헨(Avi Cohen)과 하코트의 논문 〈케임브리지 자본논쟁은 과연 어떻게 되었나?(Whatever Happened to the Cambridge Capital Controversies?)〉(Journal of Economic Perspectives, 제17권, 1호., 2003년 겨울), 199~214쪽을 보라. 크리스토퍼 블리스(Christopher Bliss)와 코헨 및 하코트 3인이 최근 편집한 《자본이론(Capital Theory)》(Edward Elgar, 2005)은 1950년대 이후 케임브리지 자본논쟁과 관련된 주요 논문들을 편집한 책이다. 이 책의 서문 중 블리스의 것은 미국 케임브리지(신고전파)의 입장을, 코헨과 하코트의 것은 영국 케임브리지(포스트 케인즈주의)의 입장을 대변하고 있다.]

[153] 여러 포스트 케인즈주의적 접근법이 서로 화합될 수 없다는 주장으로는 제프리 하코트(Geoffrey Harcourt)와 오마르 하무다(Omar Hamouda), 〈포스트 케인즈주의 경제학: 아주 오래된 것인가, 아니면 새로운 그 무엇인가?(Post Keynesian Economics: Quite Old or Something New?)〉, 존 피비(John Pheby)편집, 《포스트 케인즈주의 경제학의 새 방향(New Directions in Post Keynesian Economics)》(Aldershot, NY: Edward Elgar, 1989), 1~24쪽을 보라. 화폐와 불확실성을 강조하는 포스트 케인즈주의 경제학자 중 눈에 띄는 사람은 《인식론과 경제학(Epistemics and Economics)》(Cambridge Universit Press, 1972)을 쓴 섀클(G. L. S. Shackle), 《화폐와 현실세계(Money and the Real World)》(New York: John Wiley & Sons, 1982)를 쓴 폴 데이비드슨(Paul Davidson), 《불안정한 경제 안정화시키기(Stabilizing the Unstable Economy)》(New Haven: Yale University Press, 1986)의 저자인 하이먼 민스키(Hyman Minsky) 등이 포함된다. '실물적'인 생산조건을 강조하는 이로는 《생산이론 강의(Lectures on the Theory of Production)》(New York: Columbia University Press, 1977)의 저자인 루이지 파지네티(Luigi Pasinetti), 《성장경제 간의 무역(Trade Amongst Growing Economies)》(Cambridge University Press, 1979 [역주: 《신국제무역론》, 임종운 역, 동성사, 1993])을 집필한 이언 스티드먼(Ian Steedman), 《생산이론(Theory of Production)》(Cambridge University Press, 1995)의 저자인 하인츠 쿠르츠(Heinz Kurz)와 네리 살바도리(Neri Salvadori)가 있다. 미하우 칼레츠키(Michał Kalecki)의 접근방법을 발전시킨 이들도 포스트 케인즈주의 집단에 속하는 것으로 여겨진다. 맬콤 소여(Malcolm C. Sawyer), 《미하우 칼레츠키의 경제학(The Economics of Michal Kalecki)》(Armonk, NY: M. E. Sharpe, 1985)을 보라. 이런 여러 견해들로부터 일관성 있는 하나의 합성물을 세우려 했던 앨프레드 아이크너(Alfred Eichner)의 노력이 대체로 무시되었다는 사실에 주목하는 게 중요하다. 앨프레드 아이크너, 《선진 시장경제의 거시동학(The Macrodynamics of Advanced Market Economies)》(Armonk, NY: M. E. Sharpe, 1992)을 보라.

기반을 제공하지 못했다. 그중 하나는 마르크스주의였다. 비록 우리가 종종 잊어버리는 경향이 있지만, 이 학파는 지성사의 한 세기 내내 충분히 눈에 띄는 정체성을 유지해왔다. 이것은 경제사상사에서 그 유례를 찾을 수 없는 업적이다. 그러나 마르크스주의는 여러 이유로 인하여 새로운 합의적 토대의 출발점을 제공할 수 없었다. 그 여러 이유들 가운데 하나는 물론 논란거리이기는 하지만 피할 수 없는 관련성, 즉 이론적 마르크스주의와 소련이라는 현실 사이의 관계에 있었다. 두 번째 이유는 마르크스적 분석과 당연하게 연관되는 급진적 견해에 대해 미국의 학계, 그리고 이보다는 덜하지만 유럽의 학계가 보인 적대감이었다. 그리고 또 하나의 이유는 마르크스주의 집단이 여러 적대적인 학파들로 내분되었다는 것이다. 그중에는 '근본주의적' 마르크스주의 접근방법도 있었다. 이 모든 이유들 때문에 마르크스적 견해라 볼 수 있는 것은 그 무엇도 새로운 합의적 토대의 명단에 오르지 못했다. 그리고 이미 우리가 언급한 장애물을 고려할 때, 설사 마르크스적 견해가 새로운 합의적 토대의 명단에 올랐다 하더라도 많은 추종자들을 끌어 모으지는 못했을 것 같다.[154]

이 와중에 또 다른 경쟁자인 제도주의(Institutionalism)도 이론작업의 새로운 중심이 되기에 충분한 통일성을 가진 사상체계를 제공하는 데 실패했다. 새로이 창간된 〈저널 오브 이코노믹 이슈스(Journal of Economic Issues)〉는 베블런(Veblen)과 에이어스(Ayres)의 업적을 토대로 하여 제도주의에 근거한 수많은 비판과 주장을 전달하는 운반체가 되었다. 그러나 그중 어느 것도 '학파'를 설립하기에 충분할 정도의 영향력을 갖추지 못했다. 이들 중 분명히 가장 잘 알려진 것은 존 케네스 갤브레이스(John Kenneth Galbraith)의 저술, 특히 그가 연속하여 출간한 책들인 《미국자본주의(American Capitalism)》(1952), 《풍요한 사회(The Affluent Society)》(1958), 《신산업국가(The New Industrial State)》(1967)였다. 이 저술들은 많은 사람들이 읽었고, 대중매체에서도 많이 논의되었다. 그러나 이것들은 그 분석도구의 개발이 불충분했기 때문이건, 아니면 베블런의 비전처럼 비판적인 명제들보다는 건설적인 명제들로 성문화되기에 어느 정도 어려움이 있었기 때문이건, 전문 학계에서는 결코 진지하게 받아들여지지 않았다.

여기서 다음 사항을 추가해야 한다. 이들 대안적인 접근방식 중 그 어느 것도 새로운 고전적 상황을 형성할 수 있을 만한 지배력을 얻지 못했던 이유는 부분적으로는 경제학계가 갖고 있는 경직되고 위계적인 조직 때문이다. 소수의 '최고' 대학에서 직위를 갖고 있는 경제학자들은 신임 교원 채용, 출판, 국립과학재단(National Science Foundation)을 통한 연방정부 연구기금을 비롯한 각종 연

---

154 미국 마르크스주의의 여러 갈래에는 우선 독점자본주의 견해가 포함된다. 그 가운데 가장 잘 알려진 것은 폴 배런(Paul Baran)과 폴 스위지(Paul Sweezy)의 저작들이다. 예를 들어 그들이 쓴 고전 《독점자본주의(Monopoly Capital)》(New York: Monthly Review Press, 1966)와 〈먼슬리 리뷰(Monthly Review)〉를 보라. 그 다음에는 새뮤얼 보울스(Samuel Bowles), 데이비드 고든(David Gordon), 토머스 와이스콥(Thomas Weisskopf)이 창시한 축적의 사회적 구조(Social Structure of Accumulation) 이론이 있다. 예를 들어 그들이 쓴 《황무지 이후(After the Wasteland)》(Armonk, NY: M. E. Sharpe, 1991)를 보라. 이 밖에 분석적 마르크스주의자(Analytical Marxist)들이 있다. 이에 대해서는 욘 엘스터(Jon Elster)의 《마르크스 제대로 이해하기(Making Sense of Marx)》(Cambridge University Press, 1985)를 보라. 또 중층결정론적 마르크스주의자(overdetermination Marxist)로 스티븐 레스닉(Steven Resnick)과 리처드 볼프(Richard Wolff)가 쓴 《지식과 계급: 정치경제학에 관한 마르크스주의적 비판(Knowledge and Class: A Marxian Critique of Political Economy)》(Chicago: University of Chicago Press, 1987)을 보라. 마지막으로 근본주의적(fundamental) 마르크스주의자들이 있다. 그 예로는 안와르 샤이크(Anwar Shaikh), 〈정치경제학과 자본주의: 도브의 위기이론에 관한 논평(Political Economy and Capitalism: Notes on Dobb's Theory of Crisis)〉(Cambridge Journal of Economics, 제2권, 1979년 6월), 233~251쪽을 보라. [역주: 마르크스 경제학의 역사에 대해 포괄적인 소개를 하는 책으로는 하워드와 킹(M. Howard and J. King)이 쓴 《마르크스 경제학의 역사(A History of Marxian Economics)》(Princeton University Press, 제1권 1989년, 제2권 1992년)가 있다. 이 책의 제1권은 1883~1929년을, 제2권은 1929~1990년을 다룬다.]

구기금 수여 등에서 치우친 권력을 갖고 있다. 대표적인 대학들은 신임 경제학자 채용 대상을 소수의 대학원 과정에서 교육받은 선별된 학생들로 한정한다. 마찬가지로 주요 학술지들도 이 같은 대학교들에서 배출된 경제학자들의 논문으로 도배된다. 1973~1978년에 겨우 7개 대학의 경제학과 졸업생들이 〈아메리칸 이코노미 리뷰(American Economic Review)〉에 게재된 논문의 54%, 〈저널 오브 폴리티컬 이코노미(Journal of Political Economy)〉에 게재된 논문의 58%, 그리고 〈쿼털리 저널 오브 이코노믹스(Quarterly Journal of Economics)〉에 게재된 논문의 74%를 차지했다.[155] 이런 구조 속에서는 사고의 방향을 근본적으로 변화시킬 수 있는 가능성이 제한될 수밖에 없다.

분석기술, 정치 분위기, 그리고 경제학

외부에서 새로운 지배적 비전을 찾지 못하자 방향은 내부로 돌려졌다. 이것은 앞의 장에서 논의한 경제이론가들 모두에게 자동적으로 일어난 변화였다. 이 내부로의 방향 전환은 분석의 역할을 확대하는 형태를 띠었다. 이를 통해 분석은 새로운 지배적 비전이 존재하지 않는다는 사실을 덮어버렸을 뿐 아니라 상당한 정도로 비전을 대체해버렸다. 이 후퇴를 토머스 메이어(Thomas Mayer)는 '진리'

---

[155] 레이 캔터베리(E. Ray Canterbery)와 로버트 버크하트(Robert Burkhardt), 〈경제학이 과학이냐는 질문은 무엇을 의미하는가?(What Do We Mean by Asking If Economics Is a Science?)〉, 앨프레드 아이크너(Alfred Eichner) 편집, 《왜 경제학은 아직도 과학이 아닌가(Why Economics Is Not Yet a Science)》(Armonk, NY: M. E. Sharpe, 1983), 15~40쪽에 수록됨. [역주: 〈아메리칸 이코노미 리뷰〉는 미국경제학회의 학회지이고, 〈쿼털리 저널 오브 이코노믹스〉는 하버드대학 경제학과에서, 〈저널 오브 폴리티컬 이코노미〉는 시카고대학 경제학과에서 주관하고 있다.]

에 대한 무시이자 '정확성'에 대한 강박관념이라고 묘사했다. 그에게 '진리'는 넓게 보아 경제현상에 대한 그럴듯하고 설득력 있는 설명이다. 메이어가 볼 때 현대의 경제이론은 '최강 연결고리 주도의 원칙(the principle of the strongest link)'에 의해 지배당하고 있다. 이 원칙에 따르면 학문적 연구는 문제의 여러 측면 중 매우 쉽게 진보가 이루어질 수 있는 측면에 편향되며, 이 특정 측면의 장점이 이론적 주장 전반에 확산되면서 모형 전체의 견고함은 무시된다.[156]

분석상의 정교함을 추구해야 한다는 강박관념이 점점 더 증가하고 있다는 데 많은 경제학자들이 주목했다. 이미 1975년에 미국경제학회 회장으로서 한 연설에서 로버트 고든은 '분석상의 엄밀함'을 '현실과의 관련성'보다 앞세우는 데 따르는 위험을 경고했다.[157] 그러나 이 초기의 경고는 주목받지 못했다. 앨런 블라인더는 다음과 같이 썼다.

"합리적 기대 혁명은 성공을 열망하는 젊은 기술자들에게는 신이 보낸 선물이었다. 이 혁명은 거시이론을 좀더 추상적이고 수학적인 방향으로 밀어붙였을 뿐 아니라 새로운 스타일의 계량경제학을 거시이론에 들여앉혔다. 이 새 계량경제학은 그것이 대체하고자 했던 이전의 방법들보다 기술적으로 훨씬 더 많은 것을 요구했다."[158]

---

[156] 토머스 메이어(Thomas Mayer), 《경제학에서의 진리와 정확성(Truth Versus Precision in Economics)》 (Aldershot, NY: Edward Elgar, 1993).
[157] 로버트 고든(Robert A. Gordon), 〈변화하는 제도적 배경하에서의 엄밀함과 관련성(Rigor and Relevance in Changing Institutional Setting)〉(American Economic Review, 제66권, 1976년 3월).
[158] 앨런 블라인더(Alan Blinder), 〈케인즈주의 경제학의 쇠락과 부흥(The Fall and Rise of Keynesian Economics)〉(Economic Record, 제64권, 1988년 12월), 283~284쪽.

미국의 최고 대학 경제학과 대학원생들을 대상으로 실시된 최근의 설문조사에서 위의 사실을 확증시켜주는 결과를 찾아볼 수 있다.[159] 압도적인 비율로 학생들은 이 '새' 경제학의 기술적 도전을 환영했다. 68%의 학생들이 경제 자체에 대한 완벽한 지식은 경제학계에서 성공을 획득하는 데는 별로 중요하지 않다고 믿고 있었다. 오직 3%만이 그것이 매우 중요하다고 믿고 있다고 대답했다. 따라서 지난 20여 년 동안의 노력이 경제학 비전의 강력한 새 중심을 확립하는 데 실패한 이유를 찾고 있는 우리는 비주류적 접근방식이 비전상의 새로운 영감을 제공하는 데 실패했다는 사실 이외에 이런 '기술의 유혹'을 그 이유로서 추가하고자 한다.

레이건 정부와 부시 정부 시절 미국의 정치에 확산된 보수주의 기조도 한몫했을 수 있다. 블라인더는 특히 새고전파 경제학을 예로 들면서 정부의 무력함을 그 중심 주제로 하는 새고전파 경제학이 발흥한 이유를 이런 정치적 경향 일반에서 찾는다. 그는 정치적 분위기가 좀더 중도적이었던 유럽에서는 이 새 경제학이 결코 인기를 끌지 못했음에 주목한다.

"분명 보수주의적 이데올로기와 자유주의적 이데올로기 각각의 상대적 장점은 시간과 공간을 통해 변동한다. (반(反)케인즈주의적인) 새고전파 이론은 우파 이데올로기가 힘을 얻고 있는 나라와 시대에서만 많은 추종자들을 거느릴 수 있었으며, 이것이 1970년대와 1980년대 미국의 상황이었다는 것이 나의 주장이다."[160]

---

[159] 데이비드 컬랜더(David Colander)와 아료 클라머르(Arjo Klamer), 〈경제학자 만들기(The Making of an Economist)〉(Journal of Economic Perspectives, 제1권, 2호, 1987 가을).
[160] 블라인더, 〈케인즈주의 경제학의 쇠락과 부흥〉, 285쪽.

과학으로서의 경제학

왕좌에서 밀려난 케인즈주의의 자리를 그 어떤 다른 이론도 대신 차지하지 못했다는 사실을 설명할 수 있는 방식은 다양하다. 실상 이런 현상은 그 자체가 여러 원인을 갖는다고 봐야 가장 잘 이해할 수 있을지 모른다. 그런 여러 가지 원인들 가운데 가장 덜 가설적인 것으로 보이는 설명이 두 가지 있다. 첫 번째는 경제학의 '과학적' 지위를 점점 더 강조하고, 그와 밀접하게 연계해 경제현상을 자연법칙의 후광 아래 포함하려는 경향이 점점 더 증가했다는 것이다. 두 번째 이유는 첫 번째와 연결되어 있다. 즉 경제학은 사회질서의 특정한 작동방식을 분석하는 데 관심을 갖고 그 사회질서의 정치적, 사회적 비전을 파악해내기도 해야 하지만, 현대 경제학은 사회질서로서의 자본주의를 이해하기는커녕 그런 식으로 자본주의를 이야기하지도 못한다는 것이다.

적어도 그 잠재적 가능성에서 보았을 때 경제학을 자연과학과 동일한 수준이라고 할 만한 과학적 노력으로 확립하려는 노력은 경제사상사에서 오랜 역사를 갖고 있다. 정도의 차이는 있지만 '자연적' 메커니즘을 명시적으로 흉내 내려는 노력은 스미스나 리카도, 마르크스의 저술에서 공히 찾아볼 수 있다. 이 점을 제외하면 세 사람의 저술은 서로 다르다. 세 사람은 모두 도덕적, 사회적, 정치적 영역에 대비되는 것으로서의 경제적 영역에서 활동하는 행위자들의 의지에 객관적 필연성을 부여하는 비인격적이고 초사회적인 힘들을 찾으려 했다. 이와 비슷하게 신고전파 이론은 개인의 선호, 부와 생산기술의 부존량이라는 외생적인, 따라서 '자연적'인 기초를 가진 한계주의의 법칙 같은 토대를 언제나 두 손 들고

반겼다. 이 모든 묘사에서, 즉 고전학파의 뉴턴적인 시각에서 초기 신고전파의 에너지 보존적 관점에 이르기까지, 경제는 엄격하고 수학적으로 기술할 수 있는 운동법칙에 의해 지배되는 하나의 커다란 기계를 닮았다. 이를 통해 경제적 결과는 위로는 천체, 아래로는 지구의 배치와 움직임을 제어하는 과정에 상응하는 것으로 여겨질 수 있을 만한 과정들에 그 기초를 두게 된다. 이런 방식으로 자연과 사회는 개념상으로 서로 근접하게 된다.[161]

이런 관점에서 볼 때 케인즈주의 고전적 상황이 경제사상사가에게 그토록 흥미로운 것은 그것이 이러한 지배적인 생각으로부터 분명하게 떨어져 나왔기 때문이다. 불확실성과 '동물적 본능', 그리고 자본시장에서의 비합리적 선택에 중심적인 역할이 부여되었다는 점은 사회적 세계에 관한 케인즈의 비전을 그 이전에 유행했던 비전과 크게 다르게 만든다. 케인즈의 저술이 이단적 측면, 궁극적으로 소화할 수 없는 측면을 갖고 있다면 그것은 대규모의 기능이상에 대한 강조가 아니라, 그 기능이상이 기계적 원인에 의한 것이기보다는 사회적 원인에 의한 것이라는 그의 주장일지 모른다. 케인즈주의적 불확실성을 반영하는 유효수요 부족이 잘 행동하는(well-behaved) 공급곡선과 수요곡선의 불일치에서 발생하는 자원의 희소성보다 더 중요할 가능성이 높다.[162] 우리는 이것이 자본축적에 대한 케인즈주의적 주장에서도 마찬가지라고 생각한다. 예를 들어 조안 로빈슨

---

161 윌리엄 밀버그는 자신의 글 〈경제사상에서의 자연질서와 포스트모더니즘(Natural Order and Postmodernism in Economic Thought)〉(*Social Research*, 제60권, 2호, 1993년 여름), 255~277쪽에서 리카도와 발라스에 초점을 맞추어 이 논제를 논의한다. 신고전파 사고에서 자연주의를 지향했지만 실패한 여러 노력들과, 그것과 고전파의 뉴턴주의 간의 차이를 상세하고 매우 독창적으로 다룬 필립 미로스키(Philip Mirowski), 《빛보다는 열: 사회물리학으로서 경제학, 자연의 경제학으로서 물리학(*More Heat than Light: Economics as Social Physics, Physics as Nature's Economics*)》(Cambridge University Press, 1989)을 보라.

의 저술에서 기술변화와 생산요소의 유동성은 자연적 제약을 극복할 수 있다. "이 과정(자본축적 과정)에서 비옥한 토지나 노동의 희소성 같은 자연적 장애에 직면하면, 길을 비켜주는 것은 자본축적이 아니라 자연적 장애다."[163]

케인즈주의적 헤게모니가 궁극적으로 사멸할 것이라는 전조를 보여준 것은 경제학적 탐구가 자연법칙적이어야 한다는 개념의 부활이었다. 합리적 기대 개념은 금융투자 결정에 대한 '미인대회' 비유, 그 위치가 어디인지를 알 수 없는 유동성 문턱, 더 나아가 IS/LM 모형에 내포된 적응적 기대 등 형편없이 비과학적인 케인즈주의적 개념들을 경제학에서 추방했다. 분명 합리적 기대 개념은 경제법칙이 자연법칙으로부터 유추된다는 주장을 다시 선언하는 흐름을 대표했다. 새고전파와 새케인즈파의 전제들도 경제과정에 대한 비전을 자연적 개념에 더 가까이 움직여 놓았다. 화폐의 영향이 예측 불가능하다는 생각은 화폐가 그 기원상 필연적으로 사회적이라는 점에서 항상 새고전파에게 위협으로 작용했다. 이제 새고전파는 화폐의 영향이 예측 불가능하다는 생각을 제거해 버렸고, 경기순

---

[162] '잘 행동하는' 공급곡선이란 가격과 공급량의 관계를 정(正)의 관계로 표현하는 공급곡선이고, '잘 행동하는' 수요곡선이란 가격과 수요량의 관계를 역(逆)의 관계로 표현하는 수요곡선이다. 이 경우에 ① 유의미한 균형이 존재하고(가격과 수량이 모두 양(+)인 공간에서 공급곡선과 수요곡선이 교차하고), ② 균형이 유일하며(교차점이 단 하나이며), ③ 균형이 안정적일(수요곡선이 공급곡선의 아래에서 위로 관통할) 수 있다. 신고전파 경제학은 노동공급곡선과 노동수요곡선이 모두 '잘 행동'한다고 상정한다. 따라서 이 두 곡선이 교차하는 점이 유일하게 존재하고 이 교차점은 안정적인 완전고용점과 균형임금률을 결정한다. 임금률이 균형수준보다 높으면 노동공급이 노동수요를 초과하여 실업이 발생한다. 이때 노동은 상대적으로 (즉 완전고용수준에 비교해) 그 '희소성'이 낮다. 이 상태에서는 임금률이 하락하는데, 그 이유는 임금률이 노동의 '희소성'을 반영해야 하기 때문이다(노동의 희소성이 높을수록 임금률이 높아야 한다). 외부적인 장애가 없다면, 임금률 하락에 따라 노동공급이 감소하고 노동수요가 증가하여 노동공급과 노동수요가 일치하는 상태에 도달할 때까지 임금률이 계속 하락한다. 요컨대 신고전파 경제학에서 실업은 노동의 희소성이 상대적으로 낮기 때문에, 즉 임금률의 수준이 균형수준보다 높기 때문에 발생한다.

[163] 니나 샤피로(Nina Shapiro), 〈포스트케인즈주의 경제학의 혁명적 특징(The Revolutionary Character of Post-Keynesian Economics)〉(*Journal of Economic Issues*, 제11권, 3호, 1977년 9월), 552쪽.

환 같은 '경제적' 동학을 생산기술 상태나 개인 선호의 변화라는 자연적 힘에서 찾았다. 새케인즈파 이론가들은 거시경제적 결과를 결정하는 데 개인의 최적화 행위가 우선한다고 선언함으로써 새고전파의 뒤를 따랐다.

따라서 케인즈주의의 붕괴 이후 나타난 중심 경향은, 경제학이란 스미스나 리카도의 고전파 모형에서처럼 그 기본적 추동력을 분명히 식별할 수 있는 탐구라는 전통으로 되돌아가고자 하는, 정도의 차이는 있지만 명시적인 욕구였다. 자연법칙적 초점을 찾으려는 이러한 노력은 이중의 결과를 가져왔다. 우선, 그런 노력이 추구하던 결정주의적 명확성, 그리고 인간의 지적 탐구에서 가장 권위 있는 지류와 연계된 분야로 간주되는 지위가 경제학에 부여되었다.[164] 반면 의도적으로 과학과 동일시함에 따라 경제학은 당대의 사회질서가 역사나 정치적인 측면에서 요구하는 조건들에 명시적으로 근거를 두지 못하게 되었다. 시장행위자와 생산기술 상태가 경제적 문제에 미리 '주어져' 있는 한, 경제학은 시장의 결과를 설명할 능력을 거의 가질 수 없다. 이런 의미에서 현대 경제학은 아무것도 설명하지 못한다. 시장을 단순히 자원배분의 기계가 아니라 사회적 기능을 담당하는 사회적 구성물로 볼 때에만 비로소 조직적 구조, 기술혁신, 문화적 규범, 습관 등의 역할이 경제적 분석의 좀더 중심적인 부분으로 통합될 것이다. 이리하여 우리는 드디어 지금까지 지나가는 말로만 언급해온 지적 불안의 원천을 직접 대면하게 된다. 그것은 한편으로는 비전과 분석의 한 양식으로서의 경제학이고, 다

---

[164] 이것이 모두 이득이 된 것만은 아니다. 왜냐하면 과학성을 요구하는 수준은 점차 높아졌지만, 다른 한편으로 과학적 패러다임 그 자체, 특히 '실증주의적' 형태의 과학적 패러다임은 점차 더 불안정해졌기 때문이다. 데보라 레드먼(Deborah Redman), 《경제학과 과학철학(Economics and the Philosophy of Science)》(New York: Oxford University Press, 1993)을 보라.

른 한편으로는 그 경제학이 자리 잡고 있는 사회질서, 즉 자본주의가 필요로 하는 것과 그것이 제기하는 문제 사이의 관계다.

자본주의의 세 가지 특징

자본주의는 그 경제적 제도들의 동학을 집단적으로 결정하는 사회적, 정치적 관계들의 복잡한 체계다. 이 체계는 시대에 따라, 그리고 어느 한 시대에서도 국가에 따라 상당한 차이를 보인다. 그러나 우리는 다음의 세 가지 특징이 모든 경우에 공통적으로 나타나며, 우리의 목적에 가장 중요한 점을 강조하는 데 도움을 준다고 믿는다.[165]

자본축적

사회체계를 연구할 때 가장 먼저 고려해야 할 것은 정치적인 면이다. 자본주의체계를 연구할 때도 마찬가지다. 즉 지배계급이 권력과 특권을 유지하기 위해 어떠한 방식에 의존하느냐를 먼저 살펴봐야 한다. 이전의 제국주의적 국제질서에서 그것은 영토를 확장하는 일, 혹은 영토 지배력 경쟁에 중심이 되는 지역을 정복하는 일이었다. 자본주의에서 그것은 자본의 축적이다. 여기서 자본(capital)과 부(wealth)의 차이에 대해 약간의 설명이 필요하다. 이것은 어쩌면 불필요할지도 모르지만, 그래도 생략하기에는 너무 중요한 것이다. 부는 그것이 소유자에게 부

---

[165] 로버트 하일브로너(Robert Heilbroner), 〈경제학의 본질(The Nature of Economics)〉(*Challenge*, 1995년 1~2월), 20~26쪽.

여하는 권력이나 지위 때문에 중요성을 갖게 되는 자연적 혹은 인위적 대상(한 떼의 가축, 한 더미의 금)이라고 볼 때 가장 잘 이해할 수 있을 것이다. 부와 마찬가지로 자본도 권력과 지위의 상징이다. 그러나 부와 달리 자본은 수동적일 수 없다. 즉 그것은 단순히 보여주기 위해서만, 혹은 큰 보수를 얻기 위해서만 사용되지 않는다. 이와 반대로 자본으로서 부의 전형적인 사용처는 부를 지출하는 것만으로는 결코 시동시킬 수 없는 활동들을 시동시키는 데 있다. 자본은 변화무쌍하고 동학적인 형태를 갖는다. 구체적으로 말하면, 자본의 소유자는 자본을 사용하여 옷감이나 노동력 같은 일상적인 것들을 구매하며, 이것들은 서로 결합하여 상품이 되고, 이 상품은 처음에 옷감이나 노동력 같은 것들을 구입하는 데 들었던 비용 이상으로 판매되기 위하여 시장에 제공된다. 이 과정은 단 한번 발생하는 것이 아니라 그 가치를 증식하는 목표를 추구하면서 수없이 반복하여 발생한다. 여기에 바로 마르크스의 유명한 M—C—M' 회로, 즉 부의 존재 자체를 위협하지만 자본에 생동력을 불어넣어 주는 자기확장적인 과정이 있다.[166]

이 과정의 두 가지 측면이 우리의 현재 관심과 밀접한 관계가 있다. 첫 번째는 그 과정이야말로 우리가 친숙히 알고 있는 자본주의의 여러 측면들의 원인이라는 것이다. 즉 자본주의는 끊임없이 혁신을 추구하며, 적극적 공격 전략을 사

---

[166] [역주] 마르크스에 의하면 자본은 생산—교환의 순환을 통해 그 형태를 변화시킨다. 자본가는 우선 자본을 화폐자본(M)의 형태로 소유한다. 화폐자본을 사용해 생산에 사용할 상품들을 구입하면 이 생산수단의 집합이 상품자본(C)이 된다. 생산을 통해 새로운 상품이 창출되고 시장에서 판매를 통해 수입이 들어오면 자본은 다시 화폐자본(M')의 형태를 갖게 된다. 이 화폐자본은 다음 회의 생산—교환 활동을 가능하게 한다. 이때 경제가 재생산을 계속 유지하기 위해서는 M'가 M보다 작아서는 안 된다. (M' = M의 경우는 '단순재생산', 즉 기존의 생산규모를 그대로 유지하는 경우이고, M'〉M의 경우는 '확대재생산', 즉 생산규모가 성장하는 경우다.)

용하는 한편 완고하게 자기보호 전략을 사용한다. 이 모든 것들은 자본의 단위, 즉 현대 사회에서의 '기업'이 자본을 확장하는 데 실패하면 좀더 성공적인 기업에 의해 흡수당한다는 사회질서의 명령에 기업이 반응하는 도구로서만 이해될 수 있을 것이다. 별로 널리 인지되고 있지 않기 때문에 더 중요한 것이 있다. 즉 자본 추구는 경제적 목표가 아니라 사회정치적 목표로서만 이해될 수 있다는 것이다. 경제학의 관심은 배분과 선택이지 권력과 지위의 무한한 축적이 아니다. 따라서 합리적 선택이나 한계효용 체감 같은 전통적인 경제학 개념은 일상생활의 전략을 소규모로 결정하는 데 적용할 수 있을지는 모르지만, 자본주의의 중심 과정 자체, 즉 자본축적 과정과는 거의 혹은 전혀 관련이 없다. 그러나 자본축적의 과정은 경제적 합리성의 기준을 넘어서는 권력과 지위라는 목표가 현시된 것으로서만 이해될 수 있다. 그런 권력과 지위야말로 계층화된 모든 사회질서를 움직이게 하는 장본인이다.

시장 배분

자본주의의 두 번째 차별적 특징은 사회정치적이기보다는 조직과 관련되어 있다. 그것은 거의 규제되지 않은 경쟁을 통해 서로 이득이 되는 구매와 판매를 추구하는 것, 즉 '시장'이라 불리는 것을 통한 생산의 조정과 분배의 규제다. 자본주의가 아닌 곳에서 그러한 규제상의, 혹은 배분상의 결정은 전통의 손에 맡겨지거나 명령의 채찍에 부여된다.

자본주의에 특유한 이 '메커니즘'은 자본 추구(이것은 투자라 불린다)에 질서를 부여할 뿐만 아니라, 사회질서의 모든 구성원들에 대한 재화 및 서비스 공급(이것은 소비라 불린다)을 감독하는 책임도 진다. 이 조정의 방법이 워낙 가시적이고, 역동적이고, 생동적이기 때문에 자본주의는 종종 '시장체제'로 언급된다. 그러나 이런 지칭은 시장이 조정하고 인도해야 할 활동들의 근저에 있는 사회정치적 기원을 무시하는 한에서는, 그리고 시장의 본질과 범위가 구체적인 개별 경우에 많은 차이를 보인다는 사실을 무시하는 한에서는 심각하게 잘못된 것이다. 시장은 자본축적 위에 세워진 질서에 필연적으로 부속되는 것이지만 그것만으로 그런 체계를 구성하기에 충분하지는 않다.

이중 영역

마지막으로 그러나 결코 무시되어서는 안 될 것은, 자본주의 질서는 '민간' 영역과 '공공' 영역으로 분리되는 특유한 행정적 형태를 갖는다는 사실이다. 공공의 영역은 계층화된 모든 사회질서에서 발견되는 권력의 소재지다. 즉 법의 공포와 강제, 지배계급의 일반적 특권에 대한 지지, 국가영토의 방위가 그것이다. 반면 민간 영역이 주로 지칭하는 것은 다른 사회질서에서라면 전통이나 명령(혹은 양자 모두)의 후광 아래에 머물러 있을 '경제적' 활동이다. 여기서는 시장 '메커니즘' 뿐만 아니라, 마찬가지로 정치적 책임에서 상당히 면제되어 있는 노동과정의 내부 조직도 포함된다. 자본가인 고용자들은 공적 영역에 의해 수립된 법률을 준수해야 하며, 법률적 징벌과 같은 공적 영역의 권리를 침해할 수 없다. 이 외에는 폭넓게 설정된 범위 안에서 오로지 시장의 '승인'에만 종속되면서 자기가 원하는 대로 일을 진행시킬 수 있다.

영역의 이런 이분화를 통하여, 자본주의의 동학적 성질이 크게 강화될 뿐 아니라, 두 영역 사이의 긴장 관계가 펼쳐질 무대도 마련된다. 이 긴장 관계는 효과적인 경제정책을 도안하는 데 항상 문제를 일으킨다. 그러나 이와 동시에 민간 부문에서 정부의 힘이 대규모로 배제된다는 것은 분명 정부의 힘이 다른 곳에서 사용되는 것도 억제됨을 뜻한다. 이런 점에서는 이분화되지 않은 계층적 체제 어느 것보다도 자본주의가 민주주의와 시민사회의 발전에 더 우호적임에는 의심의 여지가 없다.

마지막으로 할 말은 다음과 같다. 사회정치적 특징(자본축적의 추구), 조직상의 특징(시장), 운영상의 특징(공공 영역과 민간 영역의 공존)이라는 세 가지 제도적 특징을 통해 자본주의는 지금까지 존재해온 모든 다른 사회구성체와 구분된다. 이 세 가지 특징은 서로를 강화시키며, 자본주의는 이들 중 어느 것 하나라도 빠지면 작동할 수 없다. 그러나 사회구성체를 전체적으로 고려한다면, 그 역사적 위치와 영향이 주로 도출되는 근원은 분명 그 핵심에 자리하고 있는 확장 과정, 즉 경제학이 위험스럽게도 무시하고 있는 사회정치적 토대의 확장 과정이다.

우리가 이렇게 자본주의의 이상형적인 틀을 개략적으로 그리려 한다고 해서, 자본주의 형태의 차이가 그 동학, 즉 여러 국가별 자본주의에서 발견되는 사회적, 정치적 삶의 특징을 유의미하게 바꿀 수 없다는 것을 뜻하지는 않는다.[167]

---

[167] 자본주의를 모두 똑같다고 보는 위험스런 견해, 그리고 좀더 역사적, 지리적 상황에 근거한 시각의 가능성에 대해서는 깁슨−그레이엄(Katherine Gibson & Julie Graham)의 탁월한 논문인 〈혁명을 기다리며, 즉 여가시간에 집에서 일하면서 자본주의를 깨부수기(Waiting for the Revolution, or How to Smash Capitalism while Working at Home in Your Spare Time)〉(*Rethinking Marxism*, 제6권, 2호, 1993년 여름), 10~24쪽을 보라. 또 마이클 만(Michael Mann)의 《권력의 사회적 원천(*The Social Sources of Power*)》(Cambridge University Press, 1986년)을 보라.

이 점과 관련해서는 '디킨스적'인 자본주의와 '스웨덴식'의 자본주의, 혹은 19세기 미국의 자본주의와 20세기 일본의 자본주의가 제시하는 이상형들을 생각해 보는 것으로 충분하다.[168] 따라서 우리가 말하려 하는 것은 쉽게 잘못을 찾을 수 있는 특정 경우들의 목록을 제시하는 것이 아니다. 오히려 우리는 원시적 사회구성체와 소위 '공물헌납' 체제 및 봉건주의, 그리고 어쩌면 중앙계획적 사회주의를 말하는 경우와 마찬가지로, 위에서 제시한 것과 비슷한 어떤 일반적인 묘사를 통해 자본주의 양식의 이상형을 충분히 정확하게 표현할 수 있다고 주장한다. 다시 말하면, 우리가 인지할 수 있는 '자본주의적' 사회경제 조직의 형태를 역사 속에서 식별할 수 있다는 것이 우리의 가장 기본적인 선언이다. 이 선언 위에 다음과 같은 우리의 결정적인 주장을 세우고자 한다.

자본주의와 경제학

경제학은 특별히 자본주의 사회에만 적용되는 사회적 탐구의 한 형태다. 최근 경제학의 주된 발전 속에 비전의 위기가 존재하는 이유는 이 헤어날 수 없는 연결

---

168 [역주] 찰스 디킨스(Charles Dickens, 1812~1870)는 소설 《위대한 유산(*Great Expectations*)》, 《데이비드 코퍼필드(*David Copperfield*)》, 《올리버 트위스트(*Oliver Twist*)》, 《두 도시 이야기(*A Tale of Two Cities*)》, 《크리스마스 캐럴(*A Christmas Carol*)》 등을 통해 그가 살았던 빅토리아 시대의 영국 사회상, 즉 빈곤과 사회적 계층화를 적나라하게 그렸다. 스웨덴식 자본주의는 노사정(勞使政)의 세 그룹이 협상을 통해 사회질서를 형성하는 정치형태를 말한다. 경제에서 획득된 이득을 세 그룹 사이에 '공정하게' 분배하는 것과 인플레이션 시기에 임금상승을 억제하는 것을 주목적으로 한다. (신)협동조합주의((neo)corporatism)라 불리기도 한다. 미국과 일본의 자본주의 형태를 비롯한 자본주의의 여러 유형을 다룬 유용한 책으로 데이비드 코츠(David Coats)의 《현대자본주의의 유형(*Models of Capitalism: Growth and Stagnation in the Modern Era*)》 (Polity Press, 2000, 한국어판은 문학과지성사, 2003)이 있다.

관계를 탐구하기는커녕 그것을 인정조차 하지 못하는 데 있다. 이 연결관계를 부정하는 것은 곧 사회 이해의 도구로서 경제학적 사고가 갖는 효력을 지나치게 축소시키는 것이다. 조직화된 현대 자본주의에 대해 사고하기 위한 체계적인 원리로서 대표적 주체에 의한 합리적 선택을 사용한다면, 그것은 경제학의 범위를 제한시킬 뿐 아니라 우리의 경험을 설득력 있게 설명할 수 없게 하는 방향으로 경제학을 편향시키는 것이기도 하다.

저명한 경제학자인 잭 허쉴라이퍼(Jack Hirshleifer)는 우리와 관점과 반대되는 관점을 제안한다. 여기서 허쉴라이퍼의 관점을 우선 검토하는 것으로 우리의 논의를 시작하는 게 좋을 것이다. 허쉴라이퍼는 다음과 같이 말한다.

> "다른 사회과학과 경계를 이루고 있으면서도 그것들과 구별된 영역으로서 경제학을 떼어내는 일은 궁극적으로 불가능하다. 경제학은 다른 사회과학들 모두에 침투함과 동시에 그것들의 침투도 받고 있다. 오직 단 하나의 사회과학만이 존재한다. 경제학이 제국주의적인 침략의 힘을 갖는 이유는 우리의 분석 범주들, 즉 희소성, 비용, 선호, 기회 등이 그 적용의 면에서 진정으로 보편적이기 때문이다. 더 중요한 사실은 우리가 개인적 의사결정 수준에서의 최적화와 사회 수준에서의 균형이라는 서로 구분되면서도 서로 엉켜있는 과정 속으로 이 개념들을 구조적으로 짜 넣는다는 것이다. 이를 통해 경제학은 진정으로 사회과학의 보편 문법이 된다."[169]

---

[169] 잭 허쉴라이퍼, 〈경제학 영역의 확장(The Expanding Domain of Economics)〉 (*American Economic Review*, 제75권, 6호, 1985년 12월), 53쪽.

이와 같은 견해는 우리가 강조하고자 하는 경제학과 자본주의의 밀접한 관계를 보지 못한다. 모든 사회체제에서 '보편 문법'으로서의 경제학을 발견할 수 있을 것이다. 그러나 그것은 '과학'으로서가 아니라 생산과 분배, 혹은 희소성, 비용, 선호 등과 같은 보편적 사회범주들의 표현으로서만 그렇다. 허쉴라이퍼의 견해에 따르면 자본주의는 예를 들어 그 법체계나 재산권 체계를 통해 구분되는 역사적 실체일 수도 있고 그렇지 않을 수도 있다. 그러나 그는 어떤 사회질서건 그것에 독특한 역사적 형태를 부여하는 법적, 재산권적 체계와 '경제학'이 불가분의 관계를 맺고 있다는 사실을 분명히 부정한다.

우리의 견해는 이와 다른 방향을 취한다. 어떤 사회질서에서건 희소성과 비용 등을 발견할 수 있음은 의심의 여지가 없다. 비록 그것들이 다른 형태로, 예를 들어 노동의 '비용'이 노예제와 봉건제, 그리고 자본주의제에서 각기 다르게 명명된다 하더라도 그렇다. 취할 수 있는 선택사항들에 대해 무차별하지 않은 것이 '인간 본성'인 한, '선호' 같은 인간의 태도를 어느 곳에서나 발견할 수 있다는 것에도 의문의 여지가 없다. 또 분명히 어떤 사회건 생계수단 혹은 영예의 수단 (혹은 양자 모두)을 생산하고 분배해야만 한다. 그러나 이러한 보편 문법은 경제학적 관심이나 의미를 가진 메시지를 전혀 전달해주지 않는다. 그러기 위해서는 그 보편 문법이 자본주의의 제도적, 문화적 요소들을 소유한 사회에 적용되어야만 한다. 실제로 '경제적(economic)'이란 단어의 의미는 자본주의의 바깥에서는 이해할 수 없다.

구체적인 예를 들어 우리가 하려는 주장의 요지를 밝히도록 하자. 우리가 분명히 비자본주의적인 사회질서, 예를 들어 고대 이집트나 칼라하리 사막의 원주민, 혹은 이전의 소비에트 연방을 분석한다고 상상해보자.[170] 그 각각의 사회를 유지시키는 내적 결속, 그 사회를 움직이는 긴급한 과제들, 그 사회구조를 운용하는 원리들, 그리고 무엇보다도 그 사회가 밟아온 역사적 행로를 결정하는 원인들, 이런 것들을 이해하기 위해 우리에게 필요한 지식은 무엇인가? 그 후보자로 아주 긴 목록이 제시될 것이다. 예를 들어 인류학, 사회학, 정치학, 심리학, 역사학이 있을 수 있다. 그렇다면 경제학은? 만일 우리의 목표가 단순히 고대 이집트 사람들이나 칼라하리 사막의 원주민들, 혹은 러시아인들에 대해 위에서 언급한 학문의 관점에서 알고자 하는 것뿐이라면 추가로 경제학적 탐구를 해야 할 것이 무엇이 남아 있을 것인가? 한계효용이나 극대화가 희소성과 비용 및 선호, 그리고 기회에 관하여 우리에게 이야기해주는 것 중에서 심리학과 사회학, 그리고 정치학 등에 의해 설명되지 않을 것이 무엇인가?

이제 문제를 반대로 돌려놓아보자. 그런 비자본주의적 사회의 구성원으로서 우리가 미국이나 스웨덴 혹은 일본을 위에서와 같은 목적에서 설명하려 한다고 가정해 보자. 왜 이 국가들이 모두 시간과 공간에 걸쳐 생산능력을 그토록 불균등하게 발전시켰는지, 그리고 왜 급박한 필요가 충족되어야 함에도 불구하고 일자리를 구하지 못하는 수많은 사람들의 존재가 이 국가들의 특징이 되었는지, 과연 그 이유를 심리학에서 정치 '과학'에 이르는 일련의 학문들이 우리에게 말해줄 수 있을까? 분명 그렇지 않을 것이다. 그런 이유를 알기 위해서는 위에서 자본주의의 정형화된 묘사로서 열거한 범주들과 제도들, 특히 자본축적이라는 그

---

170 이 예는 로버트 하일브로너(Robert Heilbroner), 《21세기 자본주의(Twenty-First Century Capitalism)》(New York: W. W. Norton, 1993), 22~25쪽에서 가져와 일부 변형한 것이다.

핵심을 이해해야만 한다. 다시 말하면 자본주의에서만 찾아볼 수 있는 자기생성적인 경향들에 온 관심을 집중하는 학문을 통하지 않고서는 전혀 가질 수 없는 개념적 어휘와 분석도구들이 필요하다. 그 학문이 바로 경제학이다.

　이 주장에는 부연설명이 필요하다. 고대 로마를 연구할 경우 실제로 우리는 로마제국의 물질적 진보가 시간과 공간에 따라 불균등한 추세를 보였으며, 일자리를 원하는 노동자들 가운데 많은 사람들이 일자리를 찾지 못했음을 알아낼 수 있을지도 모른다. 이 경우 그 이유를 명확히 하기 위해 어디에 기댈 수 있는가를 우리는 알고 있다. 그 이유는 국가의 업무를 정치적으로 잘못 운용한 데 있다. 그것은 자기조정적인 '경제'가 자동적으로 표출된 것이 아니다. 왜냐하면 그런 '경제'는 존재하지 않았기 때문이다. 생산과 분배는 대부분 전통에 의해 인도되었거나 국가에 의해 감독되었다. 길거리 시장, 심지어는 아주 기본적인 '주식시장'도 있었다. 그러나 확장 지향적인 '사업들'이 거의 규제받지 않고 상호 경합하는 제도화된 과정이 보편적으로 존재하지는 않았다.

　다음 사항도 급히 부연하자. 즉 경제학의 어휘와 분석도구가 하나만 있지 않다는 것이다. 따라서 산업의 위치나 그 발전속도의 변화, 혹은 실업의 광경은 마르크스주의적 처방에 따라 제작된 렌즈를 통해 볼 때와 새고전파 경제학자의 주문에 따라 제작된 렌즈를 통해 볼 때에 서로 매우 다르게 보일 것이다. 그러나 어떤 형태건 '경제학' 없이는 우리 눈에 보이는 것을 이해할 방도가 전혀 없다. 심리학과 사회학, 그리고 정치학은 그 개념상, 분석상의 관심 대상에 실업이나 불균등 성장을 포함하지 않는다. 이 말은 곧 경제학 없이는 파악할 수 없는 자본주의적 질서의 측면들이 존재한다는 것이다. 돌려 말하면, 경제학은 자본주의를 말하지 않고는 배울 수도 활용할 수도 없다.

이론과 역사

경제학과 자본주의가 이렇듯 풀 수 없을 정도로 엉켜 있다는 사실은 경제학계에서 가장 잘 보호된 비밀인 듯하다. 실제로 이런 비밀이 있다는 것조차 아예 모르는 경제학자도 있는 것 같다. 이상하게도 자본주의와 경제학 사이에 깊은 관계가 있음을 공개적으로 선언하는 경제학파는 마르크스주의적 접근법, 제도학파적 접근법을 비롯한 '좌파' 접근법, 그리고 하이에크적, 폰 미제스적, 그리고 이들과 관련된 자유지상주의적 '우파'의 접근법뿐이다. 지금까지 우리 관심의 대상이 되어온 이론 작업의 대부분을 차지하는 넓은 중간 입장에서는 이 문제에 대한 언급이 거의 없다.

 이론과 역사적 상황이 연결되지 않은, 이렇게 고의적인, 더 나쁜 경우로는 천진난만한 실패가 바로 현대 경제이론이 새로운 고전적 상황을 형성하지 못하는 이유의 핵심에 있다는 우리의 생각은 이제 전혀 놀라운 게 아닐 것이다. 근저에 있는 사회질서, 그리고 그 계급구조, 사회적으로 결정되는 그 긴급과제들, 그 생산기술과 조직들, 그리고 그 특권과 권리 모두가 항시 존재하고 있음을 주류경제학이 인식하지 못하는 것은 경제 사회를 사회적으로 이해하기보다는 자연적으로 이해하려고 하는, 개념 이전의 기초에서 유래한 것이다. 분석 이전의 그러한 시각은 경제적 삶을 사회 배경과 연결시킬 요소들을 모두 결여하고 있기 때문에, 성공적인 비전이 형성되는 데 필요한 공감을 발생시킬 수 없다. 어떤 문제에 대해서는 자본주의의 존재를 주어진 것으로 받아들이고 다른 문제에 대해서는 그렇지 않게 여기며, 따라서 좀더 넓은 사회적 맥락을 고려할 필요가 있는 경제학자들이 있는 반면 그럴 필요가 없는 경제학자들도 있는 식으로 경제학자들이 작업의 분업을 행한다고 말한다면, 그것은 비전과 분석을 구분하는 취지를 파악하지 못한 것이다. 비전에 따라 분석의 범주들이 좀더 넓은 사회적 힘들을 포함하기도 하고 무시하기도 하는 것이다.[171]

초기의 경제학자들이 자연적 질서의 요소들을 그들의 비전에 짜 넣은 것은 사실이다. 스미스에게는 보이지 않는 손이, 리카도에게는 소득분배의 '자연적' 과정이, 마르크스에게는 자기발생적인 모순이, 밀의 경우에는 '진보'의 넓은 실현이, 마셜에게는 '생물학적'인 유추가, 그리고 케인즈에게는 소비하고 저축하는 '성향'이 있었다. 그러나 이 자연적 경향과 힘들은 명확하게 인지되는 사회역사적 종류의 사회적 현실과 밀접하게 연결되어 있었다. 스미스는 막 발생하고 있던 자본주의의 제도적, 행동유인적 성질들을 상세하게 다루었다. 리카도는 자본주의 시나리오가 갖는 사회 현실을 대부분 무시했지만 결코 부정하지는 않았다. 마르크스는 겉보기에 '자연적'인 사건들의 배후에 있는 사회적 인과관계를 밝히려고 끊임없이 작업했다. 밀은 사회가 그 물질적 틀을 도덕적으로 재구성할 수 있다고 강력하게 믿고 있었다. 마셜은 자연적 개념이라고는 거의 말할 수 없는

---

[171] 따라서 비전과 분석의 구분은 내용과 형식의 구분이 되어서는 안 된다. 도널드 매클로스키(Donald McCloskey)의 《경제학에서의 지식과 설득(Knowledge and Persuasion in Economics)》(Cambridge University Press, 1994)을 보라. [역주: 이 책의 저자인 매클로스키는 남성에서 여성으로 성전환을 한 후 도널드에서 디어드리(Deirdre)로 이름을 바꾸었다. 이 책은 성전환 이후에 쓴 책으로서, 실제로는 디어드리 매클로스키의 이름으로 발표되었다.]

경제적 '기사도(騎士道)'가 가능하다고 믿었다. 그리고 케인즈의 화폐적 생산 경제는 1930년대의 불황 시기와 분명히 연결되어 있었다. 그러나 현대 경제이론의 정제된 세계는 이런 종류의 생각들 가운데 그 어떤 것에 의해서도 흐려지지 않는다. 사회적 비전과 기술적 분석 사이의 이러한 분리야말로 새로운 이론중심이 형성되는 데 커다란 장애요소로 작용했다고 우리는 생각한다.

물론 경제학의 탈정치화는 이데올로기적 기능을 담당한다. 우리는 여기서 이데올로기적 기능이라는 용어를 편향된 담론만이 아니라 보편성을 주장하는 모든 담론을 의미하기 위해 사용한다.[172] 그런 경제학은 역사적 특수성을 알지 못한다. 그 비전과 분석은 모두 역사적 위치를 결여하고 있다. 그 비전과 분석은 절대적이다. 즉 사회 구성물로 인정되는 모든 것을 변경시킬 수 있는 특정한 사건이나 상황의 '위'에 위치하고 있다. 우리가 앞에서 묘사한 자본주의의 개략적 모습에 근거하여 몇몇 예를 들면 우리 주장의 요지를 분명히 할 수 있다. 탈역사적인 관점에서 볼 때 자본이라는 개념은 생산을 위한 도구라는 점에서, 보완적 기능을 하는 노동이라는 도구와 그 지위에 있어 전혀 다르지 않다. 다른 점이 있다면 자본에게는 시장에서 결정된 다른 모든 생산요소들의 소득과 자기 자신에게 돌아가야 할 부분, 즉 이자가 지불된 후 남아있는 잉여 생산물 가치를 가질 수 있는 권리가 부여된다는 점뿐이다. 역사적으로 정적(靜的)인 사회에서 그런 조정은 정치적 중요성을 거의 갖지 않았다. 그러나 연속적으로 자본축적을 추구하는 사회에서는 그런 중립적인 태도를 거의 유지할 수 없다. 이와 비슷하게 '순수' 자본

---

[172] 캐서린 벨시(Catherine Belsey), 《비판적 실천(Critical Practice)》(London, Methuen, 1980), 5쪽.

주의적 경제가 자연적으로 향해 가는 지형으로서의 일반균형 개념 또한 완벽하게 비정치적인 가정인 듯이 보인다. 그러나 이것은 자본주의적인 '축적에의 열망'을 반영하는 생산기술의 혁신과 조직의 혁신을 향한 추동력이 인식되지 않는 한에서만 그렇다. 이런 시각에서 볼 때 일반균형은 잘 기능하는 자본주의적 체제를 위해 필요한 사회정치적 요구조건들과 정면으로 부딪치는 개념인 듯이 보인다.[173]

이러한 비판은 종종 좌파 경제학자들이 하는 것이다. 그러나 비전의 측면에서 현대 경제학이 보여주는 실패는 '부르주아 경제학'에 대해 이미 훌륭히 확립되어 있는 비판을 넘어선다. 주류를 이루고 있는 패러다임의 설명력에 대해 사회의 지배집단조차 의문을 표시할 때 이런 실패가 가장 명확하게 보인다. 그런 설명력의 부재는 케인즈주의의 위기 이후 점차 더 두드러졌다. 이제 이전보다 더 명확하게 평가할 수 있듯이, 케인즈주의적 고전적 상황이 가지고 있는 비전의 중심 메시지는 자본주의에 특유의 기능이상이 존재한다는 것이 아니라(그 기능이상에 대한 언급은 적어도 마르크스로, 그리고 그 이전의 맬서스로까지 거슬러 올라갈 수 있다), 그런 기능이상의 존재에서 도출되는 결론, 즉 정부의 수요관리 권한 행사만이 혼돈을 바로잡을 수 있는 유일한 치료법이라는 결론이었다. 이것은 자본주의에게는 듣기 싫은 메시지였을지 모르지만 분명 무시할 수 없는 메시지였다.

---

[173] 따라서 신고전파 일반균형 이론은 완벽하게 계획적인 사회주의 체제에 대해서도, 자본주의 체제에 대해서와 동일하게 '유의(有意)'하다. 오스카 랑게(Oskar Lange)와 프레드 테일러(Fred Taylor)의 《사회주의 경제학 이론에 관하여(On the Economic Theory of Socialism)》(New York: McGraw Hill, 1938)를 보라.

현대 경제사상의 비전상의 토대는 이와 반대의 입장을 갖는다. 즉 그것은 합리적으로 인도된 개인의 행동이 체계상의 질서와 번영을 위한 충분조건으로서 신뢰받을 수 있다는 공언이었다. 이것은 매우 반가운 메시지다. 그러나 그 몰역사성 때문에 새로운 고전적 상황이 되기에는 기반이 약하다. 시장실패를 경제적 기능이상의 원인으로 꼽고 있는 새케인즈 학파라는 프로젝트도 궁극적으로는 이 견해를 추인하고 있다. 왜냐하면 새케인즈파에게는 시장실패가 제거되기만 하면 그 기능이상이 극복되기 때문이다. '새' 경제학들이 전달하는 비전은 점차 이데올로기에서 변명으로 옮겨갔다. 즉 난공불락의 정치적, 사회적 발견 도구와 통찰의 표현(의식적이건 그렇지 않건)에서 멀어져, 이미 체험된 지식이나 역사적 연구와 도저히 부합할 수 없어 보이는 견해로 옮겨갔다. 예를 들어 블라인더는 "왜 사람들이 시간을 실업에 배분하는지를 설명하기 위해서는 그들이 왜 다른 모든 활동보다 실업을 선호하는지를 알아야 한다"는 루커스의 말을 인용하면서 다음과 같이 논평한다. "루커스의 견해에 따르면, 일자리에서 쫓겨난 사람은 가정하건대 철도역에서 구두를 닦거나 거리의 한 모퉁이에서 사과를 팔 수 있다. 만일 그가 이런 일을 전혀 하지 않는다면 그것은 그가 일하지 않는 것을 선택했기 때문임에 틀림없다."[174] 로빈슨 크루소는 결코 비자발적으로 실업자가 되지 않는다. 그뿐 아니라 다양한 개인적 이해관계가 발라스적으로 미리 화합되기 때문에, 시장을 닮은 것은 그 어느 것이라도 모두 분석에서 제거되어 버리고 만다. 그러나 시장이야말로 그 어떤 자본주의 체제에서도 빠질 수 없는 제도다. 이 변

---

174 앨런 블라인더(Alan Blinder), 〈케인즈, 루커스, 그리고 과학적 진보(Keynes, Lucas and Scientific Progress)〉《American Economic Review》, 제77권, 2호, 1987년 5월), 131~132쪽.

명이 변호하고자 하는 질서가 자본주의라는 사실은 자본주의에 대한 언급이 현대 경제학에서는 금기임을 고려할 때 아이러니가 아닐 수 없다.

지금까지 많은 비판을 해왔으니 이제 맺음말을 해야 할 차례다. 그 맺음말은 이 연구의 첫머리에서 이미 예견된 것이다. 지속가능한 고전적 상황이 존재하지 않는다는 사실은 1950년대와 1960년대의 번영이 1970년대와 1980년대의 정체와 쇠퇴로 바뀌던 시기에 이미 사람들에게 혼란을 안겨주었다. 21세기가 가까워짐에 따라 그럴듯한 경제이론 체계가 존재하지 않는다는 사실은 앞으로 닥칠 문제들에 보다 잘 대처하기 위한 효과적인 정책의 기초를 세우는 데 있어 점차 많은 대가를 요구하게 되었다. 자본주의적 번영의 전망은 여러 구역에서 봉쇄되어버린 듯하다. 선진 산업국가에는 유례없는 국제적 경쟁의 압력이, 그리고 그들의 주위에 있는 국가들에는 끔찍할 정도로 인구의 압력이 가해지고 있다. 냉전시대의 쇠퇴와 함께 정치적 불안정은 더욱 심화되었다. 기술변화는 고용을, 환경을, 그리고 국제 평화를 위협하고 있다.

따라서 무대는 마련되었다. 그러나 무엇을 위한 무대인가? 경제이론이 새롭고 건설적으로 방향을 잡지 못하는 한 앞으로 몇십 년은 지적인 혼돈이 증가하고, 또 그 혼돈으로 인해 환영받지 못할 정치적 결과들이 발생하는 시간이 될 수도 있다. 그러나 좀더 건설적인 결과의 가능성도 존재한다. 이것이 바로 우리가 마지막 장에서 다룰 야심찬 목표다.

07 | 비전의 위기

새로운 고전적 상황을 위한 시대적 배경

이제 우리의 마지막 과제를 수행해야 할 차례다. 우리의 마지막 과제는 경제사상이 현실과의 관련성을 다시 갖기 위해 움직여 가야 할 방향을 제시하는 것이다. 앞의 장(6장)은 이 목표를 위한 첫걸음이었다. 거기서 우리는 경제학적 탐구와 자연과학의 구분이 중요함을, 그리고 특히 경제학이 자본주의 질서와 본질적인 연계관계를 가짐을 다시 한 번 인지하기를 요구했다. 이제 우리는 좀더 어려운 도전을 감행해야 한다. 즉 성공적인 새 고전적 상황을 발생시킬 가능성이 가장 높은 비전의 본질과 함께 그러한 분석의 성질을 모두 가능한 한 구체적으로 밝혀야만 한다.

 미래를 예견하는 일은 언제나 위험을 안고 있다. 그러나 어쩌면 우리는 2장에서 행했던 대략적인 메타역사적 고려들로부터 약간의 초기 안내를 받을 수 있을 것이다. 거기서 우리는 다음에 주목했다. 즉 한 고전적 상황이 다른 고전적 상황과 놀라울 정도로 다른 경우가 종종 있음에도 불구하고, 경제사상사는 두 개의 서로 다른 시기로 분명하게 구분된다는 것이다. 그 두 시기에 대해 우리는 각각 '정치경제학(Political Economy)'과 '경제과학(Economics)'이라는 이름을 부여했다.[175] 우리는 독자들에게 다음 사항을 상기시키고자 한다. 정치경제학은 스미스와 밀의 경우에서처럼 여러 면에서 서로 다르지만 공통적으로 계급 중심적인 지향을 갖고 경제를 설명하면서 근본적으로 귀족주의적인 사회관을 표출한다는 점에 그 특징이 있다. 이와 비슷하게 경제과학의 시기가 그 역사상의 독특함을 얻는 이유는 마셜에 기반을 둔 고전적 상황과 케인즈에 기반을 둔 고전적 상황처럼 서로 현격하게 다른 고전적 상황들에도 공히 몰계급적인 민주주의적 정치관이 스며 있기 때문이다.

이런 우리의 메타역사가 경제학적 사고의 미래를 안내해줄 수 있을까? 이런 식으로 문제를 제시한다는 것은 곧 우리가 정치경제학이나 경제학의 비전, 그리고 그와 연계된 분석틀로 돌아가 그것을 이용하여 앞으로 도래할 제3시대의 기본틀을 마련하라고 요구할 것임을 시사한다. 그러나 이 방향은 성향상 우리가 이끌릴 방향이 아니다. 우리의 메타역사가 주는 교훈은 분명, 고전적 상황이 사회정치적 성격을 가진 경제외적인 고려들로부터 발생하고 그것들을 구현해야만 한다는 것이다. 그러나 오늘날의 사회정치적 배경을 결정하는 고려들은 이전 두 시

---

175 [역주] 여기서 대문자 E로 시작하는 Economics는 '정치경제학(Political Economy)'과 대비되는 개념으로 사용되었기에 '경제과학'으로 번역했다. 이 번역은 잠시 후에 논의되는 뢰베(A. Löwe)의 '정치경제과학(Political Economics)' 개념과도 연결된다. 아래 각주 179를 참조하라.

기의 고려들과 매우 달라 보인다. 정치경제학의 경우 그 중심 가정들 중의 하나, 즉 지주계급이 주요한 경제적 역할을 수행한다는 가정은 현대 자본주의에서는 중요한 고려 대상이 아니다. 반면 노동계급의 전망에 관한 가정은 이전보다 훨씬 더 중요해졌다. 이 가정은 이전의 '고전파적' 시나리오에서처럼 그렇게 제한되어 있지도 않고, 밀과 마르크스의 사회주의적 시나리오에서처럼 그렇게 희망적이지도 않다. 마지막으로 우리가 밝힐 다음의 입장은 앞의 장에서 설명한 이유 때문에 놀랍게 들리지 않을 것이다. 즉 두 번째의 시기인 경제과학의 시기가 갖는 자연주의적이고 몰정치적인 방향은 우리 시대에 유용한 고전적 상황의 기초가 되기에 적합하지 않는다는 것이다.

그렇다면 경제사상에서 창조적 합의의 새로운 시대를 위한 근본적인 틀은 어떤 것인가? 이에 대한 해답은 이전 두 시기에는 없었지만 우리 시대에는 가장 중요한 관심영역에 있는 것 같다. 그것은 공공부문의 개입이 자본주의의 작동에 더 넓고 더 깊게 침투할 필요가 있다고 인정하는 것이다. 오늘날 우리가 내다볼 수 있는 최고 먼 미래에는, 첫 번째 시기의 계급 동학이나 두 번째 시기의 경쟁적인 경제주체 세계의 문제는 현실과 연관된 경제적 사고의 틀을 짜는 데 필요한 비전과 분석을 발생시킬 배경 가정이 될 수 없을 것 같다. 그런 배경 가정으로 적절한 것은 오히려 공공부문과 민간부문 사이의 균형관계가 새롭게 평가되어야 한다는 가정, 즉 공공부문의 역할이 이전보다 훨씬 더 상승된 지위를 가져야 한다는 가정이어야 할 것이다. 주장의 요지를 좀더 정치적으로 표현하자면, 어려움과 위험으로부터 자본주의 질서를 보호하기 위해 공공부문의 개입을 확대할 필요가 있음을 인정하는 것이 본질적인 배경 가정에 포함되어야 할 것이다. '자본주의 내에서 공공부문이 존재하는 게 과연 정당한가'라는 문제가 바로 현재의 비전이 봉착한 위기의 핵심에 자리하고 있는 문제다.

공공부문과 민간부문이 근본적으로 구분된다는 인식은 결코 새로운 생각이 아니다. 바로 그 인식에서 우리의 관점이 출발한다. 우리가 앞의 장에서 공들여 설명했듯이, 두 '부문'이 서로의 옆에 존재한다는 공인된 사실은 자본주의 질서의 본질적인 성질이다. 바로 그 이유로 이전의 개념화에서는 공공부문의 개입을 구체적으로 정식화하거나 그런 개입의 당위성을 항상 방어할 필요가 있었다. 여기서 스미스가 제한적이기는 하지만 결코 무시할 수 없을 정도로 정부의 '의무'를 권고했다는 사실, 리카도가 보호관세의 철폐와 관련하여 요구한 사항들을 기억하라. 그리고 실업을 축소할 책임을 정부에 부여한 케인즈주의에서 공공부문의 개입이 명시적으로 크게 확장되었음은 분명한 사실이다. 그렇지만 이 모든 이전의 비전에서, 정부 개입은 정상적이라면 신뢰할 수 있을 체계의 작동에 필요하지만 언제나 그것을 보조하는 개입 정도로 이해되었다. 우리는 독자들이 케인즈의 다음과 같은 확신을 상기하기를 바란다. 즉 그는 자신의 이론에 "함축된 뜻이 적당하게 보수주의적"이며 "현존하는 체계가 생산요소들을 심각하게 잘못 고용하고 있다고 생각할 아무런 이유도 없다"고 밝혔다.[176]

이 확신은 우리가 지금 진입하고 있는 시대에는 적용되지 않는다. 상황이 이렇게 바뀐 데는 많은 이유가 있다. 국내적으로 보면 급격한 속도로 전파되고 있는 자동화 기술로 인해 모든 선진 국가에서 실업의 압박이 심각해졌다. 오늘날

---

[176] 케인즈(J. M. Keynes), 《고용, 이자 및 화폐에 관한 일반이론(General Theory of Employment, Interest and Money)》(New York: Harcourt, Brace, Jovanovich, 1964), 377쪽과 379쪽.

'완전' 고용은 입에 발린 말로도조차 할 수 없는 목표가 되어버리고 말았다. 그 결과 앞으로의 전망은 정부가 보조하는 실업구제 프로그램이나 공공사업에 점점 더 의존하게 되리라는 것이다. 약간 다른 각도에서 보면, 공공부문 지출의 경제적 중요성은 사회의 모든 수준에서, 즉 복지에서 사회보장을 거쳐 건강보험에 이르기까지 수급권(entitlement)이라는 형태로 전면에 등장했다. 전체적으로 볼 때 이 수급권은 오늘날 정부지출 중 가장 급속하게 증가하는 부분이다. 이런 추세는 다른 나라들에서도 비슷하다. 이로 인해 모든 선진 국가에서 커다란 장애를 불러일으키는 재정문제가 발생하고 있다.

국제적으로 보면, 공공부문의 기능상 중요성을 극적으로 상승시키는 새로운 상황들이 빚어졌다. 유엔 초국적기업센터(United Nations Center on Transnational Corporations)에 따르면, 지난 20여 년 동안 다국적 기업의 수는 7천 개에서 3만5천 개로 늘어났다.[177] 이런 생산의 '세계화'가 가져올 결과는 모든 선진 자본주의 국가들을 동요시킬 수도 있다. 그 결과들 중에는 시장경쟁의 힘을 통해 사회, 환경, 노동의 기준이 하락하는 것과 신흥공업국들이 시장몫을 놓고 주요 경쟁자로 발흥하고 있는 것이 포함된다. 이와 연관된 상황전개로서 미국이라는 국가 하나에 흘러들어오는 국제자본의 양이 이전에는 상상하지 못했던 수준으로 커졌다. 전 세계적 차원에서 볼 때 이러한 금융의 국제화는 국적 없는 세계 금융시장의 '의지'와 양립할 수 없는 대내적인 재정정책과 통화정책을 선진 국가들이 수행할 능력을 심각하게 제한한다. 이보다 더 큰 지평에서 볼 때 세계

---

[177] 유엔 초국적기업센터, 《세계투자 보고서(World Investment Report)》(New York: United Nations, 1994).

인구는 한 세대가 지나기 전에 10억 명 이상 더 증가할 것이고, 이것은 선진 국가들에게는 대규모의 이주민 유입 압력이라는 유령으로 나타날 것이며, 이 인구이동은 그것이 용인되느냐 거부되느냐에 상관없이 심각한 결과를 초래할 것이다. 전 지구적 차원에서 발생하는 환경문제는 이미 세계적 문제의 목록에 포함되어 있으며, 배기열이나 오염물질 배출로 인해 갈수록 더 심각해질 게 분명하다. 그리고 세계 곳곳에서 종족주의나 민족주의에 관련된 소요 세력의 힘은 간헐적인 테러와 함께 그 모습을 확연히 드러내고 있다.

    이런 모든 상황전개, 그리고 이와 관련된 다른 상황전개들은 잘 알려져 있다. 따라서 종합적으로 생각할 때 이런 것들이 현대의 지배적인 사회정치적 배경을 형성한다고 하는 우리 주장이 확인된다. 같은 논리에서 이러한 상황전개는 잠재적인 고전적 상황이 수용해야 할 현실의 놀라운 변화를 나타낸다. 이제 현재의 배경에 대한 우리의 이해가 함축하는 바를 논의하도록 하자. 경제사상 안에 그 가정을 가장 성공적으로 통합시킬 비전과 분석에 관련하여 우선 비전에 대한 함축을, 그리고 다음에는 분석에 대한 함축을 논의할 것이다.

새로운 고전적 상황의 비전

새로운 비전을 위해 무엇이 요구되는가를 논의하는 것으로 시작하자. 이전의 고전적 상황에서와 마찬가지로 오늘날에도 비전은 경제라는 드라마를 움직이는 배우들을 선정하는 데 있어 역사적 배경의 사회정치적 본질을 끼워 넣어 통합해야 한다. 우리는 정치경제학의 삼각 계급구조와 두 번째 시기의 개인 중심적인 경제학을 이미 배제했다. 그렇다면 그런 역할을 메울 만한 게 뭐가 있는가? 그것은 현재 우리가 인지하고 있는 상황에서 우리 관심의 초점이 된 두 부문(두 계급이 아니라)이라는 게 우리의 대답이다. 특히 우리의 비전에 의하면 민간부문은 매우 중요하지만 상대적으로 수동적인 경기자로, 공공부문은 매우 작을지는 모르지만 전략적인 경기자로 통합될 가능성이 높다. 이렇게 되면, 드라마 자체가 반영할 배경에서는 주로 자본가 계급의 행위나 개인 기업가의 결정에 주어졌던 동태적이고 결정적인 역할을 앞으로는 정부정책이 담당하게 될 것이다. 우리 생각에 이 넓은 의미의 사회정치적 배경은 초기의 계급위계적인 관점과 후기의 민주적 개인주의의 관점이 각자 자기 시대에 대한 지각을 설득력 있고 중요하게 반영했듯이 그런 배경 역할을 한다.

이제 논리적으로 뒤따르는 결론은, 그러한 비전에 의거하여 귀결될 전체적인 시나리오가 과거의 시나리오들에 비해 일반적으로 '계획경제주의적(dirigiste)'인 성격을 띠리라는 것이다. 이 좀더 계획경제주의적인 방향은 많은 형태를 띨 수 있다. 그것은 그런 정책이 스웨덴에서, 유럽에서, 혹은 일본에서 어떤 차이를 갖고 실행되는지를 보면 알 수 있다. 물론 반대 방향으로 움직여 가려 하는 자본주의가 있을 가능성도 항상 존재한다. 그 가능성이 가장 높은 후보자가 미국일 수도 있다. 우리는, 선진 국가에서 경제사상의 새로운 고전적 상황의 기초를 형성할 가능성이 가장 높은 비전은 과거에 인정된 것보다 정부 권력이 훨씬 더 폭넓게 적용되고 사회가 정부주도적인 사회 조정에 훨씬 더 많이 의존하리라는 점을 전제할 것이다.

그러나 그러한 '제도적' 비전을 위해 우선적으로 요구되는 매우 중요한 것이 있다. 그것은 공공부문에 부여되어야 할 명확한 합법성(legitimation)이다. 여기서 특정한 한 예가 그 뜻을 명확히 해줄 것이다. 일상적으로 듣는 말이지만, 과도한 정부 부채는 민간의 부채를 '구축(驅逐, crowd out)' 한다는 말이 있다. 이런 말에서 당연시되고 있는 것이 있다. 그것은 구축된 민간 투자로부터 획득되었을 사회적 이득을 고려할 때 그것을 대체하는 공공부문 지출에 비해 민간투자가 우선권을 가져야 한다는 것이다. 따라서 겉으로 잘 나타나지는 않지만 지배적인 관점, 특히 영미권 세계에서 지배적인 관점은 공공부문 지출에 비해 민간부문 지출이 암묵적으로 우월하다는 것이다. 그 반대가 되는 예외적인 경우는 오직 전시(戰時)뿐이다. 그러나 이 말은 그 자체로 시사점을 던져준다.

우리의 주장은 이와 근본적으로 대조된다. 우리가 오늘날 자본주의의 배경이 되는 현실이라고 생각하는 것에 적합한 비전은 이와 매우 다른 가치관을 요구한다. 만일 오늘날의 자본주의가 강력한 정부 정책에 의해 견제되거나 관리되어야 할 힘들 앞에서 궁지에 몰려있는 사회질서라면, 민간부문의 활동과 공공부문의 활동 중 어느 것이 먼저인지 순서를 매기는 손쉬운 가정들보다는 좀더 깊이 고려한 접근법이 필요하다. 강조하건대 이 말은 전시에서처럼 이제 공공부문에 우선권이 주어져야 함을 의미하는 게 아니다. 이 말이 뜻하는 것은 단지 공공부문 활동에 대한 이전의 관점이 이제 더 이상 지탱될 수 없다는 것이다. 여기서 '단지' 라는 말은 두 부문의 역할을 확립하는 비전이 잠재적으로 모진 변화를 겪을 것임을 표현한다. 물론 다음과 같은 점들도 당연히 따른다. 즉 정부 지출이라고 모두 소비로 취급되어서는 안 되고, 자본투자예산은 아무리 성취하기 어렵다 하더라도 공공부문에 필수적이고, 동일한 비용—편익 분석이 공공부문의 경제활동에서처럼 민간부분에서도(물론 개인적 관점이 아니라 사회적 관점에서) 때때로 적용되어야 한다.

독자들에게 상기시킬 점이 있다. 그것은 고전적 상황은 그 범위가 넓기 때문에 공공부문의 역할에 대해 '옳은' 개념이 단 하나만 있지 않다는 것이다. 예견할 수 없는 전개상황에 따라 많은 것이 달라질 것이다. 그런 상황으로는 특정 신기술의 성격, 환경적 위협의 도래 속도, 국내 정치적 분위기의 성격, 그리고 국제무대에서 전개되는 정치적 가능성과 불가능성들이 있다. 따라서 새로운 고전적 상황으로부터 발생할 특정한 작동구조를 처방할 방도는 없으며, 그것을 예견하는 것은 더더욱 불가능하다. 이렇게 말하고는 있지만 우리는, 오늘날 미국은 분명히 공공부문의 앙양이 아니라 그것의 비합법화를 선호하고 있음을 너무도 잘 알고 있다.

다음과 같은 믿음을 다시 한 번 반복하는 게 우리가 할 수 있는 전부다. 즉 우리 시대에 경제학적 탐구가 열매를 맺기 위해서는 자본주의가 점차적으로 더 방어적인 위치에 처해지고 있다는 사실을 인식해야만 한다는 것이다. 이 시각은 이미 유럽과 일본, 그리고 많은 신흥공업국들에서 상당한 지지를 얻고 있다. 오늘 드리우고 있는 구름이 바람에 밀려 날아가는 한에 있어서만(이것이 가능하다면 우리는 더없이 기쁠 것이다) 우리의 처방은 설득력을 잃을 것이고, 경제사상의 새로운 중심을 찾아야 할 위급함이 덜어질 것이다. 이런 행복한 경우에는 경제사상의 새로운 중심이라는 것이 훨씬 덜 중요해지기 때문이다.

새로운 고전적 상황에서의 분석

우리의 처방은 아직 끝나지 않았다. 고전적 상황은 비전뿐 아니라 분석에도 의존하며, 비전의 변화는 언제나 분석과정을 다른 각도로 놓을 가능성이 높다. 우리는 공공부문의 합법성이 상승하는 것이 새로운 비전의 중심이라 생각한다. 그렇게 될 수 있기 위해서는 경제학적 분석의 성격이 변화해야 할 뿐만 아니라 경제학적 탐구에서 분석이 차지하는 지위도 전반적으로 변화해야 한다.

순전히 형식적인 행동으로 고려될 때 분석은 우리가 이미 언급한 고려들, 즉 주장의 일관성, 자료의 평가나 조작에 사용된 통계적 방법의 신뢰도, 그리고 이와 유사한 주로 비정치적인 기준들을 검사하는 일에만 관련된다. 형식적인 분석틀은 이론의 전반적 구성작업에서 상대적으로 작은 역할만을 담당한다. 왜냐하면 분석의 출발점이 되는 전제로부터 결과를 도출하는 데 있어서건, 아니면 분석의 출발점이 되는 근원적 상황을 확립시키는 이미 주어진 것들의 정의를 살피는 데 있어서건, 분석은 아무런 문제도 일으키지 않는 역할만을 맡기 때문이다(물론 이론의 구성작업(construction)이 아닌 이론의 완성작업(working out)에서는 분석도 중요한 역할을 한다).

공공정책의 역할이 확대되어야 한다는 우리의 평가는 분석의 이런 문제없는 지위에 두 가지 방식으로 영향을 끼친다. 첫 번째는 분석의 사용처와 관련된다. 경제이론의 전통적인 구성작업에서 분석은 비전이 멈추는 곳에서부터 시작한다. 즉 비전이 제시한 실체를 인정한 후 추가적인 변수 혹은 변수들이 발생시킬 인과적 연결고리를 결정하기 위해 법칙 같은 행위라는 강력한 가정을 적용하여 그 변수들의 영향을 도출한다. 그러나 내외의 도전에 대처하기 위해 정치적 방법을 점점 더 많이 사용한다는 사실은 이런 전통적인 이론작업 순서를 복잡하게 만들고, 어쩌면 그것을 근본적으로 바꿔 놓을 수 있다. 두 번째 영향은 이론 자체의 초점과 목적이 변화한다는 사실에 그 원천이 있다. '자연적'인 상황변화에 대한 대응을 의도하는 정부정책의 전략적 중요성을 고려할 때, 관습적으로 인정돼온 경제학의 예측 지향성은 아돌프 뢰베(Adolph Löwe)가 '도구적' (즉 수단-목표 지향적인) 목적이라 부른 것으로 변화해야 할 것이다.[178] 즉 필요한 마지막 결과를 얻는 데 가장 잘 어울리는 정책을 추론해내는 데 분석을 사용해야 한다는 것이다. 만일 경제학이 어마어마한 분석적 도구를 구축하는 데 토대로 삼은 행위법칙들이 적용되는 경우가 있다면, 그것은 어떤 정책목표(일부 개인들의 소득을 감소시킬지도 모를 정책목표도 포함해서)를 실현하는 데 가장 적합한 방법을 선택하는 경우일 것이지만, 이런 경우에도 행위법칙들의 적용은 부분적인 수준에 그친다.

결과적으로 분석의 기능은 근저에 깔린 행위의 규칙성에 의존하는 '과학과 비슷한' 능력을 일부 상실하게 되며, 단순한 극대화 행위에 의해 안내되는 전통적인 분석에서는 찾아볼 수 없는 정치적, 사회적 판단의 측면을 갖게 된다. 실제로 경제학 이론이 이렇게 방향을 재설정해야 할 필요가 있다는 바로 이런 인식에서 뢰베는 정치경제과학(Political Economics)을 경제학의 올바른 명칭으로 제안

---

[178] 아돌프 뢰베(Adolph Löwe), 《경제지식에 관하여(On Economic Knowledge)》(Armonk, NY: M. E. Sharpe, 1976). 원본은 1965년에 출간되었다.

한다.[179] 이 명칭은 우리가 지난 과거의 시기에 붙였던 명칭에 분명 부합하는 명칭이기도 하다.

경제학 방향의 재설정

이 모든 것을 통해 경제학이라는 분야는 유례없는 도전과제를 부여받고 있다. 이 도전과제는 경제학이 회피할 수 없는 다음과 같은 요구로 나타난다. 즉 경제학이 물리학의 정확한 과학적 지식보다는 정치학적, 심리학적, 인류학적 통찰을 통한 부정확한 지식과 훨씬 더 밀접하게 연대관계를 맺고 있는 학문이라는 점을 경제학 스스로가 깨달아야만 한다는 것이다. 실제로 이 도전은 경제학이 자부심을 갖고 사회학과 정치학의 앞에 서서 그들을 안내하기보다는 그들의 뒤를 따르는 학문임을 경제학 스스로 인정하라고 요구할지도 모른다.

이렇게 경제학과 그 이복형제인 '연성(soft) 과학들 사이의 위계순위가 역전되는 일이야말로 어쩌면 우리가 경제사상에 필요불가결하다고 생각하는 개념 재구성의 결과일 수도 있다. 그것은 가장 환영받지 못할 결과이자 받아들여질 수 없는 결과일 것이다. 현대에 통상적으로 인정되는 바에 따르면, 정치학은 경제학 다음의 2인자 자리를 차지한다. 왜냐하면 경제학은 제도적으로 정치적 자유와

---

[179] [역주] '정치경제과학'은 Political Economics를 번역한 것으로 '정치경제학(Political Economy)'과 '경제과학(Economics)'을 합성한 표현이다. 뢰베에 의하면, 경제학은 변화하는 정치사회적 상황에 대응하여 정책목표를 수립해야 한다는 의미에서 '정치경제학'이 가졌던 정치사회적 지향성을 반영하고, 아울러 정책목표를 달성하는 데 필요한 구체적 정책수단을 도출하는 데 '경제과학'이 발전시킨 분석기법을 적용해야 한다. 즉 경제학은 '정치경제학'의 '비전' 아래 '경제과학'의 '분석'을 통합해야 한다는 것이다.

연관을 맺는 맥락 속에서 합리성이라는 불편부당한 목소리로 이야기한다고 추정되는 반면, 정치학은 추정컨대 내적 합리성이 전혀 없는 목소리로, 그리고 수많은 형태의 억압과 너무도 자주 연관되는 과거를 갖고 이야기하기 때문이다.

정치성이 과도해질 위험이 항상 존재함을 부정하거나 경제학적 활동 중 많은 부분에서 자기표현의 요소가 있음을 과소평가하는 것은 바보 같은 짓일 것이다. 그러나 특히 구(舊)소련이나 구(舊)유고슬라비아, 혹은 일부 아프리카 국가에서 오늘날 찾아볼 수 있는 혼돈을 고려할 때, 과소한 정치적 질서로부터 발생할 수 있는 끔찍한 가능성을 무시하거나, 수많은 저개발 국가들은 물론 미국의 너무 많은 부분에서도 경제적 삶을 통해서는 가장 낮은 수준의 자기실현조차도 약속받지 못한다는 사실을 부정한다면, 그 역시 바보 같은 짓일 것이다. 이와 비슷하게, 경제학의 비정치적인 성격이나 현실의 이해관계에서 벗어난 동기를 무비판적으로 격찬하는 일도 근시안적이라는 게 우리의 생각이다. 왜냐하면 우리의 학문은 자본주의에 불가분적으로 내재되어 있고 그에 따라 어느 정도는, 비록 자신이 그렇다는 것을 인지하지 못하는 경우에도, 자본주의를 정당화하는 목소리가 되어버리기 때문이다.

이와 거의 마찬가지로, 경제학이 분명하게 동기유발적인 지시를 따르고 자기이익에 부합하는 정치적 분위기를 선호한다는 이유로 경제학이 정치학에 우선한다고 주장하는 것은 경제학적 개념과 가치에 일치하는 정치학이 자본주의 질서의 지배적 가치체계가 되었음을 주장하는 것과 같다. 따라서 만일 경제학이 정치적으로 선택된 목표를 획득하기 위한 도구가 된다면, 경제학의 자리가 정치학에 의해 '대체' 되는 것이 아니라 오히려 경제학이 항상 그래왔던 것으로서, 즉 자신이 봉사하는 사회정치적 질서에 없어서는 안 될 하인으로서 경제학이 자신을 공개적으로 인정하는 것이다. 이 말은 바로 사회정치적 힘들이 모든 사회의 기초라고 말하는 것과 같다. 그리고 이 말은 모든 사회에서 일반적인 지혜로 받아들여질 말이기도 하다. 단 자본주의 사회는 제외하고 말이다.

한마디로 말해 비정치적인 질서 같은 것은 존재하지 않는다. 단지 정도의 차이는 있지만 무리 없는, 책임감 있는, 효과 있는, 그리고 '정의로운' 집단적 인간 조직들만이 있을 뿐이다. 한 사회에서 경제활동이 정치적으로 자기의식적인 비전에 의해 인도되고 또 그 사회가 수단—목표의 분석을 사용한다면, 그 사회에서는 사회의 정치화라는 항상 존재하는 위험이 더 악화되지 않을 것이다. 그 사회는 단지 맹목적인 복종에 의해서가 아니라 자신의 선택에 의해서 운용되기를 바라는 사회의 의제에 정치를 통합시켜 넣을 뿐이다.

이렇게 우리의 학문 방향을 급진적으로 재설정하는 일이 오늘 당장 이루어질 가능성은 분명 거의 없다. 그러나 내일도 그것이 불가능하지는 않다. 현대 경제이론의 상태에 대해 조그맣지만 아주 깊은 불만이 존재한다. 우리의 이 책은 그런 불만의 아주 작은 일부다.[180] 만일 우리의 일반적 진단과 처방이 좀더 전통적으로 표현된 것들과 많이 다르다면, 그 차이는 다음의 두 중심 요소에서 찾을 수 있다. 이 요소들이야말로 우리 작업의 결론으로서 안성맞춤이다. 그중 첫째는 경제학에 대한 자연법칙적 개념을 버리고, 그 대신 경제학과 그 근저에 있는 사회질서 사이에 풀어버릴 수 없는 관련이 있음을 분명하게 선언해야 한다는 주장이다. 우리의 두 번째 구분 요소는 경제학 이론의 형태를 예측에서 정책안내로 방향전환할 필요성과 관련된다. 이 방향전환의 요소는 자본주의가 스스로 만들어냈지만 직접 통제할 수 없는 힘들 앞에서 본질적으로 수세에 몰려 있다는 우리의 진단으로부터 발생한다. 우리가 내놓는 제안의 구체적인 내용에 동의하지 않는 사람들도 이런 제안을 하게 된 상황이 절박하다는 우리의 전반적 평가에는 동의하기를 희망한다.

---

180 이런 불만을 토로하는 최근의 저술을 비과학적으로 표본 추출하면 다음 책들이 포함된다. 레이 캔터베리(E. Ray Canterberry), 《경제학 만들기(The Making of Economics)》(Belmont, CA: Wadsworth, 1987년), 제3판. 데이비드 컬랜더(David Colander), 《경제학자들이 환경미화원만큼 중요하지 않은 이유: 경제학 상태에 관한 논문집(Why Aren't Economists as Important as Garbagemen? Essays on the State of Economics)》(Armonk, NY: M. E. Sharpe, 1991년). 허먼 댈리(Herman Daly)와 존 코브(John Cobb), 《공동의 선을 위하여: 경제를 공동체와 환경, 그리고 지속가능한 미래로 방향 돌리기(For the Common Good: Redirecting the Economy Toward Community, the Environment, and a Sustainable Future)》(Boston: Beacon Press, 1989년). 폴 데이비드슨(Paul Davidson)과 그렉 데이비드슨(Greg Davidson), 《문명사회를 위한 경제학(Economics for a Civilized Society)》(New York: W. W. Norton, 1988년). 존 이트웰(John Eatwell), 〈제도, 효율성, 그리고 경제정책이론(Institutions, Efficiency, and the Theory of Economic Policy)〉(Social Research, 제61권, 1호, 1994년 봄), 33~53쪽. 아미타이 에치오니(Amitai Etzioni)와 폴 로렌스(Paul Lawrence), 《사회경제학: 새로운 종합을 위하여(Socioeconomics: Toward a New Synthesis)》(Armonk, NY: M. E. Sharpe, 1991년). 마리안 퍼버(Marianne Ferber)와 줄리 넬슨(Julie Nelson), 《경제남성을 넘어서: 페미니스트 이론과 경제학(Beyond Economic Man: Feminist Theory and Economics)》(Chicago: University of Chicago Press, 1993년). 제프리 호지슨(Geoffrey M. Hodgson), 《경제학과 제도: 현대 제도경제학 선언(Economics and Institutions: A Manifesto for Modern Institutional Economics)》(Philadelphia: University of Pennsylvania Press, 1988년). 로버트 커트너(Robert Kuttner), 《자유방임주의의 종말: 냉전 이후 국가의 목적과 세계화 경제(The End of Laissez-Faire: National Purpose and the Global Economy After the Cold War)》(New York: A. Knopf, 1991년. [역주: 같은 맥락에서 최근에 발행된 책들은 다음과 같다. 폴 오머로드 (Paul Ormerod), 《경제학의 죽음(The Death of Economics)》(St. Martins Press, 1995년); 주명건 역, 《경제학의 부활》(서울, 세종서적, 1996년). 스티브 킨(Steve Keen), 《경제학 옷 벗기기: 사회과학의 벌거벗은 임금님(Debunking Economics: The Naked Emperor of the Social Sciences)》(Zed Books, 2001년). 에드워드 풀브룩(Edward Fullbrook) 엮음, 《경제학의 위기(The Crisis in Economics)》(London: Routledge, 2003년). 에드워드 풀브룩 엮음, 《경제학, 무엇이 잘못되었나?(A Guide to What is Wrong with Economics)》(Anthem Press, 2004년). 박만섭 엮음, 《경제학, 더 넓은 지평을 향하여: 신고전파에 대한 12대안》(서울, 이슈투데이, 2005년).]

역자 후기

《비전을 상실한 경제학》은 로버트 하일브로너(Robert Heilbroner)와 윌리엄 밀버그(William Milberg)의 *The Crisis of Vision in Modern Economic Thought* (Cambridge University Press, 1995)를 완역한 것이다. 이 책을 쓸 당시 하일브로너는 뉴스쿨 사회과학대학(The New School of Social Research) 경제학과의 명예교수로 있었고, 윌리엄 밀버그는 뉴욕 주에 있는 바드 칼리지(Bard College)의 레비 연구소(Levy Institute)에 재직하고 있었다.

경제학을 배우려고 하는 사람들의 처음 목적은 대부분의 경우 실제로 자신이 직접 체험하거나 다른 사람 혹은 방송을 통해 매일 자신에게 알려지는 경제현상들을 좀더 잘 이해하고 싶어서일 것이다. 이들에게 경제학이 보여주는 견고한 논리적 추론과 현란한 수학 기법은 처음에는 강한 관심을 일으킨다. 그러나 대개의 경우 이 관심은 곧 두려움으로 바뀐다. 현재 시장에서 판매되는 경제학 교과서들을 보자. 많은 사람들이 우선 그 두께에 기가 죽고 만다. 그 무거운 책을 들어 펼칠 용기를 가진 독자들이라 하더라도 다음에는 교과서의 처음부터 마지막까지 거의 모든 쪽마다 나타나는 수학공식과 어지럽게 교차하는 곡선들의 그림에 황급히 책을 덮는다. 이 두려움의 문턱을 넘어선 독자들에게 경제학은 이제 논리학자, 수학자, 물리학자에게나 요구될 법한 논리적 설명, 수학 기법, 그리고 모형을 전개한다. 이쯤에서는 처음 경제학에 관심을 가졌던 잠재적 독자들의 대부분이 경제학에 대해 가졌던 관심을 경외감으로, 패배감으로, 배신감으로, 허탈감으로 바꾸게 된다.

그런 심리적 위기를 극복하고 경제학을 전문으로 공부하는 데 성공한 경제학자들에게 현대 경제학의 바로 이런 특징은 자신들의 지적 우월감을 증명하는 것으로 작용한다. 그리고 어쩌면 그런 이유 때문에, 경제학을 업으로 삼지 않는 일반 사람들에게 현대 경제학자들의 상황진단과 정책제안은 마치 철학자의 심오한 사고나 물리학자의 복잡한 이론처럼 거역할 수 없는, 완전히 이해할 수는 없지만 깊은 진리를 갖고 있는 것으로 받아들여지곤 한다. 경제학과 관련해 발생하는 이런 상황은 일반인들에게만 국한되지 않는다. 다른 학문에서 그 분야를 전공하는 학자들에게도 비슷한 상황이 연출되고 있다. 사회과학에 속하는 학문들, 예를 들어 정치학이나 사회학에서 요즘에 경제학의 지식이나 경제학적 기법을 모르고서는 학문으로서의 정치학이나 사회학을 '제대로' 하지 못한다는 비판을 받기 십상이다. 이제 경제학은 경제현상뿐만 아니라 사회현상 일반을 설명하는 가장 기본적인 학문으로 자리 잡았다. 투표, 외교정책의 결정, 결혼과 이혼, 자녀수의 결정, 심지어 마약중독에까지 이르는 (거의) 모든 사회현상들이 경제학적 논리와 기법에 의해 설명된다. 반면 경제학자들 자신은 경제학을 '제대로' 하는 데 정치학이나 사회학의 지식이 반드시 필요하지는 않다고 생각한다. 때로는 오히려 그런 지식이 경제학을 '오염' 시킬 수 있으므로 주의해야 한다고 생각하고, 다른 경제학자들에게도 그렇게 '오염' 되지 않기를 주문한다. 경제학은 사회과학을 지배하기에 이르렀다. 그리고 경제학은 경제학의 '순수 혈통'을 유지하도록 자신에게 명령한다. 현 시대는 경제학의 제국주의(economic imperialism) 시대가 되어 버렸다.

그렇다면 이렇게 논리적 체계와 수학적 기법으로 무장한, 그리고 그 때문에 사회과학에서 특별한 지위를 부여받고 있는 (또는 그래야 한다고 경제학자들이 생각하는) 현대의 경제학이 정말로 '경제' 라는, 더 나아가 '사회' 라는 현실의 진정한 모습에 사람들을 좀더 가깝게 다가가게 해 주는가? 그리고 그 사회가 더 나은 방향으로 나아갈 수 있도록 정책적 처방을 내려줄 수 있는가? 이것이 하일브로너와 밀버그가 《비전을 상실한 경제학》에서 다루고자 하는 문제다. 그리고 그들은 이 질문에 부정적인 답을 내놓는다.

저자들이 부정적인 눈으로 보고 있는 경제학은 케인즈 경제학이 힘을 잃은 후 지금까지 경제학계에서 널리 수행되고 있는 경제학, 즉 저자들이 '현대 경제사상' 이라 부르는 것이다. 현대 경제사상 이전의 경제사상, 즉 애덤 스미스와 리카도와 밀의 경제학, 제번스와 발라스와 마셜의 경제학, 그리고 케인즈의 경제학에서 우리는 뚜렷한 '비전' 을 찾아볼 수 있다. 비전은 "모든 사회사상에 주입되어 있는 정치적 희망과 두려움, 사회적 고정관념, 그리고 가치판단"으로서, "모든 사회적 탐구의 단계를 설정하고 그 배역들을 결정한다." 다시 말하면 이 경제학들은 당대의 정치적, 사회적 상황을 배경으로 하여 발생하였고, 당대의 사회경제

문제를 설명하고 그에 대한 처방을 제시하는 것을 제일의 목표로 삼았다. 반면 1960년대에 케인즈주의 경제학이 붕괴된 후 지금까지 경제학계를 지배하고 있는 현대 경제사상에서는 뚜렷이 식별되는 '비전'이 존재하지 않는다. 현대 경제학은 '비전의 위기'에 봉착해 있다. 그 이유는 현대 경제학이 경제학적 연구에서 가장 가치가 있다고 평가하는 것이 '고급의 이론화 작업(high theorizing)'이기 때문이다. 현대 경제학에서는 논리적 사고와 추론, 그리고 치밀하게 구성된 모형, 즉 하일브로너와 밀버그가 '분석'이라 부르는 것이 경제학 그 자체가 되어 버렸다. 물론 모든 학문적 탐구에서 분석은 매우 중요하다. 분석은 "초기 조건으로부터 결과를 연역하는 과정, 추론의 고리를 주의 깊게 살피는 과정, 지적(知的) 의견교환을 선동의 말들로 대체하도록 하는 상존하는 유혹을 물리치는 과정"이기 때문이다. 경제학의 정교한 분석은 경제학을 모든 다른 사회과학의 위에 위치시키는 '왕관의 보석' 같은 역할을 한다. 그러나 '왕관의 보석'이 제대로 된 '왕관의 보석'이기 위해서는 그 보석에 비해 하급의 질로 만들어졌지만 반드시 있어야 할 왕관의 몸체가 있어야 한다. '왕관의 보석'은 '왕관을 위한 보석'이어야 한다. 그러나 현대 경제학에서 '왕관의 보석'은 왕관 그 자체가 되어 버렸다. 왕관의 몸체는 보석의 그늘에 가려버리고 말았다.

 현대 경제학은 '보편문법'으로서의 경제학적 탐구를 추구한다. 현대 경제학은 분석에 있어 '희소성, 비용, 선호, 기회' 등의 범주들을 사용하며, 이 범주들 속에서 경제활동을 이해한다. 그 결과 현대 경제학이 정의하는 경제활동은 주어진 제약 하에서 최적화(효용극대화, 이윤극대화)를 성취하려는 개인(개체)의 의사결정에 초점을 맞춘다. 그런데 이 범주들은 자본주의에만 적용되는 것이 아니라 인간 사회의 모든 양식에 적용되는 보편적인 것이며, 개인(개체)의 최적화 의사결정은 어떤 형태의 사회에서건 적용되는 활동으로 이해된다. 더 나아가 이런 개인의 최적화 의사결정은 사회 전체적인 수준에서 균형 상태를 발생시키는 것으로 이해된다. 즉 사회 전체에서의 현상은 개인 수준에서의 최적화 의사결정에 의해 설명된다. 이제 경제학적 분석 범주와 경제학적 의사결정 행위는 모든 사회 양식에, 그리고 모든 사회 현상에도 적용되는 보편적인 것으로 이해된다. 현대 경제학은 모든 사회과학의 왕으로 군림하는 동시에 모든 사회 양식에도 적용된다는 의미에서 진정 '경제학의 제국주의'를 이룩했다.

그러나 하일브로너와 밀버그는 "경제학은 특별히 자본주의 사회에만 적용되는 사회적 탐구의 한 형태"라고 주장한다. 경제학과 자본주의는 불가분의 관계에 있다. 자본주의의 특징들을 반영하지 않고 수행되거나 자본주의의 특징과 관련없는 특징을 바탕으로 하여 수행되는 경제학적 탐구는 진정한 의미의 '경제학적 탐구'가 아니다. 현대 경제학이 생각하는 대로 '희소성, 비용, 선호, 기회' 등의 범주는 인류의 어떤 사회양식에도 존재하는 보편적 범주들이다. 그러나 비자본주의적 사회를 탐구할 때 이런 분석 범주들을 사용한다면, 그런 탐구는 인류학, 사회학, 심리학 등에 의해서도 수행될 수 있다. 여기에는 특별히 '경제학적' 인 것이 없다. 자본주의 사회에 적용시킬 때 비로소 이 분석 범주들은 '경제학적'인 의미를 갖게 된다. 그러나 하일브로너와 밀버그는 대표적 개인에 의한 최적화 활동은 현대 자본주의 체제하에서의 경제활동을 정확히 반영한 것이 아니라고 말한다. 그들은 현대 자본주의의 특징들로서 ① 사회에서의 권력과 특권을 위한 정치적 활동이 자본축적이라는 형태로 표현된다는 점, ② 생산의 조정과 분배의 규제를 담당하는 제도가 시장이라는 형태로 이루어졌다는 점, ③ 사회 질서의 작동과 유지를 위한 운영상의 특징이 민간영역과 공공영역의 구분으로 나타난다는 점을 든다. 현대 경제학은 현대 자본주의의 이런 특징들을 반영하지 않는다. 따라서 현대 경제학은 현대 자본주의를 제대로 분석하고 그 사회에서 발생하는 경제적, 사회적 문제들에 대한 처방을 제대로 제시할 수 없다. (이런 상황은 이 책에서 상세히 논의되는, 현대 경제학에서 주류를 형성하고 있는 경제이론들에만 한정되지 않는다. 포스트 케인지언 경제학이나 마르크스주의 경제학 같은 비주류 경제학도 마찬가지의 상황에 처해 있다.)

이처럼 현대 경제학의 비전이 위기에 처해있기 때문에, 1960년대 케인즈주의가 와해된 이래로 경제학계는 '고전적 상황'을 경험하지 못하고 있다. 저자들이 말하는 경제학의 '고전적 상황'은 여러 논쟁과 토의 과정을 거친 후 어떤 한 지배적인 입장에 대하여 경제학 세계에서 '실질적으로' 합의가 이루어진 상황이다. 1960년 이후의 경제학은 다수의 서로 다른 입장을 보이는 분파로, 즉 통화주의, 합리적 기대가설, 새고전파 이론, 새케인즈파 이론 등으로 갈려져 있고, 이것을 모두 아우르는 '합의'된 입장이 존재하지 않는다. 이것은 고전학파의 경제학이 밀에 의해서, 초기 한계주의가 마셜에 의해서, 그리고 케인즈주의가 새뮤얼슨에 의해서 '고전적 상황'으로 확립된 것과 대조를 이룬다. 케인즈주의 경제학이 와해된 후 반세기 가까이 흐른 지금에도 그런 '고전적 상황'이 경제학계에 확립되지 못했다는 사실은, 현대 경제학이 그 이전의 경제학들과는 달리 (그것들보다 더 뛰어난 분석기법에도 불구하고) 뚜렷한 비전을 갖고 있지 못하다는 사실을 반영하고 있다.

현대 경제학에 대한 하일브로너와 밀버그의 이런 판결에 현대 경제학은 어떻게 반응하고 있을까? 현대 경제학의 대표적인 학자인 로버트 솔로(Robert Solow, 미국 MIT대학 경제학과 교수)와 파르타 다스굽타(Partha Dasgupta, 영국 케임브리지 대학 경제학과 교수)의 반응을 살펴보자. 《사회탐구(*Social Research*)》 2004년 여름호에 기고한 논문에서 솔로는 하일브로너의 현대 경제학 비판에 대해 자신의 입장을 밝힌다. (하일브로너의 저작 중 가장 널리 알려져 있는 것은 《세속의 철학자들(*The Worldly Philosophers*)》이다. 1999년에 발간된 이 책의 제7판에 이전 판에 없던 새로운 장인 〈세속 철학의 끝?〉이 첨가되었는데, 이 장은 바로 이 책 《비전을 상실한 경제학》의 요약본이라 할 수 있다. 솔로의 논문은 특히 이 장을 논의의 대상으로 했다. 하일브로너는 30년 동안 뉴스쿨 사회과학대학 경제학과 교수로 재직한 후 1993년 퇴임했고, 《사회탐구》 2004년 여름호는 하일브로너 특집호로 발간되었다. 하일브로너의 사상에 대해 더 알고 싶은 독자들은 이 특집호에 실려 있는 논문들을 참조하라). 솔로의 입장은 그의 논문 제목 〈세속의 철학자들에게도 훌륭한 기술자가 필요하다(Even the Worldly Philosophers Need a Good Mechanic)〉로 축약된다. 우선 그는 경제학이 자본주의에 대한 탐구라는 하일브로너와 밀버그의 근본적 입장을 비판한다. 경제학은 자본주의뿐만 아니라 사회주의 경제를 탐구하는 데도, 또 극단적인 예로 '전쟁포로 수용소'의 경제를 탐구하는 데도 적용할 수 있다는 것이다. 자본주의도 단 하나의 형태로 존재하는 것이 아니라 다수의 여러 형태로 존재한다.

그러나 이런 비판은 하일브로너와 밀버그의 입장을 완전히 이해하지 못하고 있다. 이들의 입장은 현대 자본주의 사회에 대하여 경제학이 다른 사회과학이 제공하지 못하는 특별히 '경제학적'인 탐구를 제공하기 위해서는 현대 자본주의가 갖는 특징들을 반영해야 한다는 것이다. 다른 양식의 사회를 탐구하는 데는 그 사회의 특징을 반영하는 어떤 다른 탐구가 있을 것이고, 그 탐구는 현재 존재하는 현대 경제학의 모습과는 다를 것이라는 것이다.

하일브로너에 대한 불완전한 이해는 솔로의 두 번째 입장에도 그대로 반영된다. 솔로는 경제학 이론에 대한 접근법이 크게 보아 서로 다른 두 가지 방식을 취할 수 있다고 주장한다. 하나는 경제학 이론을 '체계구축(system-building)'의 시도로 보는 것이고, 다른 하나는 경제학 이론을 '문제해결(problem-solving)'의 시도로 보는 것이다. 솔로에 따르면 현대 경제학은 두 번째 방식의 접근법을 따른다. 이것은 한 주어진 특정 문제를 해결하기 위하여, 그 문제와 관련성이 적다고 생각되는 사회의 면모들은 과감히 사상한 후 단순화를 통하여 현상을 분석하는 방식이다. 이것은 한 기계의 특정 문제를 해결하기 위해 기술자(mechanic)가 취하는 방식과 같다. 한 특정 문제를 해결하기 위해 기계의 작동방식 전체를 이해할 필요까지는 없다. 여기에서는 '체계구축'적인 방식에서 볼 수 있는 일반성이나 완전성이 결여되어 있다. 그러나 그 대신 '전략적인 단순화 가정'을 통하여, 단순명료하게 표현된 모형을 통하여 주어진 문제에 접근할 수 있다. 이런 의미에서 경제학 이론은 비록 자연과학과 같은 의미에서의 일반과학(Science)은 아니지만 하나의 특정과학(science)으로 볼 수 있다. '체계구축'적 방식이 하일브로너와 밀버그가 이야기하는 '세속 철학'과 일치하지는 않지만, 적어도 '문제해결' 방식으로의 경제학 이론은 '세속 철학'과 상당한 거리를 두고 있다.

그러나 하일브로너와 밀버그가 비판하고 있는 현대 경제학의 특징은 그것이 '체계구축'적이 아니라는 점이 아니라, 경제학 자체를 거의 전적으로 '문제해결'로 표현되는 분석의 차원에서 이해하고 있다는 점이다. 사회에 대한 진정한 탐구이기 위해서 경제학은 탐구대상인 사회가 본질적으로 갖고 있는 특징들을 반드시 반영해야 하는데, 현대 경제학의 '문제해결' 접근법은 단순화의 과정에서 그런 특징들을 사상해 버리고 그 대신 분석상의 편의를 위한 다른 이질적인 특징들을, 예를 들어 개인의 최적화 행위를 도입하고 있기 때문에 '비전의 위기'에 빠져 있다는 것이다. 솔로에 대한 하일브로너와 밀버그의 답변은 아마도 '훌륭한 기술자에게도 세속 철학이 필요하다(Even a good mechanic needs the worldly philosophy)'일 것이다.

파르타 다스굽타도 〈현대 경제학과 그 비판자들(Modern Economics and Its Critics)〉이라는 논문에서 솔로와 유사한 반응을 보인다(다스굽타의 논문은 《경제학에서 사실과 허구(Fact and Fiction in Economics)》(ed. by Uskali Mäki, Cambridge University Press, 2002)에 수록되어 있다). 그에 의하면 현대 경제학의 미시적 기초에 대한 탐구는 케인즈의 경제학이 아무런 이론적 설명도 없이 사용했던 많은 개념들과 가정들을 의미 있는 것으로 만들기 위한 노력이다. 솔로 식으로 말하면 현대 경제학은 기술자의 역할을 담당하고 있다는 것이다. 거시경제학은 총고용, 총소득, 물가, 인플레이션 등과 같은 집계량을 다루지만, 그런 집계량을 사용하여 구성된 거시경제학적 모형이 제대로 작동하는가를 알기 위해서는 미시적 기초가 반드시 필요하다. 집계량에 근거한 경제학적 모형은 거시적 상황이 달라지면 제대로 작동하지 않을 수 있고 변화한 상황에 따라 같이 변화해야 한다. 그런데 이때 거시경제학적 모형이 어떻게 조정되어야 할지를 알기 위해서는 미시적 기초에 대한 지식이 있어야 한다. 거시적 현상을 개인의 최적화 결정이라는 미시적 기초에 근거하여 설명하려는 현대 경제학에 반하여 하일브로너와 밀버그는 '성향(propensities)'이라는 거시적 패러미터를 사용할 것을 제시하지만, 이것은 현대 경제학자들의 눈에는 아직도 임의적인, 비이론적인 것으로 보인다.

그러나 현대 경제학의 미시적 기초를 비판하는 하일브로너와 밀버그의 입장은 미시적 행위에 대한 설명 자체에 반대하는 것이 아니다. 거시적으로 나타나는 현상은 개인들의 행위가 경제 전체적으로 총합되어 나타나는 것이지만, 동시에 그 개인들의 행위는 사회 전체적인 차원에서 발생하는 현상에 결정적으로 영향 받는다. 케인즈는 이 과정을 '미인대회'에서 미인을 선발하는 과정에 빗댄다. 여기에서는 현대 경제학에서 사용하는 것과 같은 합리적 개인의 의사결정이 있는 것이 아니라, 자기 주위에 있는 사람들의 결정에 부합하는 결정을 내리는 매우 '비합리적'인 행위가 있다. 개인에 대한 이런 사회적 영향은 근본적인 의미에서의 불확실성(uncertainty)을 경제에 도입한다. 이 근본적 불확실성은 확률로 계산할 수 있는 위험(risk)과 다르게 전혀 예측할 수 없는 그런 것이다. 근본적 불확실성의 영향은 미시적 차원에서의 개인의 합리적 의사결정으로는 설명할 수 없다. 오히려 개인의 의사결정이 거시적 차원에서 발생하는 현상에 의해 영향 받는다. 경제학자가 제공해야 할 것은 거시적 현상에 대한 미시적 기초가 아니라, 미시적 현상에 대한 거시적 기초다.

하일브로너와 밀버그는 서로 다른 양식의 사회를 제대로 보고 이해하기 위해서는 서로 다른 탐구양식을 사용해야 한다고 주장한다. 경제학적 탐구양식은 자본주의 사회를 '보고 이해하기' 위해 만들어진 것이다. 이에 대해 다스굽타는 또 다시 솔로와 비슷한 반응을 보인다. 서로 다른 양식의 사회에서라도 인류에게는 공통적인 어떤 성질들이 있고, 경제학은 이런 인간의 보편적 성질에 근거해야 한다는 것이다. 그리고 인류학의 최근 성과는 이것을 확인시켜 주고 있으며, 경제학에서 최근에 급속히 발전되고 있는 게임이론은 이런 보편적 성질에 근거한 경제사회적 현상들을 잘 설명한다는 것이다. 그러나 이에 대해서 하일브로너와 밀버그는 이미 위에서 우리가 언급한 바와 같이, 경제학을 다른 사회과학의 영역들과 구분하게 해주는, 그래서 경제학을 '경제학적' 탐구답게 만드는 것은 자본주의 사회가 갖는 특징들이고, 이 특징들은 다스굽타가 생각하는 그런 사회의 특징들과는 사뭇 다르다고 답할 것이다.

파르타 다스굽타는 현대 경제학이 현대 경제학의 비판자들이 비판하는 것보다 훨씬 더 발전되어 있다고 주장한다("현대 경제학의 비판자들은 경제학을 실천하지 않는다. 그들은 경제학을 설교할 뿐이다"). 이제 이런 주장과 유사한 맥락에서 다음 사실을 고려해야만 할 것 같다. 이 책을 읽는 독자들 중 현대 경제학의 최근 동향에 대해 지식을 갖고 있는 독자가 있다면 혹시 다음처럼 생각할 수도 있기 때문이다. 즉 설혹 《비전을 상실한 경제학》에서 저자들이 주장하는 바가 어느 정도 타당하다 하더라도, 이 책이 이미 10여 년 전에 발간되었기에 이 책에서는 책이 발간된 이후에 현대 경제학에서 진행된 발전상황이 제대로 반영되지 못했고, 따라서 최근의 현대 경제학에 대해서는 저자들의 판단이 틀릴 수 있다는 것이다. 특히 지난 10여 년 동안 (거시)경제학계에 새롭게 형성되고 있는 합의의 상태를 반영하면서 급속히 세를 확장하고 있는 '새합의(New Consensus)'

의 경제학은 저자들의 말하는 '고전적 상황'의 성격을 지닌 것으로 생각할 수 있다는 것이다. '새합의'는 새케인즈파 경제학(5장 6절 '새케인즈파 경제학' 참조)의 입장에서 그 이전의 새고전파 경제학, 특히 실물경기변동 이론(5장 4절 '새고전파 경제학과 실물경기변동 이론' 참조)의 분석적 성과를 흡수, 통합한 후 새로운 거시경제의 분석틀을 마련하고 그로부터 적절한 통화정책과 재정정책을 도출한다. '새합의'의 대표적인 작업으로는 2003년에 발간된 마이클 우드퍼드(Michael Woodford)의 《이자와 가격: 통화정책이론의 기초(Interest and Prices: Foundations of a Theory of Monetary Policy)》를 들 수 있다. 실제로 현대 경제학의 학자들 중에는 우드퍼드의 이 책이 거시경제학의 한 획을 긋는, 즉 우리의 저자들이 언급한 밀과 마셜과 새뮤얼슨의 저서에 버금가는 것으로 보는 듯한 학자들도 있다. (《경제사상사 저널(The Journal of the History of Economic Thought)》 2006년 6월호는 우드퍼드의 책에 대한 특집으로 마련되었다. 여기에는 우드퍼드가 주장하는 '신빅셀리언(Neo-Wicksellian) 이론'에 대해 사상사적, 이론적 분석을 시도하는 다수의 논문과 이에 대한 우드퍼드의 답변이 수록되어 있다.) '새합의'는 기본적으로 다음의 세 개의 관계로 구성된다. 첫째는 총수요의 측면을 반영하는 것으로 수입과 지출의 제약하에서 효용을 극대화하는 대표적 가계의 행위에서 도출된다. 결과는 실제산출량과 이자율 간에 역관계로 나타난다. 이 관계는 4장 4절 '케인즈주의와 화폐'에 언급된 IS곡선에 해당한다. 두 번째 관계는 총공급의 측면을 반영하는 것으로서 기업의 가격설정 방식으로부터 도출된다. 이 관계의 구체적인 형태는 기업의 가격설정 방식에 따라 여러 가지로 나타나지만, 공통적으로 인플레이션과 산출량 갭의 역관계를 보여준다(여기서 산출량 갭은 실제산출량과 자연산출량의 차이를 말하고, 자연산출량은 상품들의 가격이 완전히 유연한 상태에서 모든 우연적인 충격이 서로 상쇄되어 사라졌을 때 획득될 산출량이다). 이 관계는 통상 필립스곡선(4장 2절 '케인즈주의와 인플레이션' 참조)으로 불린다. 이 두 관계는 하일브로너와 밀버그가 논의하는 현대 경제사상에서 이미 논의되었던 관계다. '새합의'가 주장하는 세 번째 관계가 이전 입장으로부터 '새합의'를 구별하게 해준다. 그것은 이자율이 어떤 일정한 준칙에 따라 중앙은행에 의해 결정된다는 것이다. 대표적인 이자율 결정 준칙은 이자율이 인플레이션율과 산출량 갭 각각에 대해 역관계를 갖고 결정되는 '테일러 준칙(Taylor Rule)'이다. 중앙은행은 일정한 인플레이션율을 목표로 하고, 이 목표를 달성하기 위하여 단기이자율(한국의 경우, 콜금리)을 정책도구로 사용한다. 그 단기이자율이 어떤 수준이 되어야 하는가를 결정하는 것이 테일러 준칙이다. 현재 관찰되는 인플레이션율과 산출량 갭에 상응하여 테일러 준칙에 따라 단기 이자율이 결정되면, IS곡선 관계에 따라 그 이자율에 상응하는 산출량이 결정되고, 그 다음에는 필립스 곡선 관계에 따라 인플레이션율이 결정된다. 물론 실제 경제에서 결정되는 산출량과 인플레이션은 여러 예상하지 못한 요소들에 영향을 받기 때문에, 모형에서 결정되는 산출량과 인플레이션과는 다를 것이다. 그러나 중앙은행의 이자율 정책은 이런 우연적인 요소에 의해 영향받는 부분을 제외한 산출량과 인플레이션율을 발생시키는 데 결정적인 역할을 하며, 중앙은행의 이자율 정책이 일관적이고 공개적이라면, 실제 발생하는 산출량과 인플레이션율은 평균적으로 자연산출량과 목표 인플레이션율에 상응한다. 이런 통화정책은 이전에 많이 사용되던 통화정책, 즉 경제 전체에 존재하는 통화량을 직접 조절하려는 정책의 형태와 매우 다르다(바로 이 이유 때문에 이 입장에 '새(New)' 라는 수식어가 붙는다). 이런 통화정책은 실제로 현재 많은 국가의 중앙은행이 사용하고 있다(한국은행도 현재 이런 통화정책을 사용하고 있다). '새합의' 는 다음과 같은 특징을 갖고 있다. 첫째, '새합의' 는 그 입장을 구성하는 세 개의 관계를 모두 합리적 기대와 미시적 기초라는, 케인즈주의 경제학이 붕괴된 이후 나타난 주요 이론적 발전(5장 참조)을 토대로 하여 도출하고 있다. 둘째, (주류)경제학자들 사이에 그 인정을 급속히 넓혀가고 있다. 셋째, 현실 경제 속에서도 정책입안자들에 의해 실제로 널리 인정되고 적용되고 있다. 이 모든 점을 고려해 볼 때 '새합의' 는 현대 경제학의 '고전적 상황' 을 구현하고 있는 듯이 보인다. 그러나 과연 하일브로너와 밀버그도 그렇게 생각할까? 그 판단은 독자들에게 맡긴다.

하일브로너는 2005년 1월 4일 85세를 일기로 뇌졸중으로 사망했다. 하일브로너는 다작의 경제학자였다. 그리고 전문적인 경제학 논문보다는 일반인도 어렵지 않게 접근할 수 있는 저서들을 많이 썼다. 그의 대표작은 물론 《세속의 철학자들(The Worldly Philosophers)》(Simon & Schuster, 장상환 역, 이마고, 2005)이다. 이 책은 1953년 처음 발간된 후 1999년에는 제7판이 발간되었다. 이 책은 경제학에서 새뮤얼슨의 교과서 《경제학(Economics)》 다음으로 가장 많이 판매된 책으로 알려져 있다. 《비전을 상실한 경제학》을 읽고 하일브로너의 사상에 관심을 갖게 된 독자가 있다면, 하일브로너의 저서 중 다음의 책들을 추가적으로 읽어도 좋을 것이다(이 중 몇몇 책은 우리말로 번역되어 있다).

《역사로서의 미래(The Future as History)》(1961)

《경제사회의 형성(The Making of Economic Society)》(1962, 후에 밀버그와 공저로 재출판. 박광호 역,《경제의 구조와 역사의 진화》, 종로서적, 1982)

《자본주의와 사회주의(Between Capitalism and Socialism)》(1970)

《마르크스주의: 옹호와 반대(Marxism: For and Against)》(1980, 신정현, 장달중 공역《맑시즘: 이론적 분석과 현실적 비판》, 한울, 1983)

《인간의 미래전망에 관한 탐구(An Inquiry into the Human Prospect)》(1980)

《경제를 어떻게 이해할 것인가(Economics Explained)》(1982, 레스터 서로와 공저, 조윤수 역, 까치글방, 1994)

《21세기 자본주의(Twenty-First Century Capitalism)》(1993, 강철규 감역, 현대정보문화사, 1993)

《미래의 비전(Visions of the Future)》(1995)

밀버그는 현재 뉴스쿨 대학의 경제학과에 교수로 재직하고 있으며, 하일브로너와 함께《경제사회의 형성》과《비전을 상실한 경제학》을 공동집필했고,《노동과 생산의 세계화(Labor and the Globalization of Production)》(2005),《대기업과 거시동학(The Megacorp and Macrodynamics)》(1992)을 편집했다.

독자들의 이해를 돕기 위하여 본문의 많은 부분에 역주를 첨가했다. 그 역주들을 작성하는 데 인터넷《위키백과사전》영어판(http://en.wikipedia.org)을 많이 참조했음을 밝힌다. 이 책의 1장을 번역하는 데 고려대학교 경제학과 박사과정 학생인 김덕민 군의 도움이 있었다. 그리고 번역 원고를 교정, 편집하는 과정에서 필맥의 이주명 대표가 통상의 편집이나 교정의 정도를 넘는 많은 도움을 주었다. 물론 이런 도움의 덕은 고스란히 독자들이 보게 될 것이다. 이 책의 발간을 빌려 도움을 준 이들에게 감사의 말을 전한다.

2007년 2월 박만섭

인명색인

갤브레이스, 존 케네스 (Galbraith, John Kenneth) 146
거스리, 로버트 (Guthrie, Robert) 112
고든, 데이비드 (Gordon, David) 147
고든, 로버트 (Gordon, Robert) 82, 106, 133, 148
그레이엄, 줄리 (Graham, Julie) 159
그로스먼, 샌퍼드 (Grossman, Sanford) 115
그린월드, 브루스 (Greenwald, Bruce) 132
기요타키, 노부히로 (Kiyotaki, Nobuhiro) 132
길버트, 가이 (Gilbert, Guy) 136
깁슨, 캐서린 (Gibson, Katherine) 159

네기시, 다카시 (Negishi, Takashi) 35
네이플스, 미셸 (Naples, Michelle) 88
넬슨, 줄리 (Nelson, Julie) 185

다스굽타, 파르타 (Dasgupta, Partha) 192
다우, 쉴라 (Dow, Sheila) 115
댈리, 허먼 (Daly, Herman) 185
데이비드슨, 그렉 (Davidson, Greg) 185
데이비드슨, 폴 (Davidson, Paul) 93, 119, 133, 145, 185
데이비스, 로니 (Davis, J. Ronnie) 69
도마, 에브시 (Domar, Evsey D.) 70
드월드, 윌리엄 (Dewald, William G.) 138

랑게, 오스카 (Lange, Oskar) 168

레드먼, 데보라 (Redman, Deborah) 154
레스닉, 스티븐 (Resnick, Steven) 147
레이욘후푸드, 악셀 (Leijonhufvud, Axel) 83
로렌스, 폴 (Lawrence, Paul) 185
로머, 데이비드 (Romer, David) 134
로버트슨, 데니스 (Robertson, Dennis) 52
로빈슨, 조안 (Robinson, Joan) 71, 152
뢰베, 아돌프 (Lowe, Adolph) 172, 181
루커스, 로버트 (Lucas, Robert) 82, 116, 169
리머, 에드워드 (Leamer, Edward E.) 138
리카도, 데이비드 (Ricardo, David) 26, 39, 152, 166

마고, 로버트 (Margo, Robert) 40
마글린, 스티븐 (Marglin, Stephen) 79, 89
마르크스, 카를 (Marx, Karl) 9, 61, 129, 165
마셜, 앨프레드 (Marshall, Alfred) 11, 46, 166
만, 마이클 (Mann, Michael) 159
매컬럼, 베넷 (McCallum, Bennet) 116, 122
매클로스키, 도널드 (McCloskey, Donald M.) 138, 166
맨큐, 그레고리 (Mankiw, Gregory) 36, 103, 112, 134, 141
맬서스, 토머스 로버트 (Malthus, Thomas Robert) 168
메이슨, 패트릭 (Mason, Patrick) 133
메이어, 토머스 (Mayer, Thomas) 92, 107, 148
멜처, 앨런 (Meltzer, Allan) 82, 95, 116
멩거, 카를 (Menger, Carl) 22, 71
모그리지, 도널드 (Moggridge, Donald) 65, 95
뮈르달, 군나르 (Myrdal, Gunnar) 52, 70
미로스키, 필립 (Mirowski, Philip) 42, 138, 152

미제스, 루드비히 폰 (Mises, Ludwig von) 22, 165
미첼, 웨슬리 (Mitchell, Wesley) 52
민스키, 하이먼 (Minsky, Hyman) 145
밀, 존 스튜어트 (Mill, John Stuart) 12, 26, 40, 73, 166
밀버그, 윌리엄 (Milberg, William) 129, 152

바이너, 제이콥 (Viner, Jacob) 87
발라스, 레옹 (Walras, Leon) 10, 46, 71
배런, 폴 (Baran, Paul) 147
백하우스, 로저 (Backhouse, Roger) 37
버크하트, 로버트 (Burkhardt, Robert) 148
베블런, 소스타인 (Veblen, Thorstein Bunde) 146
벨시, 캐서린 (Belsey, Catherine) 167
볼런드, 로렌스 (Boland, Lawrence) 139
볼스, 새뮤얼 (Bowles, Samuel) 147
볼커, 폴 (Volker, Paul) 107
볼프, 리처드 (Wolff, Richard) 147
뵘바베르크, 오이겐 폰(Bohm-Bawerk, Eugen von) 61
브러너, 칼 (Brunner, Karl) 82, 95, 116
블라우흐, 마크 (Blaug, Mark) 28
블라인더, 앨런 (Blinder, Alan S.) 73, 84, 99, 122, 134, 148, 169
블랑샤르, 올리비에 (Blanchard, Olivier) 132
블록, 프레드 (Block, Fred) 78
블리니, 마이클 (Bleaney, Michael) 110
블리스, 크리스토퍼 (Bliss, Christopher) 145
빅셀, 크누트 (Wicksell, Knut) 64, 69

사전트, 토머스 (Sargent, Thomas) 84, 116

살바도리, 네리 (Salvadori, Neri) 145
새뮤얼슨, 폴 (Samuelson, Paul A.) 12, 68, 82, 98,
샤이크, 안와르 (Shaikh, Anwar) 147
샤피로, 니나 (Shapiro, Nina) 62, 153
섀클, 조지 (Shackle, George L. S.) 119, 145
서머스, 로렌스 (Summers, Lawrence) 122, 132, 141
셰프린, 스티븐 (Sheffrin, Steven) 115
소머스, 해럴드 (Somers, Harold) 71
소여, 맬콤 (Sawyer, Malcolm) 37, 145
솔로, 로버트 (Solow, Robert) 82, 192
쇼, 줄리엣 (Schor, Juliet) 79, 89
슈나이더 프리드리히 (Schneider, Friederich) 136
슈워츠, 안나 (Schwartz, Anna) 108
슈피토프, 아서 (Spiethoff, Arthur) 52
슘페터, 엘리자베스 부디 (Schumpeter, Elizabeth Boody) 24
슘페터, 조지프 (Schumpeter, Joseph A.) 24, 52
스미스, 애덤 (Smith, Adam) 26, 33, 39, 166
스위지, 폴 (Sweezy, Paul) 147
스키델스키, 로버트 (Skidelsky, Robert) 58
스타인, 제롬 (Stein, Jerome) 95
스태들러, 조지 (Stadler, George W.) 122
스티글리츠, 조지프 (Stiglitz, Joseph) 132
스티드먼, 이언 (Steedman, Ian) 145
실버버그, 유진 (Silberberg, Eugene) 18

아론, 헨리 (Aaron, Henry J.) 130
아르기루스, 조지 (Argyrous, George) 67
아이크너, 앨프레드 (Eichner, Alfred) 125, 145

앨턴지, 조지프 (Altonji, Joseph G.) 122
앰스던, 앨리스 (Amsden, Alice) 80
에이어스, 클레어런스 (Ayres, Clarence) 146
에지워스, 프랜시스 (Edgeworth, Francis Y.) 10
에치오니, 아미타이 (Etzioni, Amitai) 185
엘스터, 욘 (Elster, Jon) 147
엡스타인, 제럴드 (Epstein, Gerald) 79, 89
오머로드, 폴 (Ormerod, Paul) 185
올린, 베르틸 (Ohlin, Bertil) 52, 73
와이스콥, 토머스 (Weisskopf, Thomas) 147
와이트먼, 윌리엄 (Wightman, William P. D.) 33
와인트로브, 로이 (Weintraub, Roy) 34
와인트로브, 시드니 (Weintraub, Sydney) 37
우드퍼드, 마이클 (Woodford, Michael) 197
월리스, 닐 (Wallace, Neil) 116
위블, 제임스 (Wible, James R.) 112
윌리엄슨, 제프리 (Williamson, Jeffrey) 78
이트웰, 존 (Eatwell, John) 17, 185
임레 라카토슈 (Lakatos, Imre) 28

제번스, 윌리엄 (Jevons, William S.) 10, 71
제임스, 윌리엄 (James, William) 113
젠슨, 한스 (Jensen, Hans E.) 54
존슨, 해리 (Johnson, Harry G.) 97
쥐글라, 클레망 (Juglar, Clement) 52

칼레츠키, 미하우 (Kalečki, Michal) 145
캔터베리, 레이 (Canterberry, E. Ray) 148, 185,

커먼, 앨런 (Kirman, Alan P.) 125

커트너, 로버트 (Kuttner, Robert) 185

컬랜더, 데이비드 (Colander, David) 112, 185

케이건, 필립 (Cagan, Phillip) 112

케인즈, 존 메이너드 (Keynes, John Maynard) 11, 33, 45, 52, 87, 152, 166

코딜, 스티븐 (Caudill, Steven) 138

코딩턴, 앨런 (Coddington, Alan) 64

코브, 존 (Cobb, John) 185

코츠, 데이비드 (Coats, David) 160

코헨, 아비 (Cohen, Avi) 145

콘, 마이어 (Kohn, Meir) 93

콘트라티에프, 니콜라이 (Kontratieff, Nikolai) 52

쿠르츠, 하인츠 (Kurz, Heinz) 145

쿤, 토머스 (Kuhn, Thomas) 28, 66, 144

크로티, 제임스 (Crotty, James) 64

클라머, 아료 (Klamer, Arjo) 86, 150

킨, 스티브 (Keen, Steve) 185

킹, 로버트 (King, Robert G.) 132

탱, 앤서니 (Tang, Anthony) 68

테일러, 프레드 (Taylor, Fred) 168

토빈, 제임스 (Tobin, James) 81, 106, 112

토펠, 로버트 (Topel, Robert) 83

투간바라노프스키, 미카일 (Tugan-Baranowsky, Mikhail) 52

트라이브, 키스 (Tribe, Keith) 40

파이어아벤트, 폴 (Feyerabend, Paul) 30, 38

파지네티, 루이지 (Pasinetti, Luigi) 145

팰리, 토머스 (Palley, Thomas) 108
퍼거슨, 찰스 (Ferguson, Charles. E.) 145
퍼버, 마리안 (Ferber, Marianne) 185
펠프스, 에드먼드 (Phelps, Edmund S.) 82
포머렌, 베르너 (Pommerehne, Werner) 136
포퍼, 칼 (Popper, Karl) 28
풀브룩, 에드워드 (Fullbrook, Edward) 185
프라이, 브루노 (Frey, Bruno) 135
프로이트, 지그문트 (Freud, Sigmund) 130
프리드먼, 밀턴 (Friedman, Milton) 81, 91, 106
피비, 존 (Pheby, John) 145
피셔, 스탠리 (Fischer, Stanley) 36, 116
피에트리코프스키, 브루스 (Pietrykowski, Bruce) 129
필립스, A. W. (Phillips, A. W.) 81

하무다, 오마르 (Hamouda, Omar) 145
하일브로너, 로버트 (Heilbroner, Robert) 114, 125, 155, 163
하코트, 제프리 (Geoffrey Harcourt) 145
해로드, 로이 (Harrod, Roy F.) 70
핸슨, 앨빈 (Hansen, Alvin) 52, 97
허쉴라이퍼, 잭 (Hirshleifer, Jack) 161
호지슨, 제프리 (Hodgson, Geoffrey M.) 185
힉스, 존 (Hicks, John R.) 53, 66, 93, 119

비전을 상실한 경제학

지은이 | 로버트 하일브로너, 윌리엄 밀버그
옮긴이 | 박만섭

1판 1쇄 펴낸날 | 2007년 2월 26일

펴낸이 | 이주명
편집 | 문나영, 이성원
출력 | 문형사
종이 | 화인페이퍼
인쇄·제본 | 한영문화사

펴낸곳 | 필맥
출판등록 제2003-63호
주소 | 서울시 서대문구 충정로2가 184-4 경기빌딩 606호
이메일 | philmac@philmac.co.kr
홈페이지 | www.philmac.co.kr
전화 | 02-392-4491
팩스 | 02-392-4492

ISBN 978-89-91071-40-7 (03320)

* 잘못된 책은 바꾸어 드립니다.
* 값은 뒤표지에 있습니다.

이 도서의 국립중앙도서관 출판시도서목록(CIP)은 e-CIP 홈페이지(http//www.nl.go.kr/cip.php)에서
이용하실 수 있습니다.(CIP제어번호: CIP2007000463)